基礎邏輯

2版

周明泉 —— 著

五南圖書出版公司 印行

再版序

  2021 年 9 月出版的《基礎邏輯》一書，儘管我們在它出版之前，就已經花了許多時間校稿，但是很遺憾的，等它出版之後，還是發現其中有些錯誤。不過慶幸的是，這本書很快地能夠再版，讓我有機會能夠借此機會將先前沒注意的錯誤加以修訂。在此，首要感謝讀者對本教科書的支持與批評指正，以及對其中錯誤的寬容與諒解。

  自從《基礎邏輯》出版以降，也就是自從 111 學年起，我在輔大全人教育課程中心增開「邏輯與批判性思維」這一門通識課程，許多外系同學對邏輯知識的渴求，從其專注的上課眼神中可以窺知。絕大部分的同學認真學習的態度著實令我驚豔，不過也有少數同學急於批判，總以為批判性思維的訓練就是一群人群聚在一起，拿篇新聞稿件或文章，大家一同討論與批評，如此就可以自然養成具有批判性的思維能力。殊不知，一群具有思維盲點、偏見或自以為有邏輯的人聚在一起所形成的共識，其實是一種虛假與扭曲的共識。如果人們習慣性地透過邏輯謬誤進行思維推理，完全無意識到自己偏狹的思維框架，那麼這些人充其量只是在建構同溫層的封閉性話語或價值。換句話說，沒有具備清晰與嚴謹的邏輯推理能力，就不可能擁有理性批判的思維能力。

  不容否認，邏輯與批判性思維是現代公民應該具備的基本生存能力之一，就像投資理財的能力一樣，現代人缺乏這些基本生存的能力，無法讓自己活的有尊嚴、有品味與自在。如果現代人不具備有邏輯推理與批判性思維的能力，不僅會傻傻的成為財閥賺錢的工具，而且容易被人帶風向瞎起鬨，成為無腦的小粉紅或網軍，成為政客奪取政權的墊腳石，更容易被騙去柬埔塞當豬仔，被賣了還幫人數鈔票而不自知。

  然而，什麼是「邏輯與批判性思維」？批判就是一種自我反思，與思考對象保持間距。也就是說，從一開始就對思考對象採取一種否定、質疑與懷疑的態度，進而加以剖析與認識，使我們能夠盡可能地掌握到真相，趨近客觀事實，逼近真理本身。但是，批判性思維並不是一種懷疑論。懷疑主義的立場是不相信有任何確切不疑的東西存在。懷疑論者認為，一切事物都是不確定的，因此我們無法建構知識，如果我們相信有所謂的知識，那一定是一種獨斷，要不就是那人智商有問題。但是真的是如此嗎？當然不是。

  事實上，批判性思維的訓練，主要提升自己檢證錯誤的敏感度與推理能

力，使自己具有識破他人論述的邏輯謬誤，以及辨識政客刻意掩藏的政治意識形態，蓄意煽動民族主義進行政治惡鬥與維權，或有心人士刻意的唬爛、嘴砲、講屁話與鬼扯的伎倆。重點是，我們該如何訓練我們的邏輯與批判性思維呢？誠如 Descartes（笛卡兒）所述：在完整的知識中的各部分，每一真理和其他真理之間，互相都有關係，若找到某部分，其他部分也可找到，就像一生命體，任何部分受影響，其他部分也會受影響是相關的。所以我們首先必須提出一套方法，說明如何使用理性建立一套「有機聯結的真理」的完整知識。每個人都有理性能力，而須以一組規則、方法來控制駕馭理性。理性據此方法進行有系統、條理的思考。據此，Descartes 提出指導心靈如何走向正確的方向的四條規則：

第一，研究題目所關心的，不是別人說什麼，而是我們可以非常清晰判明的觀察，確定的推論。

第二，須能正確的觀察看出真的東西，而不會將假的看成是真的。

第三，若碰到非常複雜含混的主張，將它分成越多、越細越好，則主張會變得比較容易、簡單，理性就從最簡單的開始了解，而由簡單到複雜的知識。

第四，我們要接受的是在心中清晰明辨的概念，沒有絲毫懷疑的，否則就要停在那裡。

所以，當我們面對他人提出的意見、主張與論述時，首先要提出質疑（疑問），再則試圖回答（自己尋找解答），揭示思維中的不連貫以及思維中的不清晰之處，進而找出引領我們重新思慮，值得推敲斟酌的部分，以使思慮更加周延（周全），接著表述支持某個論點、觀點、假說或理論的理由或表述反對某個論點、觀點、假說或理論的理由，然後檢證論述中某個概念定義的完整性與本質性，最後檢證論述涉及的某個原則的適用性與普遍客觀性。然而，從事這一切思維推理的活動，都仰賴理性的批判者能夠掌握一套健全與完備的邏輯系統。針對上述，我相信這本教科書應該可以持續發揮其作用，為培養現代化公民略盡棉薄之力。

周明泉

2023 年 10 月 2 日筆於輔大文研樓 LG304 室

目錄

第 7 章　語句邏輯（二）：自然演繹規則與證明

第 8 章　述詞邏輯（一）：述詞邏輯的語句符號化

第 9 章　述詞邏輯（二）：述詞邏輯規則與證明

第 10 章　歸納推理及其難題

第1章　導言

想寫這本教科書的目的，一方面作爲講授「理則學」（又稱爲「邏輯學」）的教材，另一方面想讓有心學習或願意接受邏輯思維訓練的人，不用依賴教師也可以自修，進而讓更多人可以輕易駕馭邏輯，讓自身的思維或思考方式更加符合邏輯。

在我看來，身爲現代公民的你我，理當遵從德國哲學家 Immanuel Kant（康德）的啟蒙訓令之勸誡：「勇敢地使用自身的理智！」但問題是：如何能辦到呢？倘若我們想成爲一位具有邏輯思辨能力的公民，那麼我們就必須先行接受一套邏輯思維的訓練；倘若我們想成爲一位不必依賴任何權威角色的協助，就能單憑自身理性思考的能力，進行推理、批判與判斷事理的是非、眞假或善惡的人，那麼我們就必須精確、熟稔地運用邏輯思維法則。不過，在此我必須提醒各位讀者，猶如我在「理則學」課堂上經常告誡同學、希望同學謹記在心的──合乎邏輯，未必合乎眞理。「邏輯」僅是協助我們進行思維分析的工具，並非眞理自身。

本書主要內容是我在天主教輔仁大學哲學系講授「理則學」課程的教學內容改寫而成。本人自 2009 年 2 月起，受聘於天主教輔仁大學哲學系講授「理則學」，這幾年來的教學經驗，讓我深刻體會到「啟蒙」的重要性，因此，我希望將個人授課講義改寫成書，以循序漸進的編排方式，讓讀者能夠逐步掌握傳統邏輯、當代初階語句或述詞符號邏輯系統的概念，以及符號意義與解題技巧。

1.1 邏輯簡史

有些人可能一開始就會問：爲何某些大學課程中有門課被稱之爲「理則學」？什麼是「理則學」？其實，「理則學」就是「邏輯學」（Logic）。

民初，有學者認爲 Logic 應該翻譯爲「辯學」，日本人則將 Logic 翻譯爲「論理學」。但是孫文先生在《建國方略》第三章〈以作文爲證〉明確指出，無論將 Logic 翻譯成「辯學」或「論理學」都是不恰當的翻譯，他認爲邏輯是

一門涉及或探究「諸學諸事之規則」的學問，因而主張應該將 Logic 翻譯成「理則學」。無論將 Logic 翻譯成「理則學」或「邏輯學」，它就是一門以思想爲研究對象，關於思想或思想法則的一門學問，或如 Thomas Aquinas（多瑪斯‧阿奎那）所言，是一門關於理智活動的技術，這意謂著，「理則學」不僅具有理論價值，同時具有實用性價值。

在「邏輯學」這門課當中，可以學習到：如何使我們概念清楚，有條理與具有一致性。在日常生活當中，邏輯最顯著的目的，是協助我們進行推論性鋪陳或論述，或進行批判性的論證與辯護，透過邏輯的學習與訓練，可以從事哲學性思維工作。雖然哲學作爲現代性學科，並不是一門技術性的「實用之學」（實用科學），符合於特定的職業，但卻是一門「實效之學」，因爲哲學工作（現代性的啟蒙任務），就是教人如何合理、適切與周延地思考，哲學人就是一群能夠獨立思考與協助他人正確合乎邏輯思辨的人。在此，我要強調的是，就人類作爲其自身的目的而言，哲學工作不見得可以產出具體可見成品，但是哲學專業所發揮的實際效果是不容被忽視的。

也許有人認爲從事哲學性思想工作的可替代性相當高，也就是說，不見得要讀哲學系才懂得哲學、才能從事哲學工作、才可以被稱之爲哲學人。在我看來，確實如此，我們從事各行各業，或專研其他專業領域同樣也可以培養出哲學性思辨，從事哲學思想的工作。事實上，哲學就是生活，生活就是哲學，每個人都可以成爲哲學人，即便不用讀哲學系，也可以培養出具有哲學性思維的能力，就像我們即便沒有選讀餐飲相關科系，也可以烹煮出適合自己或家人口味的菜肴。但是，不容否認的是，即便人人都可以端出一桌好菜，不是每個都可以當上主廚或美食專家；同樣的，人人都可以從事哲學工作，但不是每個人都是眞正的哲學家。在此我們可以確定的是，無論你想從事哲學性思想工作，或想成爲眞正的哲學家，都必須具備邏輯思維與推理的能力。

當然研究邏輯並非當代人的專利，早在兩千三百多年前，邏輯之父 Aristotle（亞里斯多德）就將人類的思維辯證法系統化與理論化。他所建構的邏輯理論，史稱「三段論的邏輯（Syllogistic Logic）」，何謂三段論呢？就是由

「大前提」、「小前提」加上「結論」所構成的論證。不過，Aristotle 僅處理定言命題，對於複合命題的眞假值判定或命題語句的基本元素都無法處理。到了希臘化羅馬時期的 Stoa（斯多葛）學派才漸漸發展出得以判定複合命題眞假值的理論。在中世紀時，邏輯多以 Aristotle 的邏輯傳統爲主，直到士林哲學末期，William of Ockham（奧坎的威廉）開啟邏輯的另一理論的向度，他轉向發展「模態邏輯」，也就是關注邏輯關係的偶然性與必然性的問題。不過，模態邏輯的精準度是備受質疑的，因此，後來並不是非常受到重視。

十五世紀對中世紀的邏輯產生一種抗拒現象，並以修辭學取代邏輯，直到德國數學家 G.W. Leibniz（萊布尼茲）發展出一套符號語言，企圖解決神學、哲學與國際關係的爭論形式，雖然他並未成功，但使邏輯再度被世人接受，因此，人們將他稱之爲「符號邏輯之父」。十九世紀，數學家再度熱衷邏輯的研究，他們使用慣用的符號方法來研究邏輯，其中包括英國哲學家 Augustus De Morgen（奧古斯塔斯 · 德 · 摩根），George Boole（喬治 · 布爾），John Venn（約翰 · 范恩）等。在這時期除了演繹邏輯的推論之外，英國哲學家 John Mill（約翰 · 彌爾）極力推崇「歸納邏輯」。

十九世紀中葉，德國數學、邏輯學與語言哲學家 Gottlob Frege（戈特洛布 · 弗雷格）建構了「量號邏輯理論」，並重塑邏輯發展的型態，使邏輯進入現代形式，因此，在邏輯史上稱 Aristotle 爲「傳統邏輯之父」，Frege 則是「現代邏輯之父」。換言之，依照 Aristotle 三段論所發展的邏輯理論是「傳統邏輯」，依照 Frege 重塑的型態所建構出的理論就是「現代邏輯」。二十世紀英國哲學家 Alfred North Whitehead（阿爾弗雷德 · 諾斯 · 懷海德）與 Bertrand A. W. Russell（伯特蘭 · 羅素）這對師生共同撰著《數學原論》（*Principia Mathematica*）一書，使 Frege 的邏輯理論更加系統化。不過，這個時期學者將研究焦點放在邏輯系統的形式化，以及處理系統的完備性與一致性的問題，值得一提的是，Frege 以後所重建的現代邏輯，未曾以任何方式揚棄 Aristotle 傳統的三段論邏輯，只是他們企圖應用更多的符號處理語句命題、語句元素或更多樣的推理形式。

1.2 思維的三項基本原則

　　既然邏輯是以思想爲研究對象，那麼，人類思維的基本律則爲何呢？早在古希臘時期，Aristotle 就已經掌握了人類與生俱來的理智思維能力所依循的三項基本原則（principle），對傳統邏輯學者而言，一切眞理都奠基在這三個思維的基本原則之上，因此這三項思想基本原則，是人類最基本、最先與自明的原則，也就是說，這三個基本原則不必經過證成或推理，只要是理性的人，都可以透過自身理性直觀直接掌握到這三項基本原則，即：同一律（law of identity）、矛盾律（law of contradiction）與排中律（principle of the excluded middle）。

　　所謂的「同一律」，我們將其簡明符號化爲「p ＝ p」（讀作「p 等於 p」），意謂著「每一事物皆與其自身等同」或「每一概念事物等同於他自己本身」，也就是「A 是 A」，例如：「汽車是汽車」、「書桌是書桌」、「教室是教室」、「學校是學校」、「外星人是外星人」。

　　所謂的「矛盾律」，我們將其簡明符號化爲「（p・〜p）」（讀作「既是 p 又是非 p」），意謂著兩個命題互相矛盾，也就是「凡是 A 又同時不是 A」、「一物同時是 A 又不是 A」，例如：「這裡是輔仁大學又不是輔仁大學」、「這本書是《基礎邏輯》又不是《基礎邏輯》」，很明顯的這兩命題是相互矛盾的。不過，矛盾律常常也被表達爲「凡是 A 的不能同時又不是 A」、「對同一物，同時是 A 又不是 A，這是不可能的」，我們將其簡明符號化就是「〜（p・〜p）」（讀作「並非（p 且非 p）」，或讀作「（p 且非 p）是不可能的」）。由此，「矛盾律」的換句話說就成爲「非矛盾律」（non-contradiction）。「矛盾律」（p・〜p）被應用到命題的解釋或眞假值判斷上，可以得出命題必定爲假的結果；「非矛盾律」〜（p・〜p）被應用到命題解釋或眞假值判斷上，可以得出命題必定爲眞的結果。

　　在此要補充說明的是，如果命題本身自相矛盾，誠如老子所言：「正言若反。」我們稱之爲「弔詭」或「悖論」（paradox）。舉例來說，在《墨經》

或《墨辯》中所言：「言爲盡悖。」或佛經所言：「一切言皆是妄。」或者如一個只會說謊的人說：「我現在說的這句話是假的。」或者一個島上居民說：「所有這個島上的居民所說的都是謊話。」或者如 Bertrand A. W. Russell 於 1908 年所提出的「理髮師的悖論」，也就是「某個理髮師只幫不替自己刮鬍子的村民刮鬍子」，根據這條規定，理髮師到底會不會幫自己刮鬍子呢？以上這些例子都犯了邏輯上的弔詭或悖論（自相矛盾）的謬誤。我們要注意的是，邏輯上所講的「弔詭」或「悖論」跟「矛盾」概念是不同的，前者是一個命題在自我指涉時所產生的自相矛盾；後者則是兩個相互矛盾的命題，同時被肯定或同時存在所產生的現象。

所謂的「排中律」，我們將其簡明符號化爲「（p v ～p）」（讀作「p 或者非 p」），意謂著兩個相互矛盾的命題不能同時否定，必須肯定其中一個命題，也就是說，「一物要嘛是 A，要嘛不是 A，沒有第三種可能性」，例如：「你這學期邏輯學的學期總成績要嘛及格，要嘛不及格，不可能有第三種可能。」不過也有學者主張，「排中律」其實是可以從「非矛盾律」中推導出來。在他們看來，既然一物「不能同時是 A 又不是 A」，那麼不正意謂著「一物要嘛是 A，要嘛不是 A」嗎？持這樣見解的學者進一步主張，非矛盾律或矛盾律其實才是最基本、最先與自明的原理原則。相關的討論，在此我們就不繼續討論下去，留待各位在知識論或形上學課程中進一步去研討。

總之，明瞭與掌握上述三項思想的基本原則，是我們進行正確邏輯推理與論證的基礎，也是我們避免把一些哲學概念或理論完全混淆在一起，攪拌成「哲學沙拉」的開端。

1.3 本書的架構

在我看來，學習「基礎邏輯」，首先需要掌握何謂論證，因此在第二章一開始，我將介紹論證的結構形式，以及人類思維推理的兩種方式：演繹與歸納

法。接著在第三章，將介紹二十二種不好的論證或不好的推論模式，也就是日常生活中經常遇到的邏輯謬誤。當我們瞭解這些基本的邏輯謬誤，一方面可以避免受到這些謬論的誤導，另一方面讓我們在建構論證時，可以避免謬誤推理，進而建構出具有說服力的健全論證。第四章開始，將逐步介紹各類的邏輯系統：傳統邏輯的三段論、語句邏輯系統、述詞邏輯系統與歸納推理。

「傳統邏輯的三段論」部分，主要處理定言命題，分別在第四章與第五章介紹。在第四章，介紹傳統邏輯的基本概念，例如：何謂命題、概念、判斷以及何謂周延等。在第五章，主要介紹傳統三段論的演繹推理，從 AEIO 四角對當關係、三段論的證明規則與范恩圖解等，掌握傳統基本邏輯的思維模式，對日常生活的邏輯推理很有助益。

「語句邏輯系統」部分，主要處理語句與語句之間的邏輯推理關係，將在第六與第七章介紹。在第六章，偏重於日常語句如何翻譯成邏輯式，以及如何透過真值表判斷命題或語句的真假值。在第七章，著重在語句邏輯系統如何透過自然演繹法的十八條規則，以及條件證法（CP）、間接證法（IP）這兩種證明方法，證明論證有效，以及如何運用邏輯解釋證明論證的無效，並闡明何謂邏輯真理、如何判定論證前提的一致或不一致和如何證明定理等。

「述詞邏輯系統」部分，涉及量詞及語句內部構成的邏輯推理問題，將在第八章與第九章介紹。在第八章，解釋如何將含有單一量詞與多重量詞的日常語句符號，化成述詞邏輯的邏輯式，以及在關係邏輯系統中，如何將等同關係與確定描述詞的邏輯式正確表達出來。在第九章，主要處理述詞邏輯的有效與無效證明，前提一致或不一致的判斷以及定理的證明等。在本章中，將逐一介紹單一量詞使用規則的限制，及多重量詞使用的限制，也針對述詞邏輯的解釋方法、述詞邏輯的展開式加以介紹。

最後，有關「歸納推理」，在第十章以概論的方式介紹。對我而言，一門介紹「基礎邏輯」的課程，不僅要介紹上述有關演繹推理的邏輯系統，也要對歸納推理有所掌握，這樣才算是比較完整的一門「基礎邏輯」課程。因此，在最後一章中，我將介紹歸納法的種類及其難題。

　　當初在編撰授課講義，包括撰寫這本教科書時，參考了許多前輩的著作，部分例題與習題也有所引用，包括錢志純的《理則學》、陳祖耀的《理則學》、林正弘的《邏輯》、劉福增的《基本邏輯》、彭孟堯的《基礎邏輯》、Howard Kahane 與 Paul Tidman 的 *Logic and Philosophy*（《邏輯與哲學》，中文版由莊文瑞編譯）與 Patrick J. Hurley 的 *A Concise Introdution to Logic* 等，雖然本書最後的編排內容與講授順序，與上述參考著作所有差異，不過，我藉此想對上述幾位作者對學術所作出的貢獻，致上最深刻的敬意。

　　總之，這本書僅是本人這幾年教學使用的教案所改寫而成，總有掛一漏萬的遺憾，若有所缺失或疏漏之處，尚請各位學界先進與讀者不吝批評與指正。最後，我要感謝輔大哲學系碩士班申易鑫、學士班張邁譽與鄧嵐心，以及學士後法律系的劉庭瑋等同學認真且負責地協助校正稿件，當然還有五南出版社，願意幫忙出版這本教科書，讓我有機會可以將自己教學的小小心得跟讀者分享。

周明泉

2021 年 1 月 18 日筆於龍潭寓所

第2章　論證

　　學習邏輯有助於我們透過語言與他人進行討論。我們為了讓參與對話的夥伴，能夠接受或相信我們提出的某一個意見，我們會提出理由、根據或論據來支持自己的主張。不過，我們如何以具有說服力的方式鋪陳自己的意見呢？簡言之，我們需要透過論證來論述自己的主張。那麼，何謂「論證」呢？

2.1 「論證」的結構

　　所謂的「論證」，包含著前提（premises）與結論（conclusion），且我們可以根據思維法則的推理過程，由前提推導出結論。簡言之，「結論」是尚待被證明的主張或意見，那些提供證據或理由支持結論的就是「前提」。

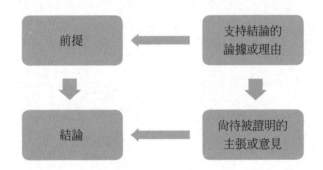

　　由以上我們可以歸納出論證具有三個部分，即：

1. 我們所提出支持結論的理由就是「前提」。
2. 由所提出的理由（或前提）所支持的語句或命題就是「結論」。
3. 前提經由邏輯「推理」或「推論」（inference／reasoning）的過程支持或產生結論。換言之，前提與結論之間必須具有邏輯推理關係。

　　典型常見的前提前置詞，有以下幾項：「因為」、「基於……什麼理由或原因」、「有鑒於」、「根據」、「由於」、「之所以如此……是因為」等等。典型的結論前置詞，例如：「故」、「因此」、「結論如下……」、「所

以」、「由以上推知」、「據此推得」等等。舉例來說：

(1) 除非你會講德文或英文，否則你就不要去德國遊學。事實上，你確實不想要去德國遊學，因為你根本不會講德文或英文。

我們必須先理解「除非你會講德文或英文，否則你就不要去德國遊學」這句話的意思是：「如果你不會講德文或英文，那麼你就不要去德國遊學」。接著，我們可以將題幹的每一句話，改寫成以下的論證：

1. 如果你不會講德文或英文，那麼你就不要去德國遊學。（前提）
2. 你根本不會講德文或英文。（前提）
3. 因此，你不要去德國遊學。（結論）

(2) 小張只有按時繳交邏輯作業，他才可能獲得邏輯的學分。不過，他並沒有按時繳交邏輯作業，故小張沒有獲得邏輯學分。

「小張只有按時繳交邏輯作業，他才可能獲得邏輯的學分」這一句話的意思是：「如果小張獲得邏輯學分，則小張有按時繳交邏輯作業」，因此我們可以將題幹的每一句話改寫成以下論證：

1. 如果小張獲得邏輯的學分，則小張有按時繳交邏輯作業。（前提）
2. 小張並沒有按時繳交邏輯作業。（前提）
3. 所以，小張沒有獲得邏輯學分。（結論）

2.2 命題或述句

　　論證是由陳述事理的命題（proposition）或述句（statement）所構成。在邏輯系統中，學者將命題或述句理解爲描述客觀事實的語句，因此具有眞假值。也就是說，任何命題或述句所表述的客觀事實狀態，若符合事實則爲「眞」（truth），若是不符合事實則爲「假」（false）。

　　舉例來說：「柏拉圖是蘇格拉底的學生」這句話是敘述一項客觀事實，所以可以被檢視。若柏拉圖眞的就是蘇格拉底的學生，意謂著這語句所陳述的內容是符合眞實的狀態，因此這一個命題語句的眞假值爲「眞」；反之，若命題語句所描述的與事實不符合，則其眞假值爲「假」。不過，有些語句我們無法判定眞假，例如：「這顆柳丁嚐起來很酸。」這語句所陳述的內容，涉及個人的感官經驗，無法透過客觀標準來判定，即便我們測試出這顆柳丁的酸度確實偏高，但對於某些忍受酸度較強的人而言，他們依舊會認爲這顆柳丁嚐起來酸甜適中，甚至偏甜。因此，類似這種涉及感官經驗的語句，並沒有統一的客觀標準能加以判定其眞假值。

　　由以上推知，「眞」與「假」是命題或述句的性質。但是，命題或述句只有眞與假之別，並沒有所謂有效或無效的命題或述句。那麼，邏輯上如何使用「有效」（valid）與「無效」（invalid）這兩個概念呢？就邏輯上的意義來說，「有效」或「無效」這兩個概念，是用來描述一個演繹論證，由前提推論到結論的整個過程。在此，必須進一步說明何謂「演繹法」。

2.3 演繹與歸納

　　人類進行邏輯推論或推理的方法總共有兩種，即：演繹（deduction）與歸納（induction）。說明如下：

　　一、**演繹法**：由「普遍命題」推導到「特殊命題」。例如：所有人都會死，孔子是人，所以孔子會死。

二、**歸納法**：由「特殊命題」推導到「普遍命題」。例如：在 A 地，我們觀察到的烏鴉是黑色的，在 B 地，我們觀察到的烏鴉是黑色的，在 C、D、E、F……等地區，我們觀察到的烏鴉都是黑色的，所以我們推得：「所有的烏鴉都是黑色的」。

演繹推理由「普遍性前提（所有人都會死）」推導出「個別具體事實（孔子會死）」。如果我們獲取知識的方式是透過演繹的方法獲得結論，那麼，由於演繹論證的結論已經蘊含在前提之中，所以這樣的結論並無法為我們帶來新的知識，充其量僅能驗證前提是否必然支持著結論，結論是否真的可以由前提推導出來。如果我們是透過歸納推理的方式獲得經驗知識，由於歸納性結論並未包含在前提之中，因此歸納推理的方式，可以為我們帶來新的知識。不過，歸納論證的前提僅是或然性（或概然地）支持著結論，無法百分之百保證結論必然為真。

儘管歸納推理是以求得普遍性原理或普遍性通則為目的，但是它的出發點是源自不可靠的經驗命題。通常歸納思維與推理是從觀察開始（例如：對白色天鵝的觀察），並由此推得一普遍性通則（例如：所有天鵝都是白色的），或者進一步預測下一隻你將看到的天鵝，也會是白色的。在歸納性論證的前提中，觀察到的僅是個別具體的事實，但結論卻是用一種普遍化或全稱性的結論加以表述，這種從已知的個別具體部分，概括或普遍化成一全稱性的結論或通則，這過程被稱為「歸納性的跳躍」（inductive leap）。

由於「歸納性的跳躍」具有風險性與或然性，因此，即便是一個非常具有說服力的歸納性論證，當它的前提為真時，結論也有可能為假。換言之，演繹論證的前提與結論具有必然性的推理關係，歸納論證的前提與結論則僅具有概然性的關係。

上述針對演繹法與歸納法的界定，大體上來說並沒有什麼問題，但是還不夠嚴謹。事實上，演繹法不僅是由普遍命題推導到特殊命題的推理方式。以下列舉數例：

1. 當我們說：「沒有老虎生活在海洋中，那麼任何生活在海洋中的生物都不是老虎。」這樣的演繹推論，就是由普遍命題到普遍命題的推論方式。
2. 當我們說：「小英喜歡吃牛肉麵或蛋炒飯。小英不喜歡吃蛋炒飯，那麼，小英喜歡吃牛肉麵。」這樣的演繹推論，就是由特殊命題推論到特殊命題。
3. 當我們說：「歐巴馬遲早會卸任美國總統。因此，所有認識歐巴馬的人，都認識一個遲早會卸任美國總統的人。」這樣的演繹推論，就是由特殊命題推論到普遍命題。

同樣的，並不是所有的歸納法都是由特殊命題推導出普遍命題。以下列舉數例：

1. 當我們說：「所有輔大系所 104 學年度的新生註冊率是百分之百。因此，所有輔大系所 105 學年度新生註冊率也會是百分之百。」，這樣的歸納推論，就是由普遍命題推論到普遍命題。
2. 當我們說：「所有輔大系所 104 學年度新生註冊率是百分之百。因此，輔大哲學系 105 學年度的新生註冊率也會是百分之百。」這樣的歸納推論，則是由普遍命題推論到特殊命題。
3. 當我們說：「馬金第一次競選總統所提的政策都跳票，馬金第二次競選連任時所提出的政策也跳票，因此，馬金於明年初立委選舉所提的政策承諾也一定會跳票。」這樣的歸納推論，便是由特殊命題推論到特殊命題。

值得一提的是，想要描述一個演繹論證時，可以用「有效」與「無效」的演繹論證加以區分與描述，但是歸納論證僅能用「強」或「弱」的歸納論證加以描述與區分。所以，有效或無效是用來描述演繹論證的性質，強或弱則是用來描述歸納論證的性質。

2.4「有效與無效」vs.「強與弱」

邏輯學者使用「有效」與「無效」這兩個概念來描述演繹論證，歸納論證則是用「強」與「弱」來區分。

一、有效與無效的演繹論證

如果我們透過演繹推理方式由前提推導出結論，那麼這樣的演繹論證可以區分為：「有效的論證」（valid argument）與「無效的論證」（invalid argument）。一個演繹有效的論證，若且唯若（if and only if），[1]不可能出現前提為真，結論卻為假的情形。換言之，一個演繹有效的論證，前提全部為真，結論必定為真。如果一個演繹論證的前提全部為真，但結論卻為假，這必定是一個無效論證。

二、強與弱的歸納論證

如果我們透過歸納推理方式由前提推導出結論，那麼這樣的歸納論證可以區分為：「強的歸納論證」（strong inductive argument）與「弱的歸納論證」（weak inductive argument）。一個好的歸納論證是一種「強的論證」，不過，強的歸納論證與有效的演繹論證是不太一樣的，兩者最關鍵的區別在於：一個強的歸納論證仍舊有可能前提全部為真，但結論為假。因為一個強的歸納性論證，當其前提為真時，依舊無法保證結論絕對為真，僅可以宣稱結論或然性地為真，或說結論可能為真而已。不過，強的歸納論證是一種可靠性強的論證，

---

[1] 「若且唯若」（if and only if），有時中文也會翻譯成「當且僅當」，我們可以將此詞的意思直接理解為「意謂著」或者「意思就是說」。倘若我們將上句含有「若且唯若」的句子，改寫成：「一個演繹有效的論證，意謂著（意思就是說），不可能出現前提為真，結論卻為假的情形」，整句話便變得非常清楚且容易理解。

是透過一種具有說服力的推理，讓我們得以獲取新的信念與知識，不像一個有效的演繹論證，雖然前提為真，結論必然為真，卻僅將已經蘊含在前提中的資訊推導出來而已，未帶給我們新的資訊。藉由前提的真假與結論的或然性真假，我們可以推出一個歸納論證，當其前提為真，結論是或然性的假時，那麼，這個歸納論證就是一種「弱的歸納論證」。

2.5 常被誤認為論證的概念

日常生活中，儘管有一組語句集合，其中每個陳述句或命題都具有真假值，但是這樣的一組述句或命題，不見得可以形成論證。事實上，有些語句集合並不是論證，卻經常被誤認為是論證，例如以下幾類。

一、解釋或說明（Explanation）不是一種論證

假設我們說當下國際油價上漲五成，是因為美國攻打伊拉克所導致，或說，車子開不動，是因為沒有油了。上述這兩句解釋說明的陳述句，經常被誤解為是論證，主要是因為我們在進行解釋或說明時，經常會含有指示詞「因為」，並且也斷言待解釋的事項或解說項為真，但是「解釋」或「說明」不是一種論證。

在這兩個解釋或說明的例子當中，「因為……」這個前置詞以後的內容，是要說明或顯示油價為何上漲，或車子為何不動的原因，並不是要論證油價上漲五成這個事實，或者論證車子發不動這個事實。如果我們將上述油價上漲五成的說法稍微修正，就可以使其變成為一種論證：美國攻打伊拉克之前，一公升九五無鉛汽油是 30 元，現今一公升九五無鉛汽油為 45 元，由此可見，國際油價現今已經上漲了五成。又如：如果汽車可以開動，則表示汽車還有汽油。汽車已經沒有汽油，那麼，汽車就無法開動了。

二、單一條件句並不是論證

為何條件句不是論證呢？何謂條件句呢？所謂的條件句，形式如下圖：

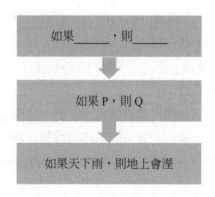

條件句的形式為「如果_____，則_____」，缺空處可以放入任何語句，例如：「如果 P，則 Q」，「P」稱之為條件句的「前件」（antecedent），「Q」則是條件句的「後件」（consequent）。倘若我用日常語句來替換，將 P 代入「天下雨」，Q 代入「地上會溼」，那麼上述的條件語句形式就可以變成一句日常語句：「如果天下雨，則地上會溼」。

當我們說：「如果天下雨，則地上會溼」時，這條件句僅表述前件與後件的因果關係，但是，前件與後件並沒有被斷言或保證為真，因此單一的條件句並不是論證。雖然單一的條件句不是論證，但是它在邏輯上相當重要，因為條件句經常是一個論證的前提。

既然如此，我們更應該詳細分析一下條件句的前件（P）與後件（Q）之間所具有的因果關係：單一條件句的前件（P）是後件（Q）的充分條件（sufficient condition），這意謂著，當 P 滿足了，則 Q 就會發生，精確地說：每當 P 成立或出現時，Q 就成立或出現；每當 P 真時，Q 也一定是真的。

單一條件句的後件（Q）是前件（P）的必要條件（necessary condition），這意指當少了 Q，則 P 就一定不會發生，準確地說：每當 Q 不成立或沒有 Q 時，P 就不成立或不出現，也就是每當 Q 為假時，P 一定為假。

以「如果天下雨，則地上會溼」為例：「天下雨」（P）是「地上會溼」（Q）的充分條件，這意謂著如果天真的下雨了，那麼，地上就一定會溼。另一方面，「地上會溼」（Q）是「天下雨」（P）的必要條件，這意思是說，沒有 Q，P 就不會發生。必要條件就是指：沒有它不行，就像生物生長，若缺乏空氣、水或養分的其中之一都不行，因此這三者都是生物生長的必要條件。所以，當我們說「地上會溼」是「天下雨」的必要條件，便意指：若地上沒溼，就可以確定天一定沒有下雨。

瞭解何謂條件句後，我們可以清楚的意識到，它僅是一個語句，而不是一個論證。雖然我們日後會學習到論證的前提與結論之間的關係，確實可以化約為某種蘊含的邏輯關係，但是這並不意謂任何單一條件句具有論證結構的形式。

三、勸告、警告、歷史陳述、個人主觀心路歷程或經歷的敘述等也都不是論證

論證中的述句或命題彼此之間應該具有邏輯關係，也就是說，前提必須支持結論。那麼，諸如勸告、警示語、獨斷的陳述、以傳記歷史方式敘述個人生命經驗、主觀心路歷程，或任何訴諸作者或說話者的權威所形成的語句，都不可能是論證，因為它們無法提供客觀事實加以檢證，或斷定這些述句的真假值，我們也就無從判斷，前提與結論之間的邏輯關係，無法推知前提是否支持著結論。例如：

1. 背信的商人絕不會生意興隆，因為沒有人會跟背信的人合作。（勸告／警告）
2. 作弊不好，因為你會沒有學習上的成就感。（勸告）
3. 我相信上帝，因為我深受上帝的恩寵。（個人生平的敘述）
4. 我不喜歡游泳，不喜歡打球，不喜歡跑步，由此可見，我不喜歡運動。（個人生命經驗的描述）
5. 我相信有外星人，因為我昨天親眼看到的。（訴諸作者主觀權威）

　　總之，斷定一組語句集合是否爲論證的原則：首先，找出構成論證的前提與結論，不過構成論證的語句，必須是具有眞假值的命題或述句。然後，檢視前提是否支持結論，換言之，判斷前提與結論是否具有內在邏輯推演的關係。如果都符合上述的要求，那麼，這樣的一組語句集合就是論證。

2.6 論證形式

　　當我們清楚掌握到何謂論證，怎樣的概念容易被誤解爲論證，以及演繹與歸納這兩種主要的論證邏輯推理或推論的方法之後，在此必須提醒大家：邏輯學首要關注的對象其實是「論證形式」（argument form），其次，才是「論證」。換言之，邏輯學最主要不是去關心語句或命題內容的眞假，而是論證形式的有效與無效，或者強與弱。換句話說，決定一個論證的有效或無效、強或弱，是因爲該論證的形式，並不是該論證的內容。那麼，什麼是「論證形式」呢？以「演繹論證」爲例，如以下論證：

1. 要嘛下雨，要嘛晴天。
2. 並非下雨。
3. 所以，晴天。

這是一個有效論證，可以進一步將上述論證邏輯的結構形式化，也就是：

1. 要嘛_____，要嘛_____。
2. 並非_____（也可以寫成「不是_____」或者「_____」不成立）。
3. ∴所以_____。

任何論證，只要符合上述這樣一個有效的演繹論證結構或形式，且不管命

題或語句內容為何，這個論證都是有效的。換言之，其論證形式不可能產生前提為眞，結論為假的情況，所以，透過此論證形式，可以建構出不同的有效論證，例如：

1. 要嘛川普當選，要嘛拜登當選。
2. 並非川普當選。
3. 所以，拜登當選。

有效的論證形式所建構出的論證，都會是有效的論證。當然，一個論證可以擁有不同的結構或形式，只是一個有效的論證，至少會對應到一組有效的演繹論證形式；同樣地，有效的演繹論證形式也不是僅有一種，那麼，邏輯學者主要的工作之一，就是找出一套方法，能夠精準地判斷哪些是有效的論證形式，哪些是無效的論證形式。由此可知，邏輯學者首要關注與研究的對象是「論證形式」而不是「論證」。

實際上，演繹邏輯最主要的工作，是協助我們判定哪些論證形式是有效的論證形式，哪些是無效的論證形式。我們先前已經定義過：一個論證是有效的，若且唯若，不可能出現前提全部為眞，但結論卻為假的情況。所以，我們為了決定一個論證是否有效，我們要察看該論證是否有任何可能性條件，使得論證的前提全部為眞，但是結論卻為假的情況出現。如果有可能出現使前提全部為眞，但結論卻為假的情況，那麼，這個論證就是無效的，因為所有有效的論證形式，不會出現使前提為眞，但是結論為假的情況。

不過，強調一個論證的有效性，就足以表示該論證是一個能提供合理的或好理由的論證嗎？當然不是。一個論證若有一個或很多個假前提，它一樣可以是有效的論證，就像一個人編織了一連串很嚴謹的謊言，儘管，這是一連串鬼話連篇的謊話，但是這些命題或述句非常合乎邏輯地彼此連結，且相互支持，因此，它依舊可以是一個有效的論證。然而，合乎邏輯的謊言依舊是謊言，充滿假前提的有效論證，依舊是壞的、不妥當與不健全的論證。如此一來，我們

會產生新的疑問，該如何透過「前提的真假」或「結論的真假」來斷定一個「論證是有效或無效」？也就是說，「論證的有效或無效」、「前提的真假」以及「結論的真假」這三者的關係究竟為何呢？

2.7 「前提」、「結論」與「有效性」三者的關係

在演繹論證中，「前提的真假」、「結論的真假」與「論證的有效與無效性」這三者的關係，可用以下三種情況加以分析。

一、由「前提的真假」與「結論的真假」，判定「論證的有效或無效」

第一種狀況，我們要討論的是，是否可以透過「前提」與「結論」的關係來決定一個論證的有效或無效呢？我們知道，一個論證的前提，其命題或述句不是真就是假，作為結論的命題或述句也具有真與假兩種情況，因此，演繹的論證，前提與結論的真假組合情形，有以下四種可能性：

前提	結論	論證有效性
真	真	？
真	假	無效
假	真	？
假	假	？

根據先前定義：「一個論證是有效的，若且唯若，不可能出現前提全部爲真，但結論卻爲假的情況。」因此，我們可以透過前提與結論的眞假關係，唯一可以斷定的是：一旦前提爲眞，結論爲假的情形出現，我們一定可以知道這樣的論證形式一定是「無效論證」。除此之外，其他三種狀況，我們都無法透過它們斷定出該論證是有效或是無效，因此，打上問號。

二、由「論證的有效或無效」與「前提的眞假」，判定「結論的眞假」

第二種情況，我們要討論的是，我們是否可以透過論證的有效與無效，以及前提的眞假來推論出結論的眞假呢？我們知道一個論證可以是有效的或無效的兩種情形，且作爲前提的命題或述句也可以具有眞假，因此這兩者有以下四種可能性：

論證有效性	前提	結論
有效	眞	眞
有效	假	?
無效	眞	?
無效	假	?

我們知道，當一個論證有效時，就不可能出現前提爲眞，結論爲假的情形。現在，我們已知一個有效的論證，且前提爲眞，那麼，該論證的結論必定爲眞。因爲，一個論證前提爲眞，結論若爲假，那麼該論證必定是無效論證，就不可能是有效論證。若該論證是有效論證，且前提爲眞，那麼唯一可能就是結論爲眞。除此，其他三種狀況，我們都無法透過它們斷定出該結論的眞與假，因此，都打上問號。

三、由「論證的有效或無效」與「結論的眞假」，判定 「前提的眞假」

第三種情況，我們要討論的是，我們可以透過論證的有效無效與結論的眞假，判斷出前提的眞或假嗎？我們知道一個論證可以是有效或無效兩種情形，且作爲結論的命題或述句，也可以具有眞假，因此這兩者有以下四種可能性：

論證有效性	結論	前提
有效	眞	?
有效	假	假
無效	眞	?
無效	假	?

根據有效論證的定義，我們知道，當一個論證有效時，就不可能出現前提爲眞，結論爲假的情形。現在，我們已知一個有效的論證，其結論爲假，那麼，該論證的前提必定爲假。假如前提不是假，而是眞，那麼就會讓前提爲眞，結論爲假成爲可能，如此一來，這個論證就不可能是一個有效論證。除此之外，其他三種狀況，我們都無法透過它們斷定出該前提的眞與假，因此，打上問號。經由以上的分析，可以得到以下三個結論：

1. 若由前提與結論的眞假，想判定論證的有效或無效，我們得到的唯一能判定的情況是：當前提爲眞，結論爲假，那麼，該論證必定是個無效論證。
2. 若由前提的眞假與論證的有效或無效，想判定結論的眞或假，我們得到的唯一能判定的情況是：當一個有效論證，前提爲眞時，那麼，結論必定爲眞。
3. 若由結論的眞假與論證的有效無效，想判定前的眞或假，我們得到的唯一能判定的情況是：當一個有效論證，結論爲假，那麼，前提必定爲假。

練習 2-1 請根據表格中已給定的條件,完成以下空格處。

前提	結論	論證
F (False)	F	
F	T (True)	
	F	valid
	F	invalid
T		valid
T		invalid
T	F	
T	T	
	T	valid
	T	invalid
F		valid
F		invalid

2.8 健全的論證

　　演繹邏輯不僅提供我們準則分辨有效與無效的論證,其接續的工作,要進一步界定怎樣的論證是一種好的、妥當的或健全的論證(sound argument)。一個健全的論證,必須滿足兩個條件:1. 它不僅是一個有效的論證。2. 同時,它的前提必須全部為真。唯有滿足這兩個條件,一個有效的演繹論證,當前題為真時,才能保證結論也一定是真的,只有妥當的或健全的論證才是好的論證。

　　我們將「健全論證」概念，加上先前討論過關於「論證有效性」、「前提真假」與「結論真假」各種組合關係，綜合整理為以下表格：

	前提	結論	論證有效	論證無效
1	真（T）	真（T）	健全的論證	不健全的論證
2	真（T）	假（F）	×	不健全的論證
3	假（F）	真（T）	不健全的論證	不健全的論證
4	假（F）	假（F）	不健全的論證	不健全的論證

　　從以上表格可以發現，當一個論證有效時，前提為真且結論為假的情況是不會發生的，因此不存在這樣的論證，所以我們在上面第 2 列那格中打個「×」。當一個論證有效時，前提為真，結論也為真的狀況，是一種「健全的論證」，其他都是「不健全的論證」。我們透過實際例子協助各位理解，如下：

	前提	結論	論證有效	論證無效
1	真（T）	真（T）	所有動物都是生物。 老虎是一種動物。 ↓ 所以，所有老虎是生物。 【健全論證】	所有動物都是生物。 老虎是一種生物。 ↓ 所以，所有老虎都是動物。 【不健全論證】
2	真（T）	假（F）	×	所有動物都是生物。 老虎是一種生物。 ↓ 所以，所有動物都是老虎。 【不健全論證】

	前提	結論	論證有效	論證無效
3	假（F）	眞（T）	所有老虎都是草食性動物。 綿羊是老虎。 ↓ 所以，所有綿羊是草食性動物。 【不健全論證】	所有動物都是兩足類。 老虎是一種兩足類。 ↓ 所以，所有老虎是動物。 【不健全論證】
4	假（F）	假（F）	所有貓都是兩足類。 蜥蜴是屬於貓。 ↓ 所以，所有蜥蜴是兩足類。 【不健全論證】	所有貓都是兩足類。 所有狗都是兩足類。 ↓ 所以，所有貓都是狗。 【不健全論證】

　　首先，我們從上面的例子可以看出，我們僅能確定第 2 列的情況。也就是說，當一個論證是有效時，若其前提爲眞，我們可以確定，它的結論不可能爲假，因此打上「×」。因爲，前提爲眞，結論爲假，必定是無效論證。

　　其次，當一個論證有效時，第 1 列與第 2 列前提皆爲眞，但是第 2 列前提爲眞，結論爲假的情況不可能存在，因此只剩下第 1 列的可能性，所以結論必爲眞，且此論證爲「健全論證」。

　　最後，當一個論證有效時，第 2 列與第 4 列結論皆爲假，但是第 2 列的情況不可能存在，因此只剩下第 4 列的可能性，所以前提必爲假。

　　不過，要注意的是，從第 1 列的例子中可以清楚看到，當前提爲眞，結論爲眞時，該論證可以是個有效論證，也可能是個無效論證。因此，光從「前提的眞」與「結論的眞」，是無法斷定某個論證是有效或無效。

　　此外，從第 3 列與第 4 列的例子可以發現，當前提爲假時，該論證一定是個不健全的論證，而且可以從假的前提推出任何可能性的結論（可眞也可假），這樣的論證可以是有效論證，也可以是無效論證。

　　值得注意的是：第 3 格的例子：「所有老虎都是草食性動物，綿羊是老虎，所以，綿羊是草食性動物」（前提爲假，結論爲眞），以及第 4 格的例子：「所有貓類都是兩足類，蜥蜴是屬於貓類，所以，蜥蜴是兩足類」（前提

為假，結論為假），縱然這兩個例子的前提都為假，但無礙於這兩個例子成為有效論證的可能性，因為這兩個論證不可能會有前提為真，結論為假的情況發生，而且這兩個論證的論證形式都是有效的論證形式，一個有效的論證形式，一旦前提為真時，就可以保證結論必然為真。

　　關於無效論證的部分，所有的無效論證都是不健全的論證。從上面的表格例子可以清楚看出，在無效論證的情況下，第 1 列與第 2 列前提全部為真，但結論也可能是真的或假的；第 3 列與第 4 列前提全部為假，但結論也可能是真的或假的。因此，當一個論證是無效的論證時，完全無法透過前提的真假來斷定結論的真假。

2.9 具有說服力的論證

　　邏輯推理除了演繹論證之外，還有歸納論證。歸納論證與演繹論證不同之處，便是它的結論比前提說的還要多。一個好的歸納論證是一種強的論證（strong argument）。根據前提的真假，以及結論的或然性真假，區分以下四種情況加以分析：

前提	結論	論證強度
真	可能真	？
真	可能假	弱
假	可能真	？
假	可能假	？

　　一個歸納論證，當前提為真，但結論成真的或然率並沒有因此獲得保證，卻極有可能為假時，這樣的歸納論證是一種弱的歸納論證。所有弱的歸納論證都是不具說服力的壞論證。舉例來說：「輔仁大學共有 1 萬 6 千位女同學，我

們在校園中偶然觀察到 3 位女同學，她們的身高都是 160 公分以上，所以我們歸納出結論：輔大女同學身高都 160 以上。」這明顯的是一種弱的歸納性論證，因為採樣過少，可信度相當低，使結論不可能為真的機率相當高。不過我們若是換個例子：「輔仁大學共有 1 萬 6 千位女同學，我們在校園中偶然觀察到 1 萬 5 千位女同學身高都在 150 公分以上，所以我們歸納出結論：輔大女生身高都有 150 以上。」這樣的歸納論證就是一種強的歸納論證，因為當前提為真時，結論成真的可能性相當高。

一個好的歸納論證，就是一種具有說服力的論證（cogent argument），該論證不僅是一個強的歸納論證，而且其前提必須為真，如下圖：

將「具有說服力的論證」這個概念，加上先前討論過關於「論證強度」、「前提真假」與「結論真假」的各種組合關係，綜合整理為以下表格：

前提	結論	強	弱
真 （T）	真 （T）	每年夏、秋季，西太平洋都會有颱風形成。 ↓ 所以，今年夏、秋季，西太平洋也會有颱風形成。 【具說服力論證】	去年有些在西太平洋形成的颱風侵襲臺灣。 ↓ 所以，今年會有在西太平洋形成的颱風侵襲臺灣。 【不具說服力論證】
真 （T）	假 （F）	×	去年夏天，有些在西太平洋形成的颱風往西北方前進，侵襲日本。 ↓ 所以，今年夏天，在西太平洋形成的颱風，都會往西北方前進，侵襲日本。 【不具說服力論證】

前提	結論	強	弱
假 （F）	眞 （T）	去年夏、秋季，所有在西太平洋形成的颱風，都侵襲臺灣。 ↓ 所以，今年夏、秋季，會有在西太平洋形成的颱風侵襲臺灣。 【不具說服力論證】	去年，有些在西太平洋形成的強颱沒有颱風眼。 ↓ 所以，只要是颱風眼涵蓋的範圍都是晴空萬里、無風無雨。 【不具說服力論證】
假 （F）	假 （F）	去年夏、秋季，所有在西太平洋形成的颱風，都侵襲臺灣。 ↓ 所以，今年夏、秋季，在西太平洋形成的颱風都會侵襲臺灣。 【不具說服力論證】	去年夏天，有些在西太平洋形成的颱風沒有颱風眼。 ↓ 所以，今年夏天，在西太平洋形成的颱風都將沒有颱風眼。 【不具說服力論證】

從上表可以看出，在第二列中，一個強的歸納論證極不可能出現其前提爲眞，但是結論卻可能爲假的情形。換言之，一個歸納性論證只要前提爲眞，結論可能爲假，那麼一定是個弱的歸納論證。除此之外，無法透過歸納論證的前提眞假與結論眞假，斷定一個歸納論證的強度。

2.10 一致與不一致

當我們討論論證時，前提可能由一組命題所組成，那麼我們就會涉及到一組概念，那就是有關一組命題的一致（consistent）或不一致（inconsistent）的問題。所謂「一組命題是一致」的，意指當一組命題或述句，眞假值全部都爲眞時，那麼這組命題就是一致的；如果一組命題或述句，包含一個或一個以上的假命題，那就是不一致的。當一組語句集合是不一致時，這組命題就會產生內在的矛盾，因此，當一組命題不一致時，唯一排除的，就是這組命題的所有語句皆爲眞的情況。

　　在我們瞭解一致與不一致的意義之後，假若我們聽到有人說：「一個論證若是有效的，若且唯若，它說明了『所有前提全部為眞』與『結論為假』這兩個命題是不一致的。」現在你可以理解這句話是什麼意思了嗎？

　　事實上，上面這句話的意思是，一個論證若是有效，「前提全部為眞」與「結論為假」這兩句話不可以同時為眞，至少要有一個命題為假。如此一來，這兩句話就不可能使所有前提全為眞，但是結論卻為假的情況產生，所以它是有效論證。若上述兩句話同時為眞，也就是說，這兩句話是一致的，因此它使前提為眞，結論為假的情況產生，所以在這樣的情況下，它是無效論證。圖解如下：

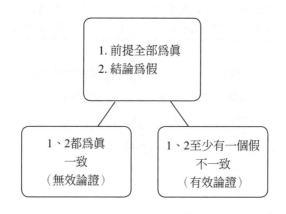

　　最後，借用 Patrick J. Hurley 的整理[2]，將本章涉及的主要概念，羅列如下：

$$述句或命題\begin{cases}眞\\[2em]假\end{cases}$$

---

[2]　Patrick J. Hurley, *A Concise Introduction to Logic*, Wadsworth, 11th edition, 2012, p.53.

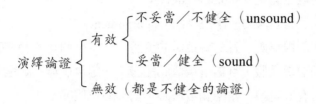

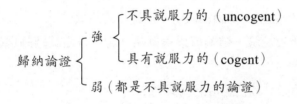

第 2 章習題

1. 請問解釋或說明為何不是一個論證？

2. 請問條件句為何不是一個論證？

3. 請問何謂健全論證（sound argument）？

4. 請問何謂具有說服力的論證（cogent argument）？

5. 請問一個前提為真，且結論為真的論證，一定是個有效論證嗎？

6. 請問一個前提為假，且結論為假的論證，一定是個無效論證嗎？

7. 請問一個有效論證，當結論為假時，前提必為假嗎？

8. 請問一個有效論證，前提為真時，結論可以判定真假嗎？

9. 請問一個無效論證，結論為假時，前提一定為真嗎？

10. 請問一個無效論證，結論可以為真嗎？若可以當其結論為真時，前提為真或為假呢？

11. 一個健全論證，其結論可能為假嗎？

12. 一個具有說服力的論證，有可能是個弱的歸納性論證嗎？

13. 歸納性論證可以區分為有效或無效的論證嗎？

14. 一個演繹論證的真假值取決於該論證的前提是否支持著結論嗎？

15. 條件語句：「若 P 則 Q」，請問 P 與 Q 分別稱為什麼？兩者之間的邏輯關係為何？

16. 若 P 是 Q 的必要條件，意思就是說，有 P 就有 Q，或 P 成立 Q 就成立嗎？

17. 有一命題：「如果天下雨，則地上會溼。」假設「天下雨」這句話是假的，也就是說「天不下雨」，那麼，請問「地上會溼」這句話為真，還是為假？

18. 有一個論證如下：「所有男人都是哲學家，柏拉圖是個男人。所以柏拉圖是個哲學家」。請問這個論證的結論是真還是假？請問這個論證是有效的演繹論證或無效的？請問這個論證是個健全論證嗎？請針對你的答案給出合理性的說明或理由。

19. 有一個論證如下：「如果蔡英文是國民黨主席，那麼她就不是民進黨主席。蔡英文是民進黨主席，所以蔡英文不是國民黨主席。」請問這個論證的前提全部為真嗎？請問這個論證的結論為真或為假？這個論證是有效還是無效？這個論證是健全的論證或不健全呢？請針對你的答案給出合理性的說明或理由。

20. 有一段敘述如下：「這是一根神奇的檢測棒，安裝了神奇的裝置，可以用來檢測水源、尋找金屬和寶石。你的朋友正拿著這根神奇的檢測棒在沙漠上行走。因此他很可能會發現水源或一些埋藏在砂石中的金屬。」請問這是一個論證嗎？若是，那麼，我們應該如何正確描述這個論證呢？

第3章　謬誤

　　所謂的論證，包含了前提與結論，且我們可以根據思維法則的推理過程，由前提推導出結論。但是，論證的形式或命題組成的內容一旦有所缺陷，就容易讓人產生誤解或造成偏見，邏輯學者將這類具有不完美或不妥當的論證或論證形式，稱之為謬誤（fallacy）。本章主要介紹的是，在我們日常生活中，經常看到或聽聞到的瑕疵論證或論證形式，也就是一般常見的邏輯謬誤。研究謬誤的主要目的，就是讓我們能夠瞭解這些瑕疵或錯誤論證或論證形式的形成原因，使我們能夠清楚辨別哪些論證或論證形式是謬誤，進而避免建構出具有缺陷、無效或不具說服力的論證。

3.1 謬誤的型態

　　一般而言，邏輯學者將謬誤區分為「形式謬誤」（formal fallacy）與「非形式謬誤」（informal fallacy）兩大類。

一、形式謬誤

　　所謂「形式謬誤」，意指：此類謬誤形成的理由，主要是因為演繹論證的形式或結構有所缺陷或瑕疵，舉例來說：

> 所有 A 是 B
> 所有 C 是 B
> 因此，所有 A 是 C

　　上述的論證形式，我們可以替換為以下實例：人是動物，豬是動物，所以人是豬；張三是男人，李四是男人，所以張三是李四。由此，我們可以推知，

造成這些荒謬結論的原因，是因為這類論證形式或論證結構出現問題。我們可以透過這類論證形式或論證結構，輕易建構出前提為真，但結論卻為假的無效論證。上述這類由於論證形式或論證結構所導致的邏輯謬誤，稱之為「形式謬誤」。

二、非形式謬誤

所謂「非形式謬誤」，意指：該類謬誤形成的理由，主要是因為論證內容有所不當而引起的。因此，一個看似好的論證，但實際上卻是一個非形式謬誤的論證。不過，我們不是透過論證形式或論證結構來檢定非形式謬誤的論證，而是藉由論證的內容來檢測，也就是說，我們是透過分析該論證的內容，進而得知造成其謬誤的主因。本章接下來的篇幅主要討論的主題是「非形式的謬誤」。

Patrick J. Hurley 將「非形式謬誤」區分為以下三類：第一，前提與結論相干或不相干的謬誤（3.2）；第二，因為弱的歸納所導致的謬誤（3.3）；第三，關涉假定、語詞含糊或歧義，以及語法類比所形成的謬誤（3.4）。[1]

3.2 邏輯上的不相干或心理學上的相干

第一大類非形式謬誤，就是討論前提與結論相干或不相干所產生的謬誤（Fallacies of Relevance）。當我們企圖建構一個論證，但是前提卻與結論沒有邏輯上的相關性，或者，即便有所相關，也僅是訴諸於心理學層面的因素，例如：訴諸傳統、成見、情感、情緒與暴力等等。那麼，這些表面上看似具

---

[1] 若讀者想多做些習題，請參閱Patrick J. Hurley, *A Concise Introduction to Logic*, Wadsworth, 11th edition, 2012, p.119-196.

有說服力的論證，其實都犯了邏輯上的謬誤。這類謬誤共有八種比較常見的論證：訴諸暴力、訴諸同情或憐憫、訴諸群眾、訴諸人身攻擊、偶發事例的謬誤、稻草人謬誤、紅鯡魚謬誤、文不對題的謬誤。以下分別說明。

一、訴諸暴力（Appeal to Force）

論述者透過心理或生理的威嚇，脅迫他人或團體接受或支持自己的主張或結論，這類似的論證就是犯了「訴諸暴力的謬誤」。舉例來說：

1. 伊斯蘭國跟庫德族種族人說：「如果你們不加入我們，那麼我們一定會消滅你們族群。你們現在決定不打算加入我們，所以我們決定要殺掉你們。」
2. 母親對小孩說：「你暑假最好待在家裡讀書，不要去海邊游泳，因為農曆七月是鬼月，如果你去海邊玩水，會被水鬼拖走。」
3. 丁丁跟小寶說：「辛普森家族是最棒的卡通，如果你不相信，我會叫我哥哥扁你。」

二、訴諸同情／憐憫（Appeal to Pity）

倘若論述者透過情感、情緒、親情、血緣等理由來支持自己的主張或結論，那麼這類的論證就是犯了「訴諸同情／憐憫的謬誤」。舉例來說：

1. 我的男朋友不可能會說謊，因為他那麼愛我，平日那麼聽我的話，所以他不可能欺騙我，背著我去找小三。
2. 辯護律師主張：建築師 Oli 不用為建築物倒塌負責，因為他的女兒跟誘拐兒童的男子私奔，兒子剛剛自殺，他還要照顧酒精中毒的老婆。

3. 教授！拜託這學期請讓我及格，我若缺這兩個學分，學期結束後我會被
　　學校退學。

三、訴諸群眾（Appeal to the People）

　　論述者在政治或宗教活動中的訴求或主張，直接透過激發群眾個人的心智
與內在情緒來博取認同，或者，論述者的訴求或主張，間接訴諸於具體個人與
團體之間的隸屬性或同質化關係的優先或優越性。無論是以直接或間接的方式
訴諸群眾的心智或情緒，這類似訴諸多數、訴諸民粹或訴諸意識型態等的論
證，都有共同的結構形式，即：你若想要加入或參與某個團體，你就必須接受
或同意某個主張。這類似的論證都犯了「訴諸群眾的謬誤」。

　　I. 以直接的方式訴諸群眾的謬誤，例如：

1. 希特勒：「我的面前，站著的是一個民族，一個在屈辱中呻吟的民族！
　　那場戰爭結束之後，我們這個民族的驕傲就沒有了！那些戰勝者們騎在
　　我們的脖子上作威作福，他們隨意踐踏我們的尊嚴，一個歐洲大陸上最
　　高貴的民族的尊嚴！你們告訴我，你們是選擇像班傑明・馬丁一樣去做
　　一個自由的鬥士，還是一個奴隸？……我們不為奴役而戰！我們為自由
　　而戰！我們不是機器，不是牛馬，我們是人！是從來沒有屈服過的日耳
　　曼人！」希特勒以煽動性的演說技巧，說服德國人跟他一起建構一個民
　　主與共和具有民族尊嚴的強大國家，但實際上，他卻建立出一個極端種
　　族主義的民族主義國家。
2. 路線之爭已經開始，共和黨代表真正的美國價值，真正的美國人政黨，
　　所有美國人都是極為崇高的，唯有共和黨才是真正珍惜與愛護開國元老
　　們所制訂的《憲法》，我們捍衛公正、正派、自由、自決與自由選擇。

II. 以間接的方式訴諸群眾的謬誤，可以區分爲以下三類：

1. 趨於主流時尚（**Bandwagon Fallacy**）：因爲每個人都這樣做，所以想說服閱聽者一窩蜂趨於主流時尚，從眾跟著潮流一起這樣做。例如：

(1) 大家都説白蘭洗衣粉最好。
(2) 大部分牙醫師都推薦高露潔抗敏牙膏。

2. 訴諸虛榮（**Appeal to Vanity**）：透過名人加持與推薦或浮誇廣告美化，刻意吹噓膨脹某個團體的優點，將其形塑爲菁英團體，或時尚潮流的領航者，進而說服閱聽者迎合時流或附庸風雅說服閱聽者一同參與或加入其行列，例如：

(1) 高學歷、高薪、高身材的婚友社。（或是：千金名媛趴、貴婦團、金字塔頂端的上流社會、社會名流俱樂部等）。
(2) 你當然可以去買這緊身牛仔褲，它確實可以突顯出你的曼妙身材。最重要的是，現在女明星都很流行這樣穿。

3. 訴諸功利權勢（**Appeal to Snobbery**）：論述者說服閱聽者趨附勢利，諂媚權勢或閱聽者怕被孤立，或迫於群體壓力而自願接受某些主張或意見，例如：

(1) 你若想留在這個組織中，就必須承認蟑螂是具有靈性的動物。
(2) 如果你加入兄弟會，那麼你將變成全校菁英之一，正妹都會爲你瘋狂。

四、訴諸人身攻擊（Argument Against the Person）

犯此類邏輯謬誤的情境通常有兩位論述者，當第二位論述者針對第一位論述者的主張提出批評時，他所提出的反駁意見並非針對第一位論述者所建構的論證本身，而是透過攻擊第一位論述者的品格、動機、態度、階級、種族或其原生家庭的社經地位等方式來進行。這類訴諸人身攻擊的論證又可以區分為三類：

I. 以汙辱人格的方式進行人身攻擊（Ad Hominem Abusive），即：透過人格辱罵、汙辱、惡意攻訐或詆毀之濫用的方式進行人身攻擊。舉例來說：

1. 有關 P 教授提出的演化論論證，我們必須打折扣，因為根據媒體報導，他是一位有吸食毒品習慣的同性戀者，同時也是共產黨員。同性戀者與共產黨員都是不值得信任的。
2. 尼采哲學根本沒有價值，因為他是一位沒有道德意識且自甘墮落的人，最後還因為感染梅毒、精神發瘋致死。

II. 針對環境或處境的方式進行人身攻擊（Ad Hominem Circumstantial），即：透過攻擊對手所處社會環境、階級、條件、出身或處境加以人身攻擊。舉例來說：

1. 小張說 Q 系統是一套相當棒的德文學習程式，不過你要特別注意的是，他是否有積極投資或購入這家公司的股票，因此，你不應該太認真看待他的說詞。
2. 小李爭取提高最低基本工資的論述，根本就不可信，因為他的社會地位那麼低，本身就是領取基本工資的人，所以根本不瞭解總體經濟的各項發展因素，他只是一味想要爭取自身利益而已。

III. 透過積非成是（Two Wrongs Make a Right）的方式進行人身攻擊，即：你為何敢要求我不要做這個、做那個呢？你自己你不也是一樣嗎？憑什麼說我呢？（Tu quoque = You, too）。舉例來說：

1. A 公司遭指控排放汙水，不過，他們的發言人開記者會反駁說：「B 公司排放的工業化學汙水比我們還多，你們為何不檢舉他們呢？」
2. P 同學指控 Q 同學考試作弊，Q 同學答辯：「現在大學生哪個不作弊的？期末考作個弊，有什麼好大驚小怪？P 同學你敢說你一輩子都沒作弊過嗎？」

五、偶發事例（Accident）的謬誤

論述者將普遍性規則錯誤地應用到不合適、特殊、個別的具體事物上，也就是說，當論述者以全蓋偏，刻意將通則不當應用在一些可以被允許或理解的特殊、緊急的偶發事例上時，就犯了「偶發事例的謬誤」。偶發事例的謬誤就是一種以全蓋偏的謬誤。舉例來說：

1. 只要戳傷別人就必須被逮捕，外科醫生進行手術戳傷病患，因此外科醫師要被逮捕。
2. 《美國憲法》第一修正法案明訂政府不得干預或妨礙宗教自由儀式或活動，那麼政府干預宗教儀式與活動就是違反修正法案，因此這是錯的。

六、稻草人謬誤（Fallacy of Straw Man）

論述者 A 蓄意將論述者 B 的表述意見或主張加以扭曲或簡化，好讓自己更加容易駁斥與攻擊對手，不過這些已經被扭曲或簡化的論證前提，並不是 B

原來所建構的論證或主張。而是經由論述者 A 扭曲與變造之後，所建構出的
虛假的新前提，就像論述 A 自行編織一個「稻草人」一樣，然後他不斷攻擊
這個被自己虛構出來的稻草人論證。舉凡犯了這類邏輯謬誤的論證皆稱為「稻
草人的謬誤」，舉例來說：

1. Philia 認為臺灣政府不應該過度箝制臺商國際自由貿易的行為。不過
   Sophia 認為這樣的主張，根本就是企圖顛覆與消滅整個政府的功能與機
   制，使臺灣政府陷入沒有公權力、沒有國家防衛、沒有社會安全、沒有
   健康與安全機制等等。因為沒有人會想得到這樣的結果，因此，Sophia
   認為 Philia 的論證是荒謬的。
2. 參議員 Sophia 反對社會安全福利法案，因為他認為照顧弱勢的相關法
   案之提出，根本是公然鼓吹與提倡社會主義，我們看東歐就知道社會主
   義不是一種好的政治體制。

七、紅鯡魚／轉移焦點的謬誤（Fallacy of Red Herring）

　　論述者蓄意轉移議論的主題、焦點或核心問題，使聽閱者分散其注意力而
關注到新的命題，以達到掩飾過錯、擺脫糾纏或誘騙對手掉入陷阱等。舉凡這
類不良的論證都犯了「紅鯡魚的謬誤」，舉例來說：

1. 學生反映電腦中心的電腦太過老舊，無法支援新版的繪圖軟體，結果學
   校董事會轉移話題到學生花太多時間在電動遊戲上。
2. 老師們在討論小學生是否花太多時間看電視，論述者 Heidi 卻將話題轉
   移到兒童看電視是不是一種正當、有益的娛樂活動。

　　值得注意的是，「紅鯡魚謬誤」與「稻草人謬誤」這兩種謬誤都是轉移讀
者或聽者的焦點或注意力。不過，論述者若是犯了「稻草人謬誤」，那麼意謂

著，他一開始就會扭曲或簡化對手的論證，然後以此遭到扭曲的論證攻擊對手，進而導出自己假想的結論。倘若論述者犯了「紅鯡魚謬誤」，那麼他一開始就會刻意忽略對手的論證，巧妙地轉移聽者或讀者的注意力，將整個論辯主題改變。所以，「稻草人謬誤」是從扭曲對手的論證開始；「紅鯡魚謬誤」僅是單純的轉移話題或改變主題而已。

八、文不對題的謬誤（Fallacy of Missing the Point／Ignoratio Elenchi）

論述者論述失焦，是因為他所建構的論證，前提與結論是風馬牛不相干，進而使對手弄不清楚他到底要論證什麼，或想要駁斥什麼，使得整個討論變得毫無意義、虛耗光陰。舉凡這類不佳的論證就是犯了「文不對題的謬誤」，舉例來說：

1. 第一次免試升學的混亂現象造成學校、家長與學生極大的不確定性，以及升學的不公平性，因此，我們應該全面廢除國民義務教育。
2. 警察審問 Ranke 先生是否有謀殺他的老婆。他回憶與陳述自己是如何追求老婆，他們去過哪些地方玩，他是如何愛她。

經常有人將「文不對題的謬誤」、「紅鯡魚謬誤」以及「稻草人謬誤」這三種謬誤相互混淆。因為，若犯了這三種謬誤，論述者要不是提出一些不相干的線索來支持他們的論點或主張，要不就是把一堆不相干的論據當作前提，然後推出一個與前提無關的結論。

不過，論述者若犯了「紅鯡魚謬誤」或「稻草人謬誤」，論述者會推衍出一組新的前提，但是若是犯了「文不對題的謬誤」，則沒有推出一套新的前提。「稻草人謬誤」所衍生出的新前提，是扭曲對手的論證而來；「紅鯡魚謬

誤」所衍生出的新前提，是論述者轉移焦點或所改變的新主題；「文不對題的謬誤」並沒有衍生出新的前提，因為從一開始就是從原初的前提推導出結論，只是這個原初的前提，從一開始就與結論是風馬牛不相干。

我們若透過前提與結論的邏輯相關性來區分這三者，「紅鯡魚謬誤」與「稻草人謬誤」這兩種謬誤的前提與結論的內容是具有邏輯相關性的。不過，「文不對題的謬誤」的前提與結論之間的關係，則是不具有任何邏輯的相關性關係。

3.3 弱的歸納所導致的謬誤

我們接下來要介紹第二大類的謬誤，雖然這幾種謬誤的前提與結論是有邏輯上的相關性，不過，前提並沒有提供足夠的可靠性論據支持結論，或者說，前提所提供的證據非常薄弱，或者，前提與結論的因果連結關係，僅具有機率性、偶然性或概然性相當低的連結關係。第二類的謬誤有六種：訴諸不恰當的權威、訴諸無知的謬誤、輕率普遍化的謬誤／逆偶發事例的謬誤、錯誤原因的謬誤、滑坡的謬誤、弱類比的謬誤。

九、訴諸不恰當的權威（Fallacy of Appeal to Unqualified Authority）

論述者所援引的證據或權威是不恰當、不可靠，或是不值得信任的，例如：引證對象缺乏相關領域的專業背景，或者引述權威的意見充滿個人好惡、喜好與偏見等等，以上這類似的論證都是犯了「訴諸權威的謬誤」。

不過，學者作學術研究、標示出處、引用學術界相同領域已經發表過的重要研究成果，這不是訴諸不恰當權威的謬誤，那是具有正當性與合理性的引證權威。除此之外，我們要判定一個人是不是具有合格的權威，需要注意的是，

專家的權威並不是僅限於某個領域，也就是說，一位化學家，可能對生物學領域也學有專精，或者，經濟學者也可能同時具有法律專業背景。訴諸權威謬誤的例子如下：

1. 阿哲是諾貝爾得獎者，因此他指控小金叛國通敵的罪行是成立的。
2. 所有眼科的醫師們都一致認爲上帝是存在的。

十、訴諸無知的謬誤（Fallacy of Appeal to Ignorance）

論述者主張沒有人可以證明 X 是眞的，所以 X 是假的；沒有人可以證明 X 存在，所以 X 並不存在；沒有人可以證明 X 是有效的，所以 X 是無效的，以此類推。舉凡類似的不好論證，就稱之爲「訴諸無知的謬誤」。舉例來說：

1. 因爲我們無法證明上帝存在，所以上帝不存在。
2. 因爲我們無法證明外星人不存在，所以外星人存在。

十一、輕率普遍化的謬誤（Fallacy of Hasty Generalization）／逆偶發事例的謬誤（Fallacy of Converse Accident）

當論述者僅依據特殊案例或少數案例，便輕率地進行一般化或普遍化的歸納推論，或者，論述者企圖藉由可以被理解或被允許的特殊與緊急的偶發事例推翻一般性的通則，以這類似的方式建構出的論證，就犯了「輕率普遍化的謬誤」，或稱「逆偶發事例的謬誤」。輕率普遍化的謬誤就是一種以偏蓋全的謬誤。

舉例來說：

1. 警車追逐歹徒可以超速、闖紅燈，救護車緊急送人去醫院可以超速、闖紅燈，所以，限速與紅綠燈交管規則應該取消。
2. 戰爭時軍人可以殺人，因為適當且必要的自我防衛而殺人，也會被判無罪，那刑法為何還要訂立殺人的刑責呢？這些法規根本都可以廢除了！

十二、錯誤原因的謬誤（Fallacy of False Cause）

　　錯誤原因的謬誤是一種把無關事件的原因，當作是事件真正的原因，進而產生的邏輯謬誤。也就是說，當論述者所提出的論據（前提）與結論之間的因果關係，奠基在不存在或不當的連結關係，或者把前後事件偶發巧合的連結狀況視為具有必然性的邏輯因果關係，或者倒果為因等等，以上這類似的論證都犯了「錯誤原因的謬誤」。可區分為以下四種情況：

　　I. 事後歸因的謬誤（**Post Hoc Ergo Propter Hoc／After This, Therefore on Account of This**）：論述者觀察 B 現象發生在 A 之後，因此直接斷定 A 必然是引起 B 的原因，或者，A 與 B 事件偶然性伴隨發生，我們直接斷言 A 就是 B 發生的原因，這類似的論證是一種涉及錯誤因果連結的謬誤。例如：雞鳴之後太陽就升起，因此雞鳴是太陽升起的原因。

　　II. 非因成因的謬誤（**Non Causa Pro Causa／Not the Cause for the Cause**）：論述者主張 X 現象是因為某 Y 原因所造成，不過某人所提出的解釋原因 X，並不是需要被解釋的 Y 現象或事件的真正原因。因此某人犯了一種把不是原因的原因當成原因，導致原因不能成立或不成理由的邏輯謬誤。例如：農曆七月，有人去海邊游泳溺水，目擊者宣稱水鬼正在抓替身。

　　III. 過度簡化原因的謬誤（**Oversimplified Cause**）：論述者將引起事件的複雜因素，僅用片面與武斷的方式推論其原因。例如：新聞評論者認為，某

張姓國立大學研究所畢業生會砍殺前女友 41 刀，主要原因是臺灣教育太重視智育，忽略兩性教育。

IV. 賭徒的謬誤（Gambler's Fallacy）：論述者有一種錯誤的信念，以爲隨機序列中的某事件的發生率，會隨著已經發生的事件而改變其機率。例如：賭徒相信已經連續出了 5 次銅板正面，第 6 次一定是反面。或某對夫妻，連生了 8 個女兒，他們堅信第 9 個孩子一定是男孩。

十三、滑坡的謬誤（Fallacy of Slippery Slope）

論述者主張某一個行動 P 步驟的改變，必然會產生一連串的骨牌效應，進而引起一發不可收拾的不良後果或災難 Q。不過，論述者所主張的鏈鎖反應，僅是諸多偶發事件，透過不當因果連結而形成的現象，舉凡類似的論證就犯了「滑坡的謬誤」。

舉例來說：

1. 一個男人不結婚，可是他一定有生理需求，一旦他有生理需求，就一定會去召妓，去召妓就會得性病，所以所有單身男人都會得性病。
2. 如果你不認眞讀書，大學畢業以後就不容易找到工作，沒工作沒收入，那你就會做出殺人放火的事情，一旦你殺人放火，你就一定會被判刑。所以，你現在不認眞讀書，日後就一定會被關。

十四、弱類比的謬誤（Fallacy of Weak Analogy）

論述者以兩件相似度很低的事件作類比。[2]雖然 P 與 Q 都具有 abc 的人格特質，不過兩個人的相似度相當低，尤其在 z 方面。但論述者卻強調，因為 P 與 Q 都具有 abc 的人格特質，因此，我們必然可推得 Q 一定也具有 z 這項人格特質。舉凡這類不良的論證，就稱之為「弱類比的謬誤」。舉例來說：

1. 某人對朋友這麼好，那麼他對女朋友也一定很好。
2. A 與 B 是從小一起長大的好朋友，A 的數學很好，B 的數學一定也很好。

3.4 假定、語詞含糊歧義以及語法類比所形成的謬誤

人們經常犯的第三類邏輯謬誤，並不是因為前提跟結論無關，或者論述者提供不充分的理由支持其結論或信念，而是論述者所要提供的推論或前提出現問題。其中有關推理過程產生的謬誤有四種，即：循環論證的謬誤、複合問句的謬誤、錯誤二分法的謬誤以及抑制證據的謬誤。涉及命題語詞的語意或語法的謬誤有兩種，即：歧義謬誤、模稜兩可謬誤。關於命題或語句文法上相似或類比上的謬誤有兩種，即：合稱謬誤、分稱謬誤。

---

[2] 何謂類比呢？根據錢志純教授於其著作《理則學》一書中，頁45-46解釋：「類比是一名詞，應用到不同但是相關的事物上，它的指意，有一部分相同，有一部分不相同。……類比可分為兩類：比例類比和歸屬類比。比例類比（Analogy of Proportion）是一名詞用到不同性質的事物上。例如：『頭』用來稱呼人的頭和山的頭、頭緒、開頭；以『尾』來稱呼動物的尾巴和船尾、飛機尾、尾音、尾隨等，都是以部位的比例。歸屬類比（Analogy of Attribution）是一名詞，在一件事物上，有其原義，而應用到別的事物上，是為了後者與前者的內在聯繫。例如：笑是人的固有性行為，有時稱『自然在笑』、『田野在笑』是為了人的內在快樂狀況用外在事物來表現。」（錢志純《理則學》，臺北：輔仁大學出版社，民國95年）又如：當我們說被淋雨得像「落湯雞」時，我們其實知道「雞」的原本意思，不過，在日常對話中，我們說自己被雨淋的像「落湯雞」，這句話所要類比的就是，我們被雨淋的狀態，就像整隻雞被下鍋水煮一般。

十五、循環論證（Fallacy of Begging the Question／Petitio Principii）的謬誤

當論述者想去證明某個主張或結論 P_1，因此，他提供了前提或論據 P_2 來支持 P_1。不過，P_2 本身可能是相當複雜的專業術語，有待進一步被釐清或解釋，接著，論述者援引 P_3 解釋或釐清 P_2。不過，P_3 本身是缺乏好的證據支持的宣稱，因此，我們接著用 P_4 去保證 P_3，可是 P_4 本身是有待被證成的命題，所以，論述者又提出 P_1 來支持 P_4，如此一來，論證結論 P_1 出現在前提之中。換言之，只要前提到結論之間的邏輯推理的連結關係，呈現出一種循環的推理關係，那麼此類邏輯的謬誤便被稱之爲「循環論證的謬誤」。[3] 舉例來說：

1. 上帝是存在的，因爲《聖經》上這麼說。
2. 沒有狗是貓，所以沒有貓是狗。

值得注意的是，循環論證的謬誤本身並不歸類爲形式謬誤。因爲凡是犯了形式謬誤的論證，其形式明確地提供了一種可能性，也就是該論證形式會讓前提爲眞，而結論爲假的情況發生。但是，循環論證的前提與結論的眞假值都是相同的，也就是說，要嘛前提爲眞，結論也爲眞；要嘛前提爲假，結論也爲假。如此一來，循環論證的論證，不可能會出現前提爲眞，結論卻爲假的情況。因此，循環論證大部分是有效論證。儘管循環論證大部分是個有效論證，可是它不必然是個健全論證，因爲循環論證的前提不必然爲眞。

---

[3] 「Petitio Principii」就是一種循環論證（Circular Argument）。不過，在基礎邏輯相關著作中，也有學者將其翻譯成「Begging the Question」。「Begging the Question」依照英文意思可以直譯成「丐題」或「乞題」，也有學者將「Begging the Question」的謬誤翻譯成「竊取論題」的謬誤。

十六、複合問句的謬誤（Fallacy of Complex Question）

「複合問句」的謬誤就是把兩個或兩個以上的問題結合起來而成為一個問句，並在這些問題裡隱藏著一項或多項尚待證實的預設事實。然後，提問者要求被詢問者，對這樣一個複雜問題，作出「是」或「不是」的簡單答覆或承諾，最後，不管被詢問者答「是」或「不是」都會同時肯定提問者預設的尚待證實之事實，因此凡是透過類似的方式提問所形成的論證，就會形成「複合問句的謬誤」。舉例來說：

1. 你這次考試已經不會再作弊了嗎？如果你回答是的，意謂你已經被提問者間接引導承認你過去經常作弊，只是這次沒有作弊。你若答否，意謂著，你從過去到這次考試都一直在作弊。

2. 你過去抽的大麻（或吸食的海洛英毒品）藏在哪裡？若你回答我沒藏啊，那意謂你過去有抽大麻或毒品的經驗，若你回答藏在某處，那不僅承認你有吸食毒品的經驗，而目前也還持有。

十七、錯誤二分法的謬誤（Fallacy of False Dichotomy）

「錯誤二分法的謬誤」是建構在「either A or B」（不是 A，就是 B）的語法之上，意謂著非黑即白、非敵即友這類錯誤二分所產生的謬誤。換言之，所謂錯誤二分意謂著概念區分原可以被區分為三種（含）以上的可能性，但卻被排除第三種（含）以上的可能性所衍生的謬誤。值得提醒的是，錯誤二分法謬誤的論證形式，其實是一種有效的選言三段論的論證形式（即：A 或 B，不是 A，所以是 B），不過它不是健全的論證形式。舉例來說：

1. 要不你就僅能用臺灣貨，要不你就不要宣稱自己愛臺灣。昨天你買了一輛 Toyota 汽車，因此你不要再宣稱你自己愛臺灣了。

2. 美國是民主國家，而民主國家是反對共產極權。因此，反美必定支持共產極權。

需要提醒的是，並不是所有使用「不是 A 就是 B」的語法都會形成謬誤。接下來我們來看看「不是 A 就是 B」語法的使用，並沒有形成謬誤的情況：

3. 輔仁大學要嘛在新莊中正路上，要嘛就在新莊中華路上。輔仁大學不在新莊中華路上，所以輔仁大學在新莊中正路上。

4. 立法院的倒閣案，不是通過就是遭到否決。閣揆不信任案，45 票贊成，67 票反對，倒閣案闖關失敗，所以倒閣案沒有通過。

十八、抑制證據的謬誤（Fallacy of Suppressed Evidence）

論述者刻意挑選對自己有利的證據，或隱藏不利的證據，或刻意排除一些足以影響判斷的重要與關鍵性的證據陳述。舉凡這類似刻意製造證據不完整或隱藏不利證據所形成的謬誤，稱爲「抑制證據的謬誤」。舉例來說：

1. 大部分的狗是友善的，而且對那些輕撫他們的人不會構成威脅。所以，去輕撫正靠近我們的小狗是安全的。（論述者隱藏了小狗神經質、容易興奮與滿嘴口水泡沫的資訊。）

2. 肯德雞的廣告上說：買一桶炸雞會有一桶的樂趣。因此，如果我們買了一桶炸雞，我們會被保證獲得許多的樂趣。（廣告刻意排除一桶炸雞可能帶給消費者的過高熱量或脂肪。）

十九、歧義的謬誤（Fallacy of Equivocation）

　　論述者建構前提支持結論時，在前提命題或語句中含有多重意義的語詞，這類似的前提命題或語句很容易引起聽閱者的誤解，諸如此類的論證稱之為「歧義的謬誤」。舉例來說：

1. 人活在地球上已經有幾千幾萬年了。這怎麼可能，一個人的壽命最長也不過百餘歲而已。
2. 老虎是動物，所以小老虎是小動物。

二十、模稜兩可的謬誤（Fallacy of Amphiboly）

　　論述者建構前提支持結論時，這些前提的語法可以有多重的理解方式，這類似語法陳述形成模糊不清的論證，同樣容易引起聽閱者的誤解，諸如此類的論證稱之為「模稜兩可的謬誤」。舉例來說：

1. 士可殺不可辱！（「士可殺，不可辱」還是「士可殺，不，可辱」）
2. 下雨天留客天留我不留！（「下雨天，留客天，留我不？留」還是「下雨天留客，天留，我不留」）
3. 行人和狗等不得在此小便！（「行人和狗等，不得在此小便」還是「行人和狗，等不得，在此小便」）

二十一、合稱謬誤（Fallacy of Composition）

　　論述者不恰當地將組成部分、個別元素或特殊成員的特性，自行轉化為該整體必然具有的屬性。儘管有些轉化是正當與恰當的，但是並非皆是如此，如果涉及不恰當將部分的特性轉化為整體的特性之論證，就是犯了「合稱謬誤」。

舉例來說：

1. 這個棒球隊中的每個球員都是最棒的運動員，所以這支隊伍一定是最棒的球隊。
2. 鈉跟氯是組成食鹽的原子元素，兩者都是致命的毒素。所以，食鹽也是致命的毒素。
3. A 與 B 分別是世界盃網球排名第一與第二，如果他們聯手打雙打，一定是所向無敵，成爲網球雙打冠軍。
4. 3 與 5 是奇數，3 加 5 是 8，所以 8 是奇數。

不過，以下狀況是沒有犯任何邏輯謬誤的情況：

5. 每個組成茶杯的原子都是具有質量的，所以茶杯是有質量的。
6. 每個尖樁都是白色的，所以，用這些尖樁所圍起來的柵欄一定是白色的。

需要注意的是，「合稱的謬誤」與「輕率普遍化的謬誤」兩者在乍看之下好像有些相同，但實際上兩者是具有明顯的差異。我們若想要區別兩者，可以直接檢驗論證的結論。如果結論是一般性或普遍性原則的表述，且此表述的特徵或性質，是經由觀察個別具體的成員所歸納出的結果，那麼，該結論這就是犯了「輕率普遍化的謬誤」。如果該論證的結論是一種整體特性或屬性的陳述，而此陳述的性質是經由部分不當轉移爲整體自身所具有的性質，那麼，這就是犯了「合稱的謬誤」。簡言之，「輕率普遍化的謬誤」是由個別與具體事物歸納出普遍性原則；「合稱的謬誤」則是部分或個別成員的屬性，不當轉移成爲整體的屬性。

二十二、分稱謬誤（Fallacy of Division）

論述者不恰當地將整體的特性自行轉化爲組成部分、個別元素或特殊成員的特性。儘管有些轉化是正當與恰當的，但是並非皆是如此，如果涉及不恰當將整體的特性轉化爲部分的特性之論證，就是犯了「分稱謬誤」。舉例來說：

1. 食鹽是無毒的混合物。所以，它的成分，鈉與氯也是無毒的元素。
2. 這架飛機是西雅圖製造的。所以，飛機的每個部分都是西雅圖製造的。
3. A 與 B 是世界盃網球雙打冠軍，如果他們打單打，一定不是第一就是第二。
4. 16 能被 4 整除，9 加 7 等於 16，所以 9 和 7 可以被 4 整除。

不過以下狀況則是沒有產生邏輯謬誤的情況：

5. 茶杯是有質量的，所以組成茶杯的原子是有質量的。
6. 這一片罌粟田都是橙色，所以各個罌粟都是橙色。

「分稱謬誤」與「偶發事例的謬誤」兩者在乍看之下好像有些相同，但實際上兩者是具有明顯的差異。我們若想要區別兩者，可以直接檢驗前提。如果是犯了分稱的謬誤，那麼它的前提是一種關於描述整體的命題；若是犯了偶發事例的謬誤，那麼它的前提，就是涉及普遍性原則的表述。換言之，「分稱謬誤」處理的是從整體到部分，也就是將整體的屬性不當轉移到每個部分；「偶發事例的謬誤」則是將普遍性原則不當應用到具體或特殊事件上。

最後，我們必須瞭解，邏輯謬誤的種類不僅上述幾種而已，在此，我僅介紹較基本與常見的幾種。不過，從本章的介紹，各位應該已經可以清楚認識到，無論是廣告商想要創造的一窩蜂效果，或者報章媒體想透過斷章取義引起讀者的目光，或者是政治人物刻意隱藏對自己不利的證據等等，這些邏輯謬誤

正以各種不同的樣態出現在我們的生活周遭。所以，我們應該學習辨識這些邏輯謬誤，不要再被有心人士刻意誤導、影響我們的理智判斷。接下來的章節，我們要開始來學習如何避免邏輯謬誤，進而建構一套妥當的論證。我將從傳統邏輯開始介紹，然後進入語句邏輯與述詞邏輯。

第 3 章習題

1. 有一個論證：「如果天空萬里無雲，那麼星座就可一覽無遺。星座可以清晰可見，可見天空是萬里無雲的。」請問這個論證屬於？

   (A)A Sound Argument　(B)A Formal Fallacy　(C)A Valid Argument
   (D)A Fallacy of Presumption　(E)An Informal Fallacy。

2. 以下的謬誤必然包含兩個言說或議論的行為者呢？

   (A)Red Herring　(B)Complex Question　(C)Straw Man　(D)Slippery
   Slope　(E)Appeal to the People。

3. 以下的謬誤何者可以是一種有效論證？

   (A)Missing the Point　(B)False Cause　(C)Begging the Question　(D)Accident　(E)Appeal to Ignorance。

4. 「王教授主張應該採用高標準審查陸生的健保問題，不過他是一個極右派的種族主義，而且他跟女學生亂搞男女關係，所以王教授的主張跟他的為人一樣，都是垃圾。」請問此論證犯了哪種邏輯謬誤？

   (A)Argument Against the Person, Abusive　(B)Red Herring　(C)Appeal to
   Unqualified Authority　(D)You, too (Tu quoque)　(E)No Fallacy。

5. 「這間教室的每一塊磁磚都是米黃色的，因此整片教室地板都是米黃色的。」請問此論證犯了哪種邏輯謬誤？

   (A)Division　(B)Begging the Question　(C)Composition　(D)Hasty Generalization　(E)No Fallacy。

6. 「除非你花兩萬元買這件皮衣，否則我們都會認為你跟不上時尚潮流。你不願意花兩萬元買這件皮衣，所以你跟不上時尚潮流。」請問此論證犯了怎樣的謬誤呢？

   (A)Suppressed Evidence　(B)Accident　(C)Appeal to Force　(D)False
   Dichotomy　(E)No Fallacy。

7.「過去二十年來新生兒人數不斷攀升，許多產後的婦女都會住進月子中心調養身體，因此月子中心也不斷開設。如此一來，如果我們要加速增加國民人口數，就應該多開設月子中心。」請問此論證犯了怎樣的謬誤呢？

(A)Appeal to Ignorance (B)Equivocation (C)Weak Analogy (D)False Cause (E)No Fallacy。

8.「小孩子應該多聽，但不要多說，因此當小朋友被霸凌時，也不應該呼救。」請問此論證犯了怎樣的謬誤呢？

(A)Accident (B)False Dichotomy (C)Begging the Question (D)Hasty Generalization (E)No Fallacy。

9.「阿文，上次我們同學聚餐時，你的高中同學問我，你是不是還會躲在廁所裡偷抽菸，我應該告訴他你現在仍然會躲在學校廁所裡偷抽菸嗎？」請問此論證犯了怎樣的謬誤呢？

(A)Begging the Question (B)Appeal to Force (C)Straw Man (D)Complex Question (E)No Fallacy。

10.「張三喜歡養黃牛，李四是黃牛，所以張三喜歡養李四。」請問此論證犯了怎樣的謬誤呢？

(A)Begging the Question (B)Equivocation (C)Amphiboly (D)Composition (E)No Fallacy。

11.「《憲法》保障每個人的言論自由，因此《查理週刊》有權刊登任何歧視種族與宗教的言論。」請問此論證犯了怎樣的謬誤呢？

(A)Accident (B)You, too (Tu quoque) (C)Appeal to Force (D)Missing the Point (E)No Fallacy。

12.「全球氣候變遷與暖化現象並沒有讓人類滅亡或無法生存，因此在未來它也不會是個大問題。」請問此論證犯了怎樣的謬誤呢？

(A)Accident (B)Suppressed Evidence (C)False Cause (D)Equivocation (E)No Fallacy。

13.「李教練反對我們攝取高單位的類固醇藥丸，因為他認為類固醇有很多
副作用，會對選手造成傷害。不過你千萬不要太信以為真。因為根據
我的可靠消息來源，李教練年輕時也是跟我們一樣天天在服用這種藥
丸。」請問此論證犯了怎樣的謬誤呢？

(A)You, too (Tu quoque)　(B)Appeal to Unqualified Authority　(C)Argument Against the Person, Abusive　(D)Straw Man　(E)No Fallacy。

14.「公車是大眾運輸工具，我們上公車時並沒有經過安檢，同樣的，我們
搭同樣是大眾運輸工具的飛機，也是不需要經過安檢。」請問此論證
犯了怎樣的謬誤呢？

(A)Begging the Question　(B)False Cause　(C)Weak Analogy　(D)Missing the Point　(E)No Fallacy。

15.「《聖經》的真實性是毋庸置疑的，因為我深深相信它是真的。」請問
此論證犯了怎樣的謬誤呢？

(A)Appeal to the People　(B)Begging the Question　(C)Equivocation
(D)Appeal to Ignorance　(E)No Fallacy.

16.「歐先生認為應該嚴格管制槍枝。但是，歐先生這樣的見解主張，等於
宣告要廢止公民合法擁有槍枝的權利，一旦公民合法擁有槍枝的權利
被剝奪，那麼，當公民被攻擊時，個人的生命與財產就無法獲得相當
的保護，可見歐先生的主張是錯的。」請問此論證犯了怎樣的謬誤呢？

(A)Straw Man　(B)Argument Against the Person, Abusive　(C)False
Cause　(D)Red Herring　(E)No Fallacy。

17.「丹尼爾搭過中華航空公司的飛機，他認為華航空姐都很漂亮，他昨
天去日本時，改搭長榮航空的飛機，他發現長榮的空姐也很漂亮，由
此，他推論全臺灣的女孩都很漂亮。」請問此論證犯了怎樣的謬誤呢？

(A)Hasty generalization　(B)False Cause　(C)Composition　(D)Accident
(E)No Fallacy。

18.「新自由主義學者強調個人權利優先，因此會造成社會多元主義的現實。在我看來，多元價值與觀點會形成相對主義，一旦形成相對主義，那麼就會陷入獨我主義，最後導致道德虛無主義。」請問此論證犯了怎樣的謬誤呢？

(A)False Cause　(B)Slippery Slope　(C)Complex Question　(D)Missing the Point　(E)No Fallacy。

19.「陳議員反對多元成家的方案。他說自己已經結了三次婚，最後一次婚姻雖然也是離婚收場，但是他跟妻子仍舊住在一起，維持著正常的夫妻生活，所以事到如今，我們針對婚姻關係的維繫與經營等相關議題的討論還有意義嗎？我們還要繼續討論下去嗎？」請問此論證犯了怎樣的謬誤呢？

(A)Missing the Point　(B)Begging the Question　(C)Straw Man　(D) Red Herring　(E) No Fallacy。

20.「美國是一個富裕的國家，所以每個美國公民都非常富裕。」請問此論證犯了怎樣的謬誤呢？

(A)Division　(B)Composition　(C)Hasty Generalization　(D)Appeal to Unqualified Authority　(E)No Fallacy。

第4章 傳統邏輯的基本概念：概念、命題與判斷

在議論過程中，論述者為了提供良好的理由支持自己的主張，透過論證的模式，提供好的或合理性的理由跟參與者展開理性的溝通與對話的行動。為了使大家能夠精準掌握建構論證的能力，我們將先行研究傳統邏輯學建構論證的途徑。論證是由兩組命題所構成，一組擔任前提的角色，另一組則是結論。不過，構成命題或述句的元素為何？命題的內在結構之間的關係、命題種類、命題與命題之間的關係，以及我們如何判斷一個語句或述句的真假呢？以上這些問題我們將在本章節中進行討論。

4.1 命題與概念

命題（proposition）或述句（statement）是由三個元素所構成，即：主詞（subject）、繫詞（copula）與謂詞（predicate）。以「人是理性的動物」這個命題為例：

一、「主詞」是一名詞，表徵出我們指謂或描述的對象。（人、事、物或虛構想像的名稱或名詞。）

二、「謂詞」是一名詞，表徵出主詞的屬性或特徵。（如本命題中「理性的動物」一詞，儘管其中包含「理性的」這個形容詞以及「動物」這個名詞，不過「理性的」這個形容詞是描述「動物」的特徵與性質，因此，在傳統邏輯學中，我們將「理性的動物」整個視為本命題的「謂詞」。）

三、「繫詞」表徵出主詞與謂詞之間的關係或存在狀態。（在傳統邏輯中，繫詞僅表述「肯定」或「否定」兩種可能性關係或存在狀態。）

　　由以上分析可知，「人」、「是」與「理性的動物」這三個語詞，構成了「人是理性的動物」這個命題。命題由語詞（term）所構成，語詞是人類所創造的文字符號，用來指稱具體、抽象或想像的對象，因此，不同的語詞指稱不同的對象，那便是該詞的語意。除此之外，語詞與語詞依據約定俗成的原則複合為語句，這些約定俗成的規則，就是語法。最後，語詞或語句是否在社會互動脈絡中被妥當地表達或適切地應用，這便是「語用」的層面。傳統邏輯偏重「語意學」（semantics），也就是說，傳統邏輯比較重視命題的真假值。現代符號邏輯偏重「語法學」（syntax），比較重視自然演繹的有效論證形式與推論規則。不過，當代的社會批判理論、溝通行動理論、論評理論（discourse theory）或論證理論（argumentation theory）等非形式邏輯則是更加重視「語用學」（pragmatics）。

　　在傳統邏輯的脈絡中，邏輯學者重視語意學層面，因此強調不同的語詞（文字符號）象徵著不同的對象，那麼，不同的語詞就代表著不同的概念（concept），何以如此？再者，何謂概念？概念是如何形成？概念與語詞之間的關係為何呢？

4.2 概念的內涵與外延

　　人類經由感官知覺與抽象作用的過程把握住某一對象，於是形成了「概念」。不過，人們為了與他人互動、溝通，便透過語詞（文字符號）將先前掌握到關於某事物或客體對象是什麼的概念，再現或表徵（representation）出來。換句話說，語詞是概念的語言符號，具體表現出概念。然而，每個概念都具有「內涵」（intension）與「外延」（extension）兩個面向：

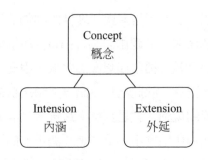

　　概念的「內涵」經常被理解為「意涵」（connotation），動詞為「意含」（connote）；概念的「外延」則是經常被理解為「指稱」或「指謂」（denotation），動詞為「意指」（denote）。除此，當代也經常有學者以「sense」（能指；德文：Sinn；英文同義詞：connotation）與「reference」（所指；德文：Bedeutung；英文同義詞：denotation）這一組專業術語來分析語詞或概念的這兩個面向。那麼，到底什麼是概念的內涵與外延呢？兩者關係又為何呢？

一、概念的內涵

　　概念的內涵就是指構成概念意義的內容。例如：人的概念，它意含哪些元素內容呢？人的概念之意義，包含有自立體（實體）、有形的，有生命的、有感覺的、有理性的。這些都是構成人的概念的性質元素，統合起來即為人的概念之內涵。

二、概念的外延

　　「概念的外延」或稱「概念的指謂」，是指一個概念所意指的類，以及其能應用的範圍。例如：人的概念之外延，意指過去原始人到當下的當代人，臺灣人、中國人、美國人、男人或女人、大人或小孩、好人或壞人、富人或窮人等等。

三、一個概念的內涵與外延的關係為何

　　所有概念都具有內涵，一個沒有內涵的概念，其外延等於零。不過，有些概念是有內涵，但是卻沒有外延的。例如：飛馬、龍、獨角獸、土地公、妖精、小精靈、人面獸身等。一般來說，一個概念內涵不能增加或減少，如果概念的本質內涵改變，那就會成為新的概念，不會是原來的那個概念。不過，概念的外延可以增加或減少，而且不會影響到概念的本質內涵。最後，一個概念的內涵和外延成反比，也就是內涵增加，外延減少，反之亦然，如下表所示：

內涵	外延
實體	神、物體、生物、動物、人
有形的實體	物體、生物、動物、人
有生命的、有形的實體	生物、動物、人
有感覺的、有生命的、有形的實體	動物、人
有理性的、有感覺的、有生命的、有形的實體	人

　　瞭解概念的內涵與外延這兩個面向的意義後，我們藉此來檢視與分析公孫龍所言「白馬非馬」或墨辯中所言「殺盜非殺人」兩者是否為一種邏輯詭辯呢？答案是肯定的。那麼，為何宣稱「白馬非馬」或「殺盜非殺人」是一種邏輯詭辯呢？主要原因如下。

　　公孫龍在〈白馬論〉中說：「馬者，所以命形也；白者，所以命色也。命色者非命形也。故曰：『白馬非馬』。」根據概念的內涵定義而言，「馬」這個概念與「白馬」這個概念，確實不等同。因為「白馬」這個詞，不僅包含「馬」這個實體概念，同時也包括「白」這個顏色性質，因此，就「馬」與「白馬」這兩個詞的內涵而言，確實不同。根據概念外延的定義而言，「白馬」僅是屬於「馬」的外延之一，因此兩個概念的外延確實不同，所以，當公孫龍說「白馬非馬」，我們透過概念的內涵與外延比較，「馬」與「白馬」這兩個概念的內涵與外延確實不同。不過，綜觀〈白馬論〉，公孫龍真正的用意是想以

概念內涵與外延之間的差異，進一步否定「白馬」是隸屬於「馬」這個類的概念，因此，公孫龍的論述實際上是一種詭辯。

詳細地說，「白馬非馬」可以理解爲「白馬是非馬」，也就是「白馬不是馬」。我們要正確分析「白馬」與「馬」這兩個概念之間的邏輯關係，關鍵就在於怎樣理解「是」這個繫詞。在此，「是」可以被理解成「等於／等同」或「隸屬於／包含於」。就概念分析而言，「白馬」這個概念確實不等同於「馬」這個概念，但是公孫龍透過繫詞「是」的歧義性，逕行將「白馬非馬」簡化爲「白馬不隸屬於馬」，他真正的用意，是主張「白馬」不隸屬於「馬」的種類，或說「白馬」不包含於「馬」的種類，白話一點說，就是指稱「白馬」不是一種「馬」。很明顯的，公孫龍的詭辯邏輯，不僅混淆範疇，同時也犯了語詞歧義的謬誤。就集合論的角度而言，「馬」是類的概念，「白馬」是種的概念，「白馬」是隸屬於「馬」的一種，所以我們才會說「白馬」是「馬」概念的外延應用之一。總之，公孫龍想利用「白馬」與「馬」之間的內涵與外延的不同，或「名」與「實」之間的範疇差異，想將「白馬」從「馬」的外延應用中排除，這是一種詭辯邏輯。同理，我們也可以推出「殺盜非殺人」也是一種詭辯邏輯。

4.3 概念的普遍性

古希臘哲學家 Aristotle（亞里斯多德）認爲，我們透過感官知覺與抽象作

用掌握同類事物對象共同的性質，進而形成概念，因此概念具有普遍性得以應用與解釋一切同種類的個體對象。他將那些我們藉以思考或認識具體客觀事物的普遍概念或最高分類的概念，稱之爲範疇（kategoria／categories）。在《範疇論》與《題論》兩書中，Aristotle 將這類普遍性概念區分成兩組，並歸納列出十種範疇，作爲認識客觀事物的最高分類的概念。十大範疇所區分出的兩類，即敘述事物本身的「自立體」或「實體」（ousia／substance），以及描述實體實際存在所具有的九種「依附體」或「偶體」（accidentia／accidents）。

1. 實體或自立體（substance）
2. 偶體或依附體（accident）
   (1) 性質（quality）
   (2) 數量（quantity）
   (3) 時間（time）
   (4) 空間（space）
   (5) 主動（action）
   (6) 被動（passion）
   (7) 關係（relation）
   (8) 姿態（being in a position／posture／attitude）
   (9) 樣態（habit／having or state／condition）

Aristotle 主張，我們可以透過抽象作用區分出偶體（依附體）與實體（自立體）的不同。所謂「自立體」或「實體」指的是客觀事物的本身，實體作爲其他依附體存在的基礎或根據，但是本身並不依附其他事物而存在，其存在僅存在於主體或自立體自身。所謂的「偶體」或「依附體」意謂著，其存在需要依附在實體或主體之上，有數量大小、品質好壞、時間與空間、主動與被動，關係、姿態（例如：趴著或躺著）與樣態（例如：經由習性或慣性所形成或養成的狀態或樣態）等九種依附體的概念。舉例來說：

有某個人（自立體或實體的描述）身高兩公尺（數量的描述），他是黃種

人（黃、白與黑等顏色性質描述），是某人的大兒子／某人的弟弟／跟某人是同一間學校的同學（大小、同異，長幼等關係描述）。此人今天早上（時間的描述）正在 A 棟教學大樓的教室中（空間場所的描述），在靠近黑板左前方的地方（位置描述）坐著（姿態描述）。後來，他開門想走出教室（主動性的描述），結果被急忙進教室的同學撞倒了（被動性的描述）。

不過，儘管 Aristotle 區分了實體（自立體）與偶體（依附體），但是請不要誤以為他主張實體（自立體）與偶體（依附體）是可以分離的。對 Aristotle 而言，實體就是個別具體的存有者，而依附體是實體的性質，與實體是不可分離的。除此之外，十大範疇在 Aristotle 的心中，不僅是外在事物的普遍性概念或最高分類而已，還代表著外在世界的實際存在模式。因此，Aristotle 的範疇論，不僅是邏輯討論的對象，也是其形上學所討論的對象，因為他的形上學一開始便以實體為主要思考與討論的對象。

4.4 概念的種類

接下來我們要分別從「內涵」與「外延」討論概念的種類。就內涵而言，一方面可以區分為「單純概念」、「集合概念」與「複合概念」：

(1) 由單一元素所構成的概念就是單純概念，就像有、無、真、善、美與聖等。
(2) 若由兩個以上元素所構成的概念就是集合概念，就像人、馬、貓與狗等。
(3)「複合概念」則是由兩個以上的概念所形成，例如：飛魚、紅花與馬面人等。

就外延而言，可以區分爲單稱、全稱、特稱與集體的概念：

(1)「單稱概念」意謂著外延數僅爲一個，就像有些專有名詞適用對象只有一個時，那就是單稱的概念，就像：蘇格拉底與柏拉圖都是單稱概念。

(2)「全稱概念」泛指涉及所有同類的每一個個體，例如：人是理性的動物，其中「人」就是指「所有」的人類。

(3)「特稱概念」指涉同類中的部分個體，例如：這些小狗，其中「這些」就是特稱概念。

(4)「集體概念」指的是一類的整體或團體，例如：政黨，學校或家庭等。

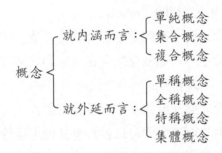

除此之外，概念又可以區分爲「具體概念」與「抽象概念」：

(1)「具體概念」就是描述具體客觀、實際存在的東西或實體的概念，例如：桌子、房子、車子或樹木。

(2)「抽象概念」就是描述偶體的概念，這些概念之存在雖然必須依附實體，但其性質是可以脫離主體被我們掌握的，因此是抽象的概念，例如：我們可以掌握脫離主體的大小、長短、高低或紅白等抽象性質，但是當我們要描述大或小的存在時，一定要依附在某一實體之上。

4.5 概念與概念之間的關係

概念與概念之間依據彼此之間的關係可以區分為具有「等同」或「不等同」的關係，例如：單身漢與王老五就是「等同的概念」。如果概念與概念之間彼此不等同，那麼兩者之間還可以區分出可能彼此「相容」，也可能「不相容」的關係。如果概念與概念之間彼此相容，就可以複合成一個概念，例如：金山或飛馬。如果概念與概念之間彼此不能共同組成一個概念，就是概念間彼此不相容。如果概念與概念之間彼此不相容，那麼概念之間的關係，可能有以下四種關係，也就是概念之間相互矛盾（contradictory）、相互對立（contrary）、相互缺如（privative）與相互相關（relative）。

(1) 假設概念與概念之間「彼此不相容且相互矛盾」，意謂著一個概念的存在，直接否定了另一個概念的存在，它們之間沒有第三種可能性，例如：正義與不正義，合法與不合法。

(2) 假設概念與概念之間「彼此不相容且相互對立」，意謂著兩個概念是處在兩極端的對立面，中間可以容許有其他可能性存在，因此兩概念可以同時為假，但不可以同時為真，例如：黑與白，冷與熱，快樂與痛苦，主人與奴隸等。

(3) 假設概念與概念之間「彼此不相容且缺如」，意謂著一個概念所擁有的剛好是另一概念所缺乏的，例如：生與死，健康與疾病，聰明與笨蛋。

(4) 假設概念與概念之間「不相容且彼此相關」，意謂著一個概念沒有另一個概念便不能清楚被理解，例如：因果、主僕或夫妻等。

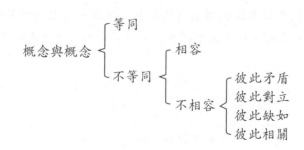

4.6 判斷與命題

　　瞭解命題的組成，概念內涵、外延與概念之間的關係後，接下來，我們要解析的是：我們如何判定一個命題的「肯定／否定」或「眞／假」呢？

一、何謂判斷？

　　我們已經清楚，一個定言命題是由「繫詞」連接著「主詞概念」與「謂詞概念」，我們若想要斷定主詞概念與謂詞概念彼此之間是否相合，便是判斷（judgement）。因此，判斷只有兩種可能性：要不兩者相互符合，要不就是兩者不相互符合。若主詞與謂詞兩概念彼此相合便是「肯定」，不相合就是「否定」，沒有第三種可能性。相對於一個命題語句而言，我們斷定某命題是否合於事實，也是一種判斷。就邏輯命題而言，命題具有眞假值，也就是說，邏輯命題只能具有眞或假兩種可能性：一個命題若與事實相符，則爲「眞」，若與事實不符合，則爲「假」，沒有第三種可能性。

二、命題的分類

　　由上，我們已經可以理解，判斷是人類的理智行爲，不過我們若要將此理智行爲表達出來，就必須透過命題。邏輯命題就是一語句或述句，說出兩個概念（主詞與謂詞）是相符合或不相符合。單一定言命題就是這類直接說出一主詞和謂詞的關係，並以繫詞「是」或「不是」來連繫主詞與謂詞的語句，例如：人是動物；人不是植物。不過，命題的種類很多，若依照性質來分類，我們可以區分出「肯定命題」、「否定命題」與「無限命題」。如果單一定言命題的繫詞是肯定的，那麼意謂著該命題是「肯定命題」；若是否定，則是「否定命題」；當一個邏輯命題具有一個不確定的否定謂詞，則是「無限命題」。

若依照界定主詞外延範圍來區分：如果是單稱概念，就是「單稱命題」；如果是全稱概念，就是「全稱命題」；如果是特稱概念，則爲「特稱命題」。如果依照語句連接詞來區分，可以區分爲「定言命題」、「選言命題」與「假言命題」。若依照主詞概念的內涵是否蘊含謂詞概念的內涵，可以區分爲「分析命題」、「綜合命題」與「分析綜合命題」等。

1. 以性質來分類

a. 肯定命題：由繫詞「是」表述謂詞的外延範圍部分或全部內涵在主詞之內的命題，例如：所有人都是會死的／有些人是會死的。

b. 否定命題：由繫詞「不是」表述謂詞的外延範圍完全不內涵在主詞之內的命題，例如：所有人都不是有修養的／有些人不是有修養的。

c. 無限命題：一個邏輯命題具有一個不確定的否定謂詞，例如：這本書是非藍色的，或孔子是非死的。

2. 以數量來分類

a. 單稱命題：由單稱概念界定主詞外延範圍的命題。例如：孔子是人，此類單稱命題在邏輯上被視爲全稱命題處理。因此，日後我們只討論全稱命題。

b. 全稱命題：由全稱概念「所有」界定主詞外延範圍的命題。例如：所有輔大學生都是聰明的。

c. 特稱命題：由特稱概念「有些」界定主詞外延範圍的命題。例如：有些輔大學生是聰明的。

3. 以命題連接詞來分類

a. 定言命題：單純由繫詞連接主詞與謂詞的命題，例如：馬是動物，馬不是植物。

b. 選言命題：兩個對立命題以語句連結詞「或」加以連結，例如：你是誠實的或不誠實的／我們去看電影或去逛街。

c. **假言命題**：兩個命題以語句連接詞「如果……則」加以連繫，例如：如果你是用功讀書的，那麼你的學業成績一定很棒。

4. 以主詞與謂詞關係來分類

a. **分析命題**：謂詞的內涵被包含在主詞之中。例如：單身漢是未婚的。因此，我們判斷此命題的真假不必依靠經驗，因此是先驗的（a priori）。

b. **綜合命題**：謂詞的內涵未被包含在主詞之中。例如：這張桌子是褐色的。因此，我們判斷此命題的真假必須依靠經驗，因此是後驗的（a posteriori）。

c. **先驗綜合命題**：儘管謂詞的內涵不包含在主詞之中，但我們可以不必依照經驗推理出該命題必然為真。例如：兩點之間最短的距離是直線／一切物質變化是質量守恆的。

　　根據不同的判斷標準產生不同種類的命題，不同種類的命題體現出不同種類的判斷。近代 Immanuel Kant（康德）根據我們理智的判斷種類，進一步推理出與之相對應的十二大範疇。Kant 稱十二大範疇為純粹悟性的概念（reine Verstandesbegriffe），是人類思考與判斷的先驗形式，使一切思維的認識成為可能。因此對他而言，先驗的範疇結構正是我們能夠進行理性思考判斷與建構真實知識的先驗可能性條件。詳細的判斷種類與相對應的範疇表列如下：

項　目	判斷種類	相對應的範疇
數量 （Quantität）	單稱的（Einzelne）： 孔子是至聖先師	單一性（Einheit）
	特稱的（Besondere）： 有P是Q	殊多性（Vielheit）
	全稱的（Allgemeine）： 凡P是Q	全體性（Allheit）
性質 （Qualität）	肯定的（Bejahende）： P是Q	實在性（Realität）

項　目	判斷種類	相對應的範疇
	否定的（Verneinende）： P不是Q	否定性（Negation）
	無限的（Unendliche）： 靈魂是不朽的	限定性（Limitation）
關係 （Relation）	定言的（Kategorische）： P是Q	自立性與依附性（實體與依附體）Subsistenz und Inhärenz（Substantia er accidens）
	假言的（Hypothetische）： 如果P則Q	因果性與隸屬性（原因與結果）Kausalität und Dependenz（Ursache und Wirkung）
	選言的（Disjunktive）： P或Q	共同體（在主動行動與被動承受之間的交互關係）Gemeinschaft（Wechselwirkung zwischen dem Handelnden und Leiden）
模態 （Modalität）	有疑問的或可疑的（Problematische）： 上帝創造了撒旦	可能性／不可能性（Möglichkeit／Unmöglichkeit）
	斷然堅決的（Assertorische）： 上帝是全知、全能與全善的	在此存在／不存在（Dasein／Nichtsein）
	不容置疑的（Apodiktische）： 一切事物都是有原因的	必然性／偶然性（Notwendigkeit／Zufälligkeit）

　　Kant 自認上述十二大範疇足以概括一切思維與認識的先驗形式，不僅如此，他聲明十二大範疇表是依據人類思維的邏輯判斷的形式推理出與之相對應的先驗性範疇，因此不像 Aristotle 的十大範疇完全沒有根據、系統，僅是依靠經驗胡亂拼湊而成的。在他看來，Aristotle 無法根據先驗性的原則去演繹出範疇，因此僅能依照經驗隨機檢選出十大範疇來，所以是不可靠的分類。不過，Kant 的範疇表是否健全與可靠的，我們留待西洋哲學史課程進一步去討論。在此，值得我們關注的是，在 Kant 的範疇表中，每一大類都有三項，前

兩項彼此相互對立，但第三項卻是前兩項的綜合。就像全體性其實是殊多性與單一性的綜合；限定性是實在性與否定性的結合；共同體則是某一實體與另一實體在主動與被動之間，所產生的決定與被決定的交互因果關係；必然性乃是透過存在之可能性被給予之存在。Kant 上述範疇論的思想，深切影響與啟發了 Hegel。於是，Hegel 進一步將此範疇論的思維辯證方式，依照正、反、合加以闡釋與建構他的邏輯辯證論。

4.7 AEIO四種定言命題的形式

我們瞭解命題的意義與結構之後，要對命題形式的意義以及命題與命題之間的關係進行討論。首先，傳統邏輯根據命題的性質與數量將定言命題區分成四種命題形式，也就是全稱肯定、全稱否定、特稱肯定與特稱否定。接著，將這四種命題形式排成一個四方形，藉以說明這四個命題形式彼此之間的關係，邏輯學家將其稱之為「四角對當」（square of opposition），以下我們對此逐一介紹。

一、何謂AEIO

定言命題若以命題性質來區分，有「肯定」與「否定」之分；若以數量來區分，可以區分為「全稱」或「特稱」。換言之，定言命題會因為質與量之間的不同，出現四種可能的命題形式，我們用 AEIO 來表示定言命題的四個標準命題形式。AEIO 這四個命題字母，是取自拉丁字 Affiro（肯定）與 Nego（否定）兩字，即：

Affiro 一A, I（肯定）

Nego 一E, O（否定）

現在我們假定 S 代表主詞；P 代表謂詞，於是我們可以將 AEIO 四個命題描述如下：

1. A 命題（全稱肯定命題）：所有 S 是 P（符號化為 SAP）。
2. E 命題（全稱否定命題）：所有 S 不是 P（符號化為 SEP）。
3. I 命題（特稱肯定命題）：有些 S 是 P（符號化為 SIP）。
4. O 命題（特稱否定命題）：有些 S 不是 P（符號化為 SOP）。

二、如何將日常語句轉換為AEIO命題

在日常使用的自然語言中，經常省略定言命題中的繫詞「是」或「不是」，或是省略量詞「所有」或「有些」等，為了正確處理命題之間的關係，我們必須要學習如何將日常語句轉換成 AEIO 的標準命題形式：

日常語句	轉換成 A 命題
人是天生自私的	所有人都是天生自私的
人都有慈悲心	所有人都是有慈悲心
追求名利是一種普遍狀況	所有人都是追求名利的
那些靠嘴為生的政論名嘴都被稱之為騙子	所有政論名嘴都是騙子

日常語句	轉換成 E 命題
人不是天生自私的	所有人都不是天生自私的 （或沒有人是天生自私的）
人都沒有慈悲心	所有人都不是有慈悲心的 （或沒有人是慈悲的）
沒聽過有人在追求名利	所有人都不是追求名利的 （或沒有人是追求名利的）
那些靠嘴為生的政論名嘴未曾騙人過	所有政論名嘴都不是騙子 （或沒有政論名嘴是騙子）

日常語句	轉換成 I 命題
有善良的人	有些人是善良的
存在一些具有危害健康的元素	有些元素是危害健康的
大部分的學生都有汽車駕照	有些學生是有汽車駕照
政治犯經常是無辜被關的	有些政治犯是無辜的

日常語句	轉換成 O 命題
一定有不善良的人	有些人不是善良的
大部分的元素不是危害健康的	有些元素不是危害健康的
許多學生沒有汽車駕照	有些學生不是有汽車駕照
少許政治犯不是無辜被關的	有些政治犯不是無辜被關的

4.8 AEIO的主謂詞周延問題

　　接下來要討論的是，在 AEIO 的命題形式中，它們的主詞或謂詞的概念外延是否周延或不周延的問題。因為，瞭解各命題形式中主詞、謂詞是否周延，對我們日後進行論證推理有很大的助益。那麼，何謂周延？我們又該如何判定各命題的主詞與謂詞是否周延呢？

一、何謂周延（Distribution）

　　在簡單的判斷中，當一個語詞（概念）的全部外延都被斷定，就是「周延」；反之，僅有部分被斷定，就是「不周延」。也就是說，當主詞概念的外延或謂詞概念的外延的應用範圍全部被盡舉或毫無遺漏地概括時，在這種情況下，該主詞或謂詞就是周延；反之，稱為不周延。那麼，決定主詞與謂詞概念

是否周延的原則爲何呢？

　　主詞概念的周延與否，由「量」來決定；謂詞概念的周延與否，則由「質」來決定。如下所述：

　　1.主詞（S）周延與否，從量上來看，「全稱」是「周延」；「特稱」則是「不周延」。因爲全稱命題中的主詞概念，被「所有」這個量詞全部指涉與斷定，因此「所有S」就意謂著已經論及或盡舉S概念的所有應用範圍，所以是「周延」；特稱命題中主詞概念，則由「有些」加以指涉與斷定，因此「有些S」就意謂，它僅部分被論及或被概括到有些S概念的應用範圍而已，所以是「不周延」。

　　2.謂詞（P）周延與否，從質上來看，「肯定」是「不周延」；「否定」則是「周延」。因爲肯定命題的謂詞是由繫詞「是」所部分指涉與斷定，因此「是P」僅意謂著論及部分或概括部分謂詞概念的一部分應用範圍而已，所以是「不周延」；否定命題的謂詞是由繫詞「不是」所全部指涉與斷定，因此「不是P」就意謂著論及或盡舉謂詞概念的全部應用範圍，所以是「周延」。

二、以下我們用Leonard Euler（李昂哈德・歐拉）的圖解方式來說明AEIO命題形式中主詞與謂詞概念外延周延與否

1.A命題（非定義的情況下）：所有S是P

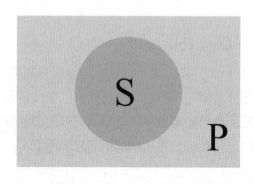

A 命題的特殊情況（定義的情況下）：所有 S 是 P。

　　一般而言，A 命題中，主詞 S 概念所有的應用範圍儘管全部被窮盡與斷定，但是謂詞 P 的外延更加廣泛，因此謂詞 P 的外延並沒有在 A 命題中被全部斷定，所以是不周延的。不過，當 A 命題是一種定義或主謂詞是同義詞時，例如：人是理性的動物或單身漢是王老五。那麼，無論主詞或謂詞則都是周延的，因為在定義或主謂是同義詞的情況下，A 命題的主詞概念外延就等同於謂詞的概念外延。

2.E命題：所有S不是P

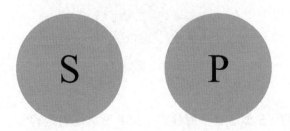

　　在 E 命題中，無論 S 或 P 都是獨立的一個圓，可見主謂的概念外延都被斷定或論及，因此都是周延的。舉例來說，有一 E 命題：「所有的男人都不是豬」，這意謂著在所有男人（S）當中，沒有一個是豬（P）。任何一頭豬（P），也沒有一個是男人（S）。因此，它們都是周延的。

3.I命題：有些S是P

在 I 命題中，無論 S 或 P 都不周延。S 所處的位置是在兩圓的交叉處，僅是部分的 S，並沒有涵蓋或論及全部 S 概念的外延範圍，因此不周延。S 所等同的 P 也是在兩圓交叉處，因此在兩圓交叉處，僅是舉出部分 S 等於部分的 P，因此 P 概念的應用範圍也沒有被全部舉盡，因此也是不周延的。

4.O命題：有些S不是P

在 O 命題中，S 概念是不周延的，但 P 概念是周延的。「有些 S」所論及的只是 S 概念應用範圍的一部分，所以是不周延的。P 之所以周延，是因爲 O 命題斷言，只要是 S，那麼就不可能是 P，因此所有的 P 概念當中，沒有一個是 S。換言之，P 概念被整個否定，整個圓被排除在 S 概念之外，因此將 P 概念外延的所有應用可能性都排除，因此是周延的。

三、最後，我們將AEIO主詞與謂詞周延情形，表格化如下

	A	E	I	O
S	周延	周延	不周延	不周延
P	不周延 （定義或主謂同 義詞時：周延）	周延	不周延	周延

第 4 章習題

一、請將以下的日常語句改寫為 AEIO 命題的標準形式

1. 並不是所有立委都會包工程。

2. 大部分的發明家都是天才。

3. 沒有戰爭是正當的。

4. 多數的政客不是道德的。

5. 只要是貓就會抓老鼠。

6. 只有好貓才會抓老鼠。

7. 不是沒有女生喜歡宅男。

8.「這隻鯨魚是魚」這句話是錯的。

9. 職場魯蛇都很阿 Q。

10. 有些輔大學生不喜歡上課。

二、請判斷以下命題的主詞與謂詞是否周延

1. 任何到德國留學的人都會自己做飯。

2. 並非到處都有人事鬥爭。

3. 只有一些名人是值得尊敬的。

4. 即使是天才也無法在同一時間做所有的事情。

5. 不是所有嫌貨的人都是買貨人。

6. 這裡的每樣東西都是寶物。

7. 情人眼裡出西施。

8. 蹺課的學生不可能全都去圖書館唸書。

9. 善妒的人不會有好的人際關係。

10. 大部分平庸的人都好管閒事。

第5章　四角對當與三段論證明

　　本章主要介紹傳統邏輯四角對當關係與三段論的推理與論證證明。依據推論的形式，我們可以將傳統邏輯的推論區分為「直接推論」與「間接推論」兩種。所謂「直接推論」，意謂著我們不需要其他語詞概念當作媒介，直接從命題的質量改變進而推出新的命題，例如：四角對當的邏輯關係推理，或者依據定言命題的主詞與謂詞之間透過換位、換質或換質位的關係產生新的命題的推論。所謂「間接推論」意謂著我們獲取新的命題，需要藉由語詞媒介，才推得新的命題，例如：三段論證前提中的中詞之功能。間接推論又可以區分為演繹推論與歸納推論：演繹推論，即由普遍命題推出特殊的新命題，例如：定言三段論證，范恩圖解等。歸納推論則留待至第十章加以討論。

5.1 AEIO四角對當關係

　　傳統邏輯透過 AEIO 四角對當關係來分析與推理命題與命題之間的關係，屬於直接推論的方式之一。事實上，AEIO 這四種命題形式僅是質與量的差異，它們的主詞與謂詞其實都是一樣的，不過傳統邏輯在運用四角對當關係進行推理時，有個預設，也就是 AEIO 中的任何一個命題，其主詞與謂詞所指涉都不是空類，這樣的命題就稱之為具有存在意涵。傳統三段論假定所有命題都具有存在意涵，例如：A 命題「所有外星人都是純真良善的」，在傳統三段論的邏輯脈絡中，我們若要進行邏輯推理，首先要假定，「外星人」與「純真良善的」所指涉的對象不是空類。這意謂著，我們必須先行假定有「外星人」的存在，以及「純真善良的事物」存在，我們才能進行傳統邏輯的推理。因此，我們以下所討論的 AEIO 命題所形成的四角對當關係，也是在存在意涵的預設之下，所發展出來的邏輯關係。

AEIO 的四角對當（square of opposition）關係圖示如下：

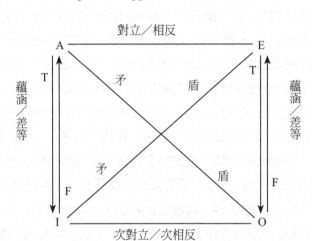

AEIO 的四角對當關係表是傳統邏輯的一大特色，藉以分析 AEIO 命題彼此之間真假值的邏輯關係。我們從上圖已經清楚推知，AEIO 四角對當具有四重邏輯推理關係：

1. **矛盾關係（Contradictory）**：當 A 真則 O 假；當 E 真則 I 假。因此，AO 或 EI 彼此之間呈現矛盾的邏輯推理關係。

2. **蘊涵關係（差等關係）（Subalternation）**：當 A 真則 I 真；當 E 真則 O 真（而且當 I 假則 A 假；當 O 假則 E 假）。因此，AI 或 EO 命題之間，具有蘊涵或差等的邏輯推理關係。

3. **相反關係（對立關係）（Contrary）**：A 與 E 不可以同時為真，但可以同時為假。

4. **次相反關係（次對立關係）（Subcontrary）**：I 與 O 不可以同時為假，但可以同時為真。

　　假設有一 A 命題：「所有的大學生都是自主學習的」，為真的，那麼根據四角對當關係，我們可以推知 O 命題「有些大學生不是自動學習的」為假，因為 A 與 O 命題為矛盾關係，所以當原命題 A 為真，新命題 O 當然為假。同樣地，根據四角對當的對立關係，我們可以推知 E 命題「所有的大學生都不是自主學習的（沒有大學生是自主學習的）」為假。我們若根據四角對當的蘊

涵關係（差等關係），O命題為假時，E為假。或者我們可以從原命題A，根據四角對當的蘊涵關係（差等關係），推知I命題「有些大學生是自主學習的」為真。我們剛剛已經由A推知O命題為假，如果我們想從此O命題推出I命題的真假值，那麼我們也可以利用四角對當的次對立關係，也就是I、O不能同時為假，但可以同時為真的次對立關係，推知I命題為真。

　　現在我們將上述A命題：「所有的大學生都是自動學習的」的真假值改為「假」，那麼根據四角對當的矛盾關係，我們可以推知，O命題：「有些大學生不是自主學習的」成為真；根據對立關係（不可以同時為真，但可以同時為假），我們無法斷定E命題：「所有的大學生都不是自主學習的（沒有大學生是自主學習的）」的真假；根據蘊涵關係（差等關係），我們也無法斷定I命題：「有些大學生是自主學習的」的真假。不過，如果我們想從此O命題推出I命題的真假值，可以嗎？雖然我們剛剛從A命題推知O命題為真，但是I、O命題是次對立關係，因此我們即便知道O命題為真，但依舊無法推知I命題的真假值，故I命題的真假值為不確定。我們將四角對當關係的所有可能性整理成如下的表格，請各位完成它。

練習 5-1 請完成以下表格（在空格處填入真、假或不一定）

	A	E	I	O
A真	真			
E真		真		
I真			真	
O真				真
A假	假			
E假		假		
I假			假	
O假				假

練習 5-2 請利用 AEIO 四角對當關係，判定以下語句的真假值

(1) 假定「凡輔大學生都是聰明的」這句話是真的

　　1.有些輔大學生是聰明的。

　　2.有些輔大學生不是聰明的。

　　3.沒有輔大學生是聰明的。

(2) 假定「有些輔大學生考試作弊」這句話為假

　　1.沒有輔大學生考試作弊。

　　2.有些輔大學生考試沒有作弊。

　　3.所有輔大學生考試都作弊。

5.2 AEIO的位換與質換

　　傳統邏輯除了透過四角對當關係，使我們由 AEIO 某一命題推知其他命題的真假值之外，我們也可以透過命題本身的轉變進行直接推理，命題的轉變總共有三種模式：換位、換質與換質位。

一、換位（Conversion）

　　換位是直接推論的方式之一。所謂「換位」就是將定言命題的「主詞」（S）與「謂詞」（P）位置交換。量詞與繫詞不變，原命題是肯定的，經過換位後所推得的命題也是肯定的。原命題是否定的，經過換位的推論之後，所得的新命題也是否定的。

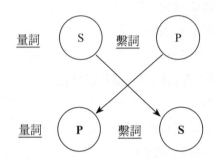

接下來我們來看看 AEIO 命題的換位結果：

1. A 命題「所有人都是會死的」，經過「換位」後，得出新的命題是「所有會死的都是人」。

2. E 命題「沒有狐狸是刺蝟」，經過「換位」後，得出新的命題是「沒有刺蝟是狐狸」。

3. I 命題「有些輔大學生是用功的」，經過「換位」後，得出新的命題是「有些用功的學生是輔大學生」。

4. O 命題「有些人不是女人」，經過「換位」後，得出新的命題是「有些女人不是人」。

　　由以上推知，唯有 E 與 I 命題，經過「換位」後可以獲得邏輯上等值的新命題。也就是說，原命題經過換位後，真假值並沒有改變。A 與 O 命題換位是不合法的。例如：「所有貓都是動物」（A 命題）。經過換位的新命題為「所有動物都是貓」，很明顯的，新命題與原命題所講的不是同樣一件事情，因此邏輯上不等值。又如：「有些動物不是狗」（O 命題），經過換位後得到新命題為「有些狗不是動物」。O 命題經過換位得到的新命題同樣與原命題在邏輯上是不等值的，因此，A、O 命題若直接進行換位是不合法的邏輯推理。

不過，A 命題的換位有些特殊情況需要注意：其一，當 A 命題主詞與謂詞的外延相等時（也就是 A 命題是一種定義或主謂是同義詞的狀況），那麼 A 命題經過換位之後，仍然是個有效的命題，例如：「人是理性的動物」，經過換位後，得到的新命題為「所有理性動物都是人」，這兩者是邏輯上等值的。不過，當 A 命題主詞與謂詞的外延不相等時，如果我們在主詞與謂詞換位之後，繫詞保持不變，但將原來命題的全稱，改成特稱，如此一來我們依舊可以推出有效的新命題，這樣的命題轉換就是一種「限量換位」（conversion by limitation）。舉例來說：「所有狗都是動物」，經過「限量位換」之後變成的新命題為「有些動物是狗」，這樣的轉換，是有效的邏輯推理。

二、換質（Obversion）

換質也是直接推論的方式之一。所謂的「換質」就是一種透過繫詞與謂詞的轉變，進行等值的轉換，而獲得新命題。換質有兩個步驟：1、原命題的量詞與主詞保留不變，但繫詞由原來的肯定變成否定；否定變成肯定。2、將原命題的謂詞換成與其相矛盾的新謂詞，也就是將原來的謂詞加個 non- 或去掉 non-，例如：狗（dog）的否定就是非狗（non-dog）。

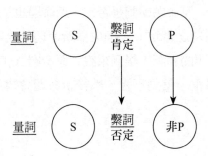

接下來我們來看看 AEIO 命題換質後的結果：

1. A 命題：原命題「所有 A 是 B」，經過「換質」之後，新命題為 E 命題：「沒有 A 是非 B」。

2. E 命題：原命題「沒有 A 是 B」，經過「換質」之後，新命題為 A 命題：「所有 A 是非 B」。

3. I 命題：原命題「有些 A 是 B」，經過「換質」之後，新命題為 O 命題：「有些 A 不是非 B」。

4. O 命題：原命題「有些 A 不是 B」，經過「換質」之後，新命題為 I 命題：「有些 A 是非 B」。

舉例來說，原命題 A：「所有狗都是動物」，經過「換質」之後，新命題為 E 命題：「所有狗都不是非動物」；原 E 命題：「所有狗都不是動物（沒有狗是動物）」，經過「換質」之後，新命題為 A 命題：「所有狗都是非動物」；原 I 命題：「有些狗是動物」，經過「換質」之後，新命題為 O 命題：「有些狗不是非動物」；原 O 命題：「有些狗不是動物」，經過「換質」之後，新命題為 I 命題：「有些狗是非動物」。由上推知 AEIO 等命題形式都可以合法地進行換質的邏輯推理。

三、換質位（Contraposition）

命題轉換的換質位過程，繫詞不變。也就是說，原命題繫詞是肯定，換質位後新命題也是肯定。原命題繫詞是否定，新命題也是否定。其次，換質位之後，將原命題的「謂詞之否定」，換成為新命題的主詞；將原命題的「主詞之否定」換成為新命題的謂詞。舉例來說：原命題 A「所有山羊都是動物」，經過「換質位」的過程，繫詞不變，然後新命題會變為「所有非動物都是非山羊」。

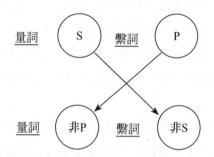

接下來我們來看看 AEIO 命題換質位後的結果：

1. A 命題：原命題「所有 A 是 B」，經過「換質位」之後，新命題爲「所有非 B 是非 A」。

2. E 命題：原命題「沒有 A 是 B」，經過「換質位」之後，新命題爲「沒有非 B 是非 A」。

3. I 命題：原命題「有些 A 是 B」，經過「換質位」之後，新命題爲「有些非 B 是非 A」。

4. O 命題：原命題「有些 A 不是 B」，經過「換質位」之後，新命題爲「有些非 B 不是非 A」。

　　舉例來說，原命題 A「所有狗都是動物」，經過換質位之後，產生的新命題爲「所有非動物都是非狗」；原命題 E「所有狗都不是貓」，經過換質位之後產生的新命題爲「所有非貓都不是非狗」或「沒有非貓是非狗」；原命題 I「有些動物是非貓」，經過換質位之後，產生的新命題爲「有些貓是非動物」；原命題 O「有些狗不是動物」，經過換質位之後，產生的新命題爲「有些非動物不是非狗」。由上具體例子可以推知，E 與 I 命題進行換質位時會產生不等值的新命題，因此，E 與 I 進行換質位的邏輯推理，是不合法的。換言之，換質位的邏輯推理僅對 A 與 O 命題而言有效。但是對 E 與 I 命題是無效

的。不過，當我們想要有效地從一已知的 E 命題，經過「換質位」推出一個有效的命題時，那麼我們必須進行限量的換質位（contraposition by limitation）之命題轉換，也就是將原 E 命題，經過換質位後，把原命題的量詞由全稱改成特稱。舉例來說：有一 E 命題「所有情聖都不是專一的男人」，經過換質位的命題轉變之後，變成「所有非專一的男人不是非情聖」，然後再進行限量轉換，也就是將全稱改成特稱，成為限量換質位的新命題「有些非專一的男人不是非情聖」。

值得提醒的是，無論「換位」、「換質」或「換質位」的推論，原命題與新命題是等值關係的推論，因此它們都是雙向的互推關係。換言之，我們可以從「沒有 A 是 B」經過「換位」推出「沒有 B 是 A」。我們也可以從「沒有 B 是 A」經過「換位」推回「沒有 A 是 B」。不過，「限量換位」與「限量換質位」的推論，原命題與新命題之間是蘊涵關係的推論，因此它們僅是單向的推導關係。例如：我們可以從「所有 A 是 B」限量換位推出「有些 B 是 A」，但是我們無法從「有些 B 是 A」推回「所有 A 是 B」。

練習 5-3 請完成以下表格

原命題	操作	新命題	真假值
1. 沒有 A 是非 B（T）	換位		
2. 有些 A 是 B（T）	換質位		
3. 所有 A 是非 B（F）	換質		
4. 所有非 A 是 B（F）	換質位		
5. 有些非 A 不是 B（T）	換位		
6. 有些非 A 是非 B（T）	換質		
7. 沒有非 A 是非 B（F）		沒有 B 是 A	
8. 有些 A 不是非 B（T）		有些 A 是 B	

原命題	操作	新命題	真假值
9. 所有 A 是非 B（F）		所有非B是A	
10. 沒有非 A 是 B（F）		所有非A是非B	

練習 5-4 假定 A 命題「所有大學生都是聰明的」爲眞，那麼我們可以推得以下命題的眞假值

1. 沒有大學生是不聰明的。
2. 所有不聰明的都是非大學生。
3. 沒有任何不聰明的是大學生。
4. 有些聰明的人是大學生。
5. 有些大學生是聰明的。
6. 有些聰明的人不是非大學生。
7. 有些大學生不是不聰明的。

5.3 三段論的標準形式

　　在傳統邏輯中，我們不僅可以透過直接推論斷定新命題的眞假值，同時也可以藉由 Aristotle 的三段論，斷定一個論證是有效或無效的論證。三段論（Syllogism）的原意就是一種演繹推論，屬於間接推論的一種。不過，何謂三段論呢？

一、三段論的結構

　　三段論證是一種很特殊的論證，其結構包含三個定言命題（categorical

proposition），其中兩個作爲前提（也就是大前提與小前提），另一個作爲結論。除此，每個三段論都剛好有三個詞，每一個詞都各出現兩次（但是不會兩次都出現在同一命題當中）。任何一個三段論，雖說其中有三個詞，但是它們彼此該如何區分呢？除此，我們又該如何判定哪個前提爲「大前提」或「小前提」呢？舉例來說：

> 所有人都是會死的。（大前提）
> 孔子是人。（小前提）
> 所以，孔子是會死的。（結論）

首先，我們先從上面這個三段論的結論命題「孔子是會死的」，找出其主詞（孔子）與謂詞（會死的）。其次，我們將結論中的謂詞（P）定義爲「大詞」（major term），結論中的主詞（S）我們定義爲「小詞」（minor term）。接著，我們需要判定大前提與小前提，在三段論證的兩個前提中，若含有大詞前提，就稱之爲「大前提」；前提中含有小詞的，我們就將其稱之爲「小前提」。最後，在兩個前提中都出現且沒有在結論出現的詞，稱之爲中詞（M）（middle term）。「中詞」存在的主要目的就是當作大前提與小前提的媒介。不過，我們如何斷定一個三段論的論證形式呢？三段論的論證標準形式（stand form）是由三段論的樣式（mood）與格式（figure）所組成。

二、三段論的樣式（Mood）

我們如何找出三段論的樣式呢？首先，我們必須將三段論改寫成標準形式，也就是依序爲大前提、小前提與結論。其次，判定三個定言命題是屬於A、E、I、O命題的的哪一種定言命題，由此，我們就可以斷定一個標準三段論的論式。

舉例來說：

所有人都是會死的。（A 命題）

所有臺灣人都是人。（A 命題）

所以，所有臺灣人都是會死的。（A 命題）

此三段論的樣式就是 AAA。

三、三段論的格式（Figure）

　　我們如何找出三段論的格式呢？三段論的格式是由在大、小前提裡的中詞 M 位置來決定。當我們要決定三段論的「格式」時，我們首先都必須先將三段論改寫成「標準形式的三段論」（也就是依序必須為大前提、小前提與結論）。其次，我們必須將中詞 M 的位置標出。最後，依據標準三段論的四種不同格式，斷定該三段論是屬於哪種格式。標準三段論共有四種格式，如下：

格式 1		格式 2		格式 3		格式 4	
Ⓜ	P	P	Ⓜ	Ⓜ	P	P	Ⓜ
S	Ⓜ	S	Ⓜ	Ⓜ	S	Ⓜ	S
S	P	S	P	S	P	S	P

　　為了方便記憶，我們可以將第一格到第四格想像成是一個「W」字型，圖示如下：

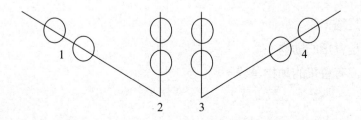

四、三段論的論證形式（Stand Form）

當我們找出三段論的樣式與格式時，我們就可以標示出三段論的論證標準形式（stand form），舉例來說：

所有人都是會死。（A）
所有臺灣人都是人。（A）
所以，所有臺灣人都是會死的。（A）

1. M A P
2. S A M
∴ S A P

以上這個三段論的論證形式，就是論證的「樣式」AAA，加上由中詞位置決定出的論證格式，屬於第一格，我們可以將此三段論的論證形式標示為：AAA-1。

練習 5-5 請標示出以下三段論證的標準論證形式

1.

沒有孔雀魚是卵生的。
全紅白子是一種孔雀魚。
所以，沒有全紅白子是卵生的。

2.

沒有狗是貓。
沒有狗是會飛的動物。
所以，沒有會飛的動物是貓。

3.

有些哲學家是有智慧的。

所有受人尊敬的都是有智慧的。

所以，有些哲學家是受人尊敬的。

4.

所有臺北市民都是有錢人。

有些臺北市民不是快樂的人

所以，有些快樂的人不是有錢人。

5.

所有有折扣的貨品都是搶購一空的。

有些桌上型電腦是有折扣的貨品

所以，有些搶購一空的貨品是桌上型電腦。

5.4 三段論的論證有效或無效

　　當我們掌握了三段論的論證形式，那麼我們接下來就要來處理，如何決定傳統三段論的論證有效或無效的問題。在本章，我們要介紹三種基本的方式，協助我們判斷三段論的有效或無效：第一種方式：透過三段論的論證規則去判定論證有效或無效。第二種方式：我們可以透過在三段論中的前提樣式，加上三段論規則，初步來判定三段論的有效或無效。第三種方式：我們可以透過范恩圖解的方式來判定三段論的有效或無效。

一、三段論論證規則

首先，一個有效三段論必須可以改寫成標準的三段論的論證形式。假若有任意一個論證，它無法改寫成標準的三段論的論證形式，例如無法符合一個論證僅能有大詞、小詞與中詞等三個詞的規定，或者無法符合一個論證僅能有三個個命題，也就是大前提、小前提與結論的規定，那麼該論證就不會是個三段論，也因此就不適用以下的規則來加以斷定其是否是有效論證或無效論證。如果任何一個論證可以改寫成標準的三段論的論證形式，那麼我們就可以使用本章所提供的三種基本方式來斷定其論證的有效或無效。斷定三段論的論證有效與無效的第一種方式，也就是透過三段論論證規則來判定三段論的有效或無效。檢證三段論的有效與否的五項論證規則，如下：

1. 中詞至少要周延一次。（如果中詞都不周延，則沒有盡到中詞擔任媒介的任務，因為不周延的中詞無法使兩前提具有邏輯的連結關係，因此中詞都不周延的三段論一定是個無效論證。）

2. 在結論周延的詞，在前提也必須要周延。（沒有任何詞在結論是周延的，但是在前提卻不周延。）

3. 兩個前提若都是否定，則無法有效推出結論。（前提至少要有一個是肯定的。）

4. 兩個前提若都是肯定的，那麼，結論一定是肯定的。（換句話說，如果前提有一個否定，那麼結論必是否定。如果結論是否定的，意謂至少有一個前提是否定。）

5. 如果前提中有一特稱命題，那麼結論必須是特稱命題。如果結論是特稱命題，那麼前提必然有一個特稱命題。不過，如果兩個前提都是特稱命題，那麼一定會產生無效的結論。

任何無法全數通過以上五項論證規則者，都是無效的三段論證。

練習 5-6　請標示出三段論的論證形式，以及根據三段論規則判斷以下三段論
　　　　　是否有效

1. 張三是動物，豬是動物，所以張三是豬。
2. 袋鼠不是貓咪，貓咪是寵物，所以袋鼠不是寵物。
3. 所有烏鴉都是黑的，有些鳥是烏鴉，因此，有些鳥不是黑的。
4. 所有政客都不是清廉的，所有政客都是貪婪的，所以所有清廉的人都不是
　 貪婪的。
5. 有些貪賭貪財的人不是男人，有些貪酒色的人是男人，所以有些貪賭貪財
　 的人是貪酒色的人。

二、透過「三段論論證規則」與「三段論形式」

　　除了第一種方式之外，我們也可以透過三段論論證規則與三段論的前提樣
式來推定三段論的有效或無效。我們依據三段論的大前提與小前提的質與量關
係，可以歸結出以下十六種三段論的論證形式：

A	A	A	A	E	E	E	E
A	E	I	O	A	E	I	O

I	I	I	I	O	O	O	O
A	E	I	O	A	E	I	O

　　可以符合三段論規則的總共有八個樣式：AA、AE、AI、AO、EA、EI、
IA、OA。而 EE、EO、OE、OO 這四種三段論形式是無效的，因為這四種樣
式組合的兩個前提都是否定，因此無法通過三段論的規則。那麼，II、IO、
OI，OO 這四種三段論形式也是無效，因為這些組合的兩個前提皆是特稱。不
過，為何兩個前提都是特稱命題時，一定會產生無效的三段論呢？（1）當前

提為 II 的情況，M 詞不可能有至少周延一次的可能性。（2）前提為 OO 的情況，此時因為都是否定一定是無效。（3）最後一種情況是前提 IO 狀況，在這種情況下，根據三段論第四條與第五條規則，意謂著，結論必須為 O 命題。但是，不管 IOO 或 OIO，都無法滿足「結論為周延的詞，在前提時一定也要周延」的這一個條件。因此，在兩個前提都是特稱的狀況下，一定會是無效論證。最後，我們要問的是，為何三段論前提樣式為 IE 時，我們可以確定它是無效的三段論呢？根據三段論第四條與第五條規則，結論必定是 O 命題，如此一來，「在結論周延的大詞，在大前提 I 命題中不可能周延」。因此違背了在結論周延的詞，卻在前提不周延的規定。

　　透過三段論的論證形式判斷有效與無效，當然不只十六種推理的形式，如果我們將結論加進來，那麼就會產生六十四種論證形式的變化。不過，以下章節我們將介紹更聰明、又迅速的推理方法協助我們判斷或證明一個三段論是否是有效或無效的，因此我們在此不再花時間介紹或要求大家背誦這六十四種的論證形式。然而，我們之所以只介紹由大、小前提所推得出的十六種形式，主要是提醒各位，當我們跟人進行討論時，我們可以光聽對方所提出的前提，就可以初步斷定該論證是否為有效，或者遇到較複雜的情況時，可以進一步援用其他方法判斷該論證是否是有效的。

5.5 范恩圖解的基本概念

　　我們已經介紹過兩種檢定三段論是否有效的方式，接下來我們介紹第三種，也就是使用范恩圖解（Venn diagram）的方式。不過，什麼是范恩圖解呢？十九世紀英國邏輯學家 John Venn（約翰・范恩，1834-1923）提出以圖解方式來解析定言命題，使 AEIO 變得相當清楚且明白。因為透過范恩圖解，我們可以更加容易掌握集合或類的性質。任何兩個定言命題之間的關係，可以如後所示。

一、范恩圖分析AEIO命題

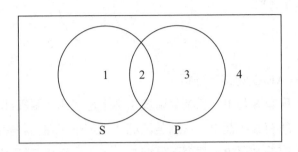

區塊 1：代表是主詞（S）但不是謂詞（P）的東西所組成的。

區塊 2：代表既是主詞（S）也是謂詞（P）的東西所組成的。

區塊 3：代表是謂詞（P）但不是主詞（S）的東西所組成的。

區塊 4：代表不是主詞（S）也不是謂詞（P）的東西所組成的。

我們可以利用范恩圖解將 AEIO 圖解為如下，其中斜線意謂著那個區塊是空類，打 × 則意謂著那個區塊至少有一樣東西存在。

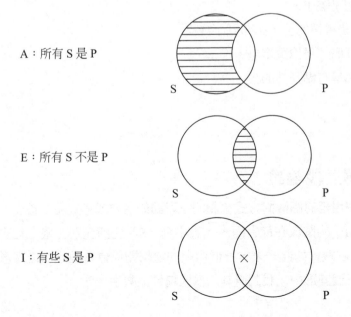

A：所有 S 是 P

E：所有 S 不是 P

I：有些 S 是 P

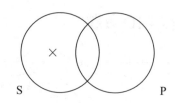

O：有些 S 不是 P

范恩圖解與 AEIO 的文字分析：

1. A 命題：所有 S 是 P。意謂著區塊 1 必定是空類（斜線部分）。
2. E 命題：所有 S 不是 P。意謂著區塊 2 必定是空類（斜線部分）。
3. I 命題：有些 S 是 P。意謂著區塊 2 一定不是空類（打 × 的部分）。
4. O 命題：有些 S 不是 P。意謂著區塊 1 一定不是空類（打 × 的部分）。

　　練習 5-7　請用范恩圖解，解析以下日常語句

1. 沒有政客不是騙子。
2. 多數的情聖是騙子。
3. 「有些渣男是專情的」，這句話不成立。
4. 不是所有奸商都是億萬富翁。
5. 環保人士都是有點狂熱的人。

二、范恩圖解三段論證

　　我們該如何使用范恩圖解的方式來證明三段論的有效或無效呢？首先，我們將代表中詞（M）的圓放在最上面，代表小詞（S）的圓放在左邊，代表大詞（P）的圓放在右邊。如此一來，三個命題的邏輯關係會重疊成如後圖形。最後，在重疊的三個圓形中，我們將其八個區塊標上數字。

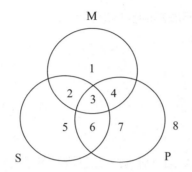

1. 區塊（2+3）、（3+4）、（3+6）分別代表什麼？
2. 區塊（1+2）、（2+5）、（5+6）、（6+7）、（4+7）、（4+1）分別代表什麼？

就M與S兩個圓來看，區塊（2+3）就是M與S這兩個圓構成的第2區塊；區塊（3+4）就是M與P這兩個圓構成的第2區塊；區塊（3+6）就是S與P這兩個圓構成的第2區塊。

如果大前提是MAP，M在主詞的位置，那麼 區塊（1+2）就是M與P這兩個圓構成的第1區塊，區塊（3+4）就是第2區塊，區塊（6+7）就是第3區塊。如果大前提是PAM，P在主詞位置，那麼 區塊（6+7）就是P與M這兩個圓構成的第1區塊，區塊（3+4）就是第2區塊，區塊（1+2）就是第3區塊。

如果小前提是SAM，S在主詞位置，那麼區塊（5+6）就是S與M這兩個圓構成的第1區塊，區塊（2+3）就是第2區塊，區塊（1+4）就是第3區塊。如果小前提是MAS，M居主詞位置，那麼區塊（1+4）就是M與S這兩個圓構成的第1區塊，區塊（2+3）就是第2區塊，區塊（5+6）就是第3區塊。

如果結論是SAP，S在主詞位置，那麼區塊（2+5）就是S與P這兩個圓構成的第1區塊，區塊（3+6）就是第2區塊，區塊（4+7）就是第3區塊。如果結論是PAS，P在主詞位置，那麼區塊（4+7）就是P與S這兩個圓構成的第1區塊，區塊（3+6）就是第2區塊，區塊（2+5）就是第3區塊。

例題 1　假設有個三段論的標準形式如下：

沒有 P 是 M
所有 S 是 M
所以，沒有 S 是 P

此三段的論證形式爲 EAE-2。不過，此三段論證是否有效呢？

　　我們知道此論證的大前提是 E 命題（沒有 P 是 M），因爲涉及 P 與 M 兩個詞，所以我們看它們兩個圓之間的邏輯關係，依據上節簡介的范恩圖解法，E 命題的范恩圖解將顯示區塊 3 與 4 爲空類，所以區塊 3 與 4，我們將其全部劃上斜線。圖示如下：

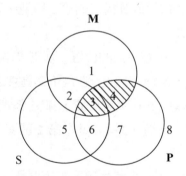

　　此論證的小前提是 A 命題（所有 S 是 M），因爲涉及 S 與 M 兩個詞，所以我們看它們兩個圓之間的邏輯關係，依據上節簡介的范恩圖解法，A 命題的范恩圖解將顯示區塊 5 與 6 爲空類，所以區塊 5 與 6，我們將其全部劃上斜線。

圖示如下：

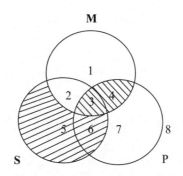

　　最後，我們要判斷此三段論的結論命題應該完成的范恩圖解，是否已經由大、小前提推導得出，因此我們不用將結論的命題結果劃在同一個重疊的圖形之上（除非您另外再劃一個由三個圓重疊的圖形，如下圖所示）。換言之，我們只要驗證結論就可以。以此論證為例，該論證的結論是 E 命題（沒有 S 是 P），因為涉及 S 與 P 兩個詞，所以我們看它們兩個圓之間的邏輯關係（如下圖所示），依據上節簡介的范恩圖解法，E 命題的范恩圖解將顯示區塊 3 與 6 為空類，所以我們應該將區塊 3 與 6 全部劃上斜線。不過大前提與小前提都已經將結論要完成的步驟完成，也就是經由大前提與小前提，我們已經將區塊 3 與 6 全部劃上斜線，那麼意謂著，這個三段論的結論可以經由從大前提與小前提推導出，因此是個有效的三段論。

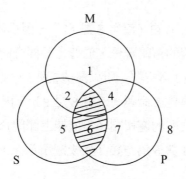

例題 2　假設有個三段論的標準形式如下：

所有 M 是 P
沒有 S 是 M
所以，沒有 S 是 P

此三段的論證形式爲 AEE-1。不過，此三段論證是否有效呢？我們以范恩圖解圖示如下：

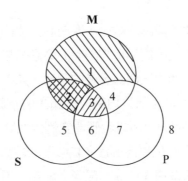

我們知道此論證的大前提是 A 命題（所有 M 是 P），因爲涉及 M 與 P 兩個詞，所以我們看它們兩個圓之間的邏輯關係，依據上節簡介的范恩圖解法，A 命題的范恩圖解將顯示區塊 1 與 2 爲空類，所以區塊 1 與 2，我們將其全部劃上斜線。

　　此論證的小前提是 E 命題（沒有 S 是 M），因爲涉及 S 與 M 兩個詞，所以我們看它們兩個圓之間的邏輯關係，依據上節簡介的范恩圖解法，E 命題的范恩圖解將顯示區塊 2 與 3 爲空類，所以區塊 2 與 3，我們將其全部劃上斜線。

　　最後，此論證的結論是 E 命題（沒有 S 是 P），因爲涉及 S 與 P 兩個詞，所以我們看它們兩個圓之間的邏輯關係，依據上節簡介的范恩圖解法，E 命題的范恩圖解將顯示區塊 3 與 6 爲空類（如後圖所示），所以我們應該將區塊 3 與 6 全部劃上斜線。

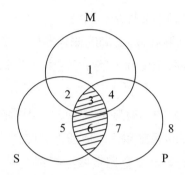

不過，這個三段論的大前提與小前提只推論出區塊 1、2、3 需要劃斜線而已，區塊 6 並沒有劃上斜線，由此推知該三段論的結論（區塊 3 與 6 需要劃斜線）無法經由大前提與小前提，推導得出，因此，這個三段論論證是個無效的三段論。

例題 3　假設有個三段論的論證形式如下：

PIM
MAS
/∴ SIP

此三段論的論證標準形式為 IAI-4。請問此三段論證是否有效呢？

我們在進行范恩圖解時，一旦遇到前提有全稱命題與特稱命題時，請記得一定要先處理全稱命題，再處理特稱命題。此論證我們以范恩圖解圖示如下：

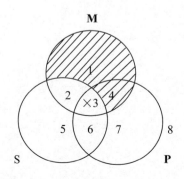

由前我們如道此論證的小前提是 A 命題（所有 M 是 S），因為涉及 M 與 S 兩個詞，所以我們看它們兩個圓之間的邏輯關係，依據上節簡介的范恩圖解法，A 命題的范恩圖解將顯示區塊 1 與 4 為空類，所以區塊 1 與 4，我們將其全部劃上斜線。

此論證的大前提是 I 命題（有些 P 是 M），因為涉及 P 與 M 兩個詞，所以我們看它們兩個圓之間的邏輯關係，依據上節簡介的范恩圖解法，I 命題的范恩圖解將顯示區塊 3 或 4 至少有個區塊需要劃上 ×，不過區塊 4 已經是空類，所以我們可以確定可以在區塊 3 上劃上 ×。

最後，此論證的結論是 I 命題（有些 S 是 P），因為涉及 S 與 P 兩個詞，所以我們看它們兩個圓之間的邏輯關係，依據上節簡介的范恩圖解法，I 命題的范恩圖解將顯示區塊 3 與 6 為至少有一區塊需要劃上 ×。我們由大前提與小前提已經推論出區塊 3 上面有劃上 ×，因此該論證為有效論證（如前圖所示）。

例題 4　假設有個三段論的標準形式為 AOO-2，請問該論證是否有效？

首先我們先將此三段論寫出來，我們知道結論是 SOP。其次，此論證的樣式是第二格，我們就可以確定中詞 M 的位置，無論在大前提或小前提的謂詞位置上，我們寫上中詞 M。最後，我們在大前提的主詞位置上寫上 P，小前提的主詞位置寫上 S，結果如下：

P A M
S O M
/ ∴ S O P

此論證我們以范恩圖解圖示如下：

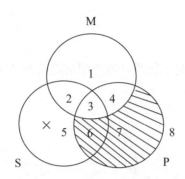

由上我們知道此論證前提有全稱與特稱命題，我們先處理全稱命題。大前提是全稱命題 A（所有 P 是 M），因為涉及 P 與 M 兩個詞，所以我們看它們兩個圓之間的邏輯關係，依據上節簡介的范恩圖解法，A 命題的范恩圖解將顯示區塊 6 與 7 為空類，所以區塊 6 與 7，我們將其全部劃上斜線。

此論證的小前提是 O 命題（有些 S 不是 M），因為涉及 S 與 M 兩個詞，所以我們看它們兩個圓之間的邏輯關係，依據上節簡介的范恩圖解法，O 命題的范恩圖解將顯示區塊 5 或 6 至少有個區塊需要劃上 ×，不過區塊 6 已經是空類，所以我們可以確定可以在區塊 5 上劃上 ×。

最後，此論證的結論是 O 命題（有些 S 不是 P），因為涉及 S 與 P 兩個詞，所以我們看它們兩個圓之間的邏輯關係，依據上節簡介的范恩圖解法，O 命題的范恩圖解將顯示區塊 2 與 5 為至少有一區塊需要劃上 ×。我們由大前提與小前提已經推論出區塊 5 上面有劃上 ×，因此該論證為有效論證。

例題 5　假設有個三段論的標準形式為 IAI-1，請問該論證是否有效？

首先我們先將此三段論寫出來，由標準三段論證形式我們知道結論是 SIP。其次，此論證樣式為第一格，我們就可以確定中詞 M 的位置，在大前提中詞位居主詞的位置，在小前提中詞位居謂詞的位置。最後，我們在大前提的謂詞位置上寫上 P，小前提的主詞位置寫上 S，結果如後：

M I P

S A M

/∴ S I P

不過，該論證是否有效呢？我們以范恩圖解圖示如下：

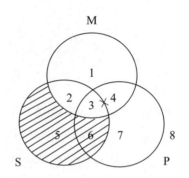

由上我們知道此論證前提有全稱與特稱命題，我們先處理全稱命題。小前提是全稱命題 A（所有 S 是 M），因為涉及 S 與 M 兩個詞，所以我們看它們兩個圓之間的邏輯關係，依據上節簡介的范恩圖解法，A 命題的范恩圖解將顯示區塊 5 與 6 為空類，所以區塊 5 與 6 全部劃上斜線。

此論證的大前提是 I 命題（有些 M 是 P），因為涉及 M 與 P 兩個詞，所以我們看它們兩個圓之間的邏輯關係，依據上節簡介的范恩圖解法，I 命題的范恩圖解將顯示區塊 3 或 4 至少有個區塊需要劃上 ×，不過我們不知道應該將 × 劃在區塊 3 或區塊 4 上面，因此我們劃在區塊 3 與 4 之間的線上（如上圖所示）。

最後，此論證的結論是 I 命題（有些 S 是 P），因為涉及 S 與 P 兩個詞，所以我們看它們兩個圓之間的邏輯關係，依據上節簡介的范恩圖解法，I 命題的范恩圖解將顯示區塊 3 與 6 至少有一區塊需要劃上 ×。我們由大前提與小前提並沒有明確推論出區塊 3 或 6 上面有劃上 ×，因此該論證為無效論證。

例題 6　假設有個三段論的標準形式如下，請問該論證是否有效？

所有 M 是 P

有些 S 不是 M

所以，有些 S 不是 P

此三段論的標準論證形式為 AOO-1。該論證是否有效呢？我們以范恩圖解圖示如下：

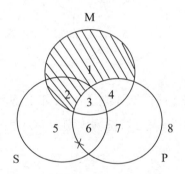

結論 SOP，應該在區塊 2 或區塊 5 劃上 ×。我們由大前提與小前提並沒有明確推論出區塊 2 或 5 上面有劃上 ×，因此該論證為無效論證。

例題 7　假設有個三段論的標準形式為 AAA-1，請問該論證是否有效呢？

我們以范恩圖解圖示如下：

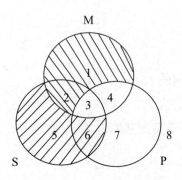

結論 SAP，應該在區塊 2 與區塊 5 劃上斜線，（如上圖所示），我們由大前提與小前提已經明確推論出區塊2與區塊5劃上斜線，因此該論證為有效論證。

　　例題 8　假設有個三段論的標準形式為 OIO-1，請問該論證是否有效？

　　我們以范恩圖解圖示如下：

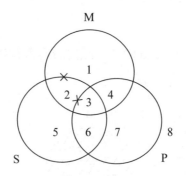

結論 SOP，應該在區塊 2 或區塊 5 劃上 ×（如上圖所示），我們由大前提與小前提並沒有明確推論出區塊 2 與區塊 5 劃上 ×，因此該論證為無效論證。

練習 5-8　請標示出三段論的論證形式，並用范恩圖解判斷以下論證是否有效

(1)

　　1. 所有生物都是會死的。

　　2. 所有人都是生物。

　　∴ 所有人都是會死的。

(2)

　　1. 所有校長都是有威望的人。

　　2. 沒有校長是有前科的人。

　　∴ 凡有前科的人都不會有威望的。

(3)

1. 沒有女生喜歡抽煙的人。

2. 有些抽煙的人是流氓。

∴ 有些流氓不喜歡女人。

(4)

1. 有些教授是學閥。

2. 有些無賴是學閥。

∴ 有些教授是無賴。

(5)

1. 有些教授是自以為是的人。

2. 所有教授都是知識豐富的人。

∴有些知識豐富的人是自以為是的。

(6)

1. 有些哲學家不是嘴砲名人。

2. 所有嘴砲名人都是唯利是圖的。

∴有些哲學家是唯利是圖的人。

(7)

1. 只有有錢人才能得到公平對待。

2. 有些能得到公平對待的人不是有背景的人。

∴有些有錢人不是有背景的人。

(8)

1. 不是所有可以投票的人都有去投票。

2. 所有年滿十八歲都是可以投票的人。

∴ 有些年滿十八歲的人是有去投票。

(9) 請寫出 AEE-4 所代表的定言三段論的論證形式，並用范恩圖解證明它是有效或無效的論證。

(10) 請寫出 EIO-3 所代表的定言三段論的論證形式，並用范恩圖解證明它是有效或無效的論證。

5.6 三段論邏輯的延伸

一、非標準形式的三段論

1.非標準形式但可轉換成標準形式的三段論

日常生活中有很多論證不具有三段論邏輯的標準形式，是因爲所含的命題不是定言命題，但是，我們藉由將這些命題轉譯成定言命題，即可將論證轉譯成三段論邏輯形式，例如：

1.無信用的人都是破產的人。	1.所有無信用的人都是破產的。
2.這社區很多無信用之人。	2.有些住在這社區中的人是無信用的人。
/∴這社區很多人破產。	/∴有些住在這個社區中的人是破產的。

　　　　　　　　↑　　　　　　　　　　　　↑

　　非標準的定言命題　→　轉譯成　→　標準的三段論形式

有些論證經過文法結構的改變，也可以還原爲標準的三段論形式。

1.有些女信徒會做善事。	1.所有男信徒都是做善事的。
2.所有男信徒都做善事。	2.有些女信徒是做善事的人。
/∴有些女信徒是男信徒。	/∴有些女信徒是男信徒。

　　我們可以將上面左邊的第一與第二個命題，根據語法規則代換成它們各自的等值定言命題，然後依照大前提、小前提與結論的位置重整，可以得出右邊符合標準三段論的論證形式。

2.三段論證含有三個以上的詞

前面我們強調三段論僅有三個詞（大、中、小詞），不過有很多三段論證含有四個、五個甚至六個詞，當遇到這種情況時，請先不要急著否定這樣的論證不是三段論。我們還要檢查一下，是不是藉由消去負號或換成同義詞之後，可以減少到剛好是三個詞（大、中、小詞）。如果可以，那麼此論證還是屬於三段論證。舉例說明：

1. 所有訓獸師都是虐待狂。   1. 所有訓獸師都是虐待狂。

2. 沒有訓獸師是非獸醫。   2. 所有訓獸師都是獸醫。

/ ∴ 所有獸醫都是虐待狂。   / ∴ 所有獸醫都是虐待狂。

類似地，對下面的非標準三段論邏輯的論證進行轉譯，也可以成為標準的三段論：

1. 有些封閉圖形是四方形。

2. 所有三角形都是封閉圖形。

/ ∴ 有些三個邊的封閉圖形是四方形。

我們可以用同義詞「三角形」代替「三個邊的封閉圖形」，把詞類從四個減成三個，從而讀出以下標準的三段論論證形式：

1. 有些封閉圖形是四方形。

2. 所有三角形都是封閉圖形。

/ ∴ 有些三角形是四方形。

3.三段論命題含有單稱命題

　　所有的命題，講的都是類的性質。因此，乍看之下，好像不應該有任何的單稱命題是定言命題。不過，一旦三段論之中含有，諸如「孔子會死」、「張三是高雄人」、「這個人是活潑的」這類單稱命題，我們在進行推論時，必須將這些單稱命題轉譯成定言命題。邏輯學者習慣上將單稱的肯定命題，轉換爲A命題，將單稱的否定命題轉換爲E命題。

　　1. 所有人都會死。
　　2. 孔子是人。
／∴所以孔子會死。

　　上述第二個命題是單稱命題，因爲孔子是單稱，指涉的是一個單獨的個體，而不是類。不過，我們可以將此單稱命題轉譯爲全稱肯定的A命題，即「所有唯一成員叫孔子的類的成員都是人」。換言之，我們在推演三段論時，若遇到單稱命題，可以將所有「單稱命題」轉換爲「全稱命題」。

二、省略三段論（Enthymeme）

　　省略三段論是指缺少一個前提或結論的三段論。我們在日常生活中，或因節省時間或因製造特定效果，經常省略眾所皆知的前提或結論。那麼，我們應該如何補足省略三段論形式呢？如果前提裡沒有小詞，那麼我們就知道是缺少小前提；如果前提裡沒有大詞，那就是缺少大前提。缺乏結論時，則由前提中的大詞與小詞重新組合可以推得。

　　1. 凡學生都討厭考試，所以你討厭考試。
　　（缺小前提）你是學生。

2. 無節制的賭博是染上惡習的，所以無節制的賭博是不名譽的。

（缺大前提）凡染上惡習都是不名譽的。

3. 沒有獨裁政權是長治久安的，秦朝政府就是獨裁政府。

（缺結論）所以秦朝政府是無法長治久安的。

三、帶證三段論（Epichereme）

帶證三段論是指一三段論，其前提附有說明。例如：

1. 凡是正值青春期的青少年都是容易衝動的，因為青少年體內的荷爾蒙產生變化，容易造成情緒不穩。
2. 小李是正值青春期的青少年。

   所以，小李是容易衝動的。

四、複合三段論（Polysyllogism）

複合三段論是指由兩個或兩個以上，具有因果關係的三段論所組成，其結構是：前一論證的結論是第二個論證的前提。例如：

1. 所有生物都是有生命的。
2. 所有人都是生物。
3. 所以，所有人都是有生命的。
4. 孔子是人，因此，孔子是有生命的。

很明顯的，這是兩個論證所組成：

論證 1

　1.所有生物都是有生命的。

　2.所有人都是生物。

　∴所以，所有人都是有生命的。

論證 2

　1.所有人都是有生命的（論證1的結論）

　2.孔子是人。

　∴所以，孔子是有生命的。

五、連鎖三段論（Sorties）

連鎖三段論之構成，是由數個有效三段論連鎖串起來的一種省略形式。其論證形式為：第一命題的謂詞是第二命題的主詞，其結論則是由第一命題的主詞與最末命題的謂詞組合而成。例如：

　1.所有德行都是善的。

　2.所有慷慨樂捐的行為都是德行。

　3.所有定額捐款都是慷慨樂捐的行為。

/∴所以，所有定額捐款都是善的。

標準形式，例如：

　1.古之欲明明德於天下者，必先治其國。

　2.欲治其國者，必先齊其家。

　3.欲齊其家者，必先修其身。

　4.欲修其身者，必先正其心。

　5.欲正其心者，必先誠其意。

　6.欲誠其意者，必先致其知。

　7.致知在格物。

/∴故，古之欲明明德於天下者，先格物。

六、假言三段論

（一）肯定前件等於肯定後件

　　1. 如果你不是愛情騙子，那麼你就是情聖。

　　2. 你不是愛情騙子。

／∴ 所以，你是情聖。

（二）否定後件等於否定前件

　　1. 只要你有女朋友的，那麼你就不是自由的。

　　2. 你是自由的。

／∴ 所以，你沒有女朋友。

七、選言三段論

　　1. 你是被二一或是被退學。

　　2. 你不是被二一。

／∴ 故，你是被退學。

　　1. 你是被二一或是被退學。

　　2. 你不是被退學。

／∴ 故，你是被二一。

八、兩難論證（Dilemma）

Dilemma 在邏輯上，或譯爲：「雙刀論證」、「雙鋒論證」或「避鋒法」。兩難論證是一論證，其前提由兩個假言命題（扮演大前提）與一個選言命題（扮演小前提）所組成。此論證會讓人陷入左右爲難，公說公有理，婆說婆有理兩面爲難的窘狀，詭辯論者經常會運用這樣的論證形式，迫使對方面對似是而非的論述時，卻頓時語塞。兩難論證其論證形式或結構如下：

1. P ⊃ R
2. Q ⊃ S
3. P v Q
/ ∴ R v S

如何破解兩難論證？

1. 檢查兩個假言的前件與後件使否具有必然因果關係。

2. 檢查選言前提的兩個選項概念之區分是否是周延，是否涵蓋一切外延應用的可能性，而且兩概念之間的關係，必須是矛盾或缺如的對立關係。

凡是無法滿足上述兩點的兩難論證，都是可以被破解的論證。以下就是一些經常被引用的例子。

論證一：你成天是憂心忡忡的（不快樂的）

1. 若你是富人，那麼你會憂心財物被搶或被偷，因此你成天都是憂心忡忡的。
2. 若你是窮人，那麼你會憂心柴米油鹽醬醋茶，因此你成天都是憂心忡忡的。
3. 不管你是富人或窮人。
/ ∴ 結論是你成天都是憂心忡忡的。

破解之道：

1. 若你是富人，則你不用憂心柴米油鹽醬醋茶，因此你成天都是快快樂樂的。
2. 若你是窮人，則你不用憂心財物被搶或被偷，因此你成天都是快快樂樂的。
3. 不管你是富人或窮人。
/ ∴ 結論是你成天都是快快樂樂的。

論證二：Eulathus 可以堅持不付 Protagoras 學費嗎？

　　古希臘時期（與蘇格拉底同時期）的詭辯派學者 Protagoras（普羅達哥拉斯），因為學生 Eulathus（歐提勒士）家境貧困，故准許他畢業後，在打贏生涯的第一場官司時，將所得的薪水全部交給 Protagoras 當學費。

　　不過，Eulathus 畢業後卻始終不肯去打官司交學費，Protagoras 因此憤而告上法院，以下是他們攻防的論證：

1. 如果我是勝訴，依照法庭的判決，我不需要付你 Protagoras 學費。
2. 如果我是敗訴，那麼我並沒有贏得第一場官司，所以我不需要付你學費。
3. 無論我勝訴，或是敗訴。
/ ∴ 結論是，我都是不用付你 Protagoras 學費的。

破解之道：

1. 如果我是勝訴，依照法庭的判決，你 Eulathus 需要付我學費。
2. 如果我是敗訴，那麼你已經贏得第一場官司，所以你必需要付我學費。
3. 無論我勝訴，或是敗訴。
/ ∴ 結論是，你 Eulathus 都是要付我學費的。

論證三：鱷魚必須歸還小孩

有一個童話故事寫著：小孩被鱷魚抓住，孩子的媽媽苦求鱷魚釋放她的小孩。鱷魚說：「你依照我的話老實說一遍，我就把孩子還給你。你說：『我不要兒子了。』」這位媽媽不得已，只好跟著說了。不過鱷魚卻說：

1. 如果你說的是實話，你已經不要孩子了，所以我不必將小孩還給你。
2. 如果你說的是謊話，你已經沒有遵守約定，所以我也不應該將小孩還給你。
3. 無論你是說實話，或是說謊話。

/ ∴ 結論是，我是不用將小孩還給你的。

破解之道：

1. 如果我說的是實話，我已經遵守約定了，所以你應該將小孩還給我。
2. 如果我說的是謊話，表示我還要我的小孩，所以你也應該將小孩還給我。
3. 無論我是說實話，或是說謊話。

/ ∴ 結論是，你都是要將小孩還給我的。

第 5 章習題

一、假設「所有存在主義者都是有神論者」這個命題為真，請問以下各命題的
真假值為何？

1. 沒有存在主義者是有神論者。
2. 沒有任何有神論者是存在主義者。
3. 所有非存在主義者都是非有神論者。
4. 凡存在主義者都不是非有神論者。
5. 一切非有神論者都是非存在主義者。
6. 全部的有神論者都是存在主義者。
7. 有些存在主義者是非有神論者。
8. 有些有神論者是存在主義者。
9. 有些非存在主義者不是有神論者。
10.有些非有神論者是存在主義者。

二、請完成以下表格

(1)

原命題	操作關係	新命題	真假值
1. 有些非 A 不是 B（T）		所有非 A 是 B	
2. 有些 A 是非 B（T）		有些非 B 是 A	
3. 所有非 A 是 B（F）		沒有非 A 是非 B	
4. 有些非 A 不是 B（T）		沒有非 A 是 B	
5. 所有 A 是非 B（F）		所有非 B 是 A	
6. 有些非 A 是非 B（F）		沒有非 A 是非 B	
7. 有些 A 不是非 B（T）		有些 B 不是非 A	
8. 沒有非 A 是 B（T）		有些非 A 不是 B	

原命題	操作關係	新命題	真假值
9. 沒有 A 是非 B（F）		所有 A 是非 B	
10. 有些非 A 是 B（F）		有些非 A 不是 B	

(2)

原命題	操作關係	新命題	真假值
11. 有些非 A 不是 B（T）		有些非 B 不是 A	
12. 有些 A 是非 B（F）		有些非 B 是 A	
13. 所有非 A 是 B（T）	換質位		
14. 有些 A 是非 B（F）	蘊涵或差等關係		
15. 沒有 A 是非 B（T）	換質		
16. 有些非 A 不是 B（T）	次相反或次反對		
17. 沒有 A 是非 B（F）	矛盾		
18. 沒有 A 是 B（T）	換質位		
19. 所有非 A 是 B（T）	相反或大反對		
20. 有些非 A 是非 B（F）	小相反或次反對		

三、請用范恩圖圖解以下命題

1.「有些哲學家不是男性」，這句話是假的。

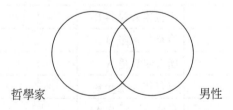

哲學家　　　　　　　　　　男性

2. 只有少部分哲學家是男性。

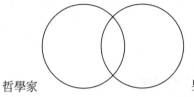

哲學家　　　　　　　　　男性

3. 沒有哲學家是男性。

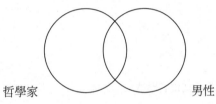

哲學家　　　　　　　　　男性

4. 不是所有哲學家都是男性。

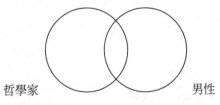

哲學家　　　　　　　　　男性

5. 有些非哲學家是非男性。

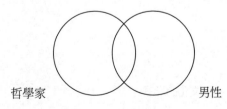

哲學家　　　　　　　　　男性

6. 不是所有社會都是多元文化的型態

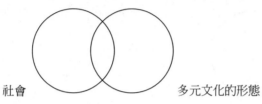

社會　　　　　　　　　多元文化的形態

7. 所有非社會都不是非多元文化的型態

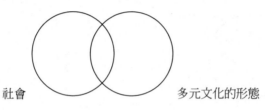

社會　　　　　　　　　多元文化的形態

8. 大多社會是非多元文化的型態

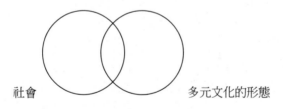

社會　　　　　　　　　多元文化的形態

9. 凡非多元文化的型態都是非社會

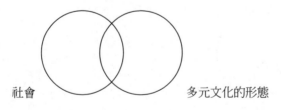

社會　　　　　　　　　多元文化的形態

10.有些非多元文化的型態是非社會

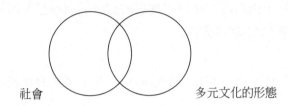

社會　　　　　　　　　　　　多元文化的形態

四、請寫出三段論的論證形式，並用范恩圖解證明論證有效或無效

(1)

　　1. 有些記者是無法出境的。

　　2. 沒有窮人是可以出境的。

　　∴有些記者不是非窮人。

(2)

　　1. 沒有川普迷喜歡中共。

　　2. 所有喜歡中共的人都討厭美國。

　　∴可見，並非所有討厭美國的人都是川普迷。

(3)

　　1. 任何怕水的人都可以騎馬。

　　2. 沒有會泛舟的人可以騎馬。

　　∴因此，有些會泛舟的人不是怕水的人。

(4)

　　1. 凡理則學被當的人都是沒做邏輯回家作業。

　　2. 有些大一學生沒做邏輯回家作業。

　　∴所以，有些大一學生理則學不會被當。

(5)

　　1. 所有勤洗手的人都會戴上口罩。

　　2. 沒有保持社交距離的人都需要戴上口罩。

　　∴因此，有些勤洗手的人有保持社交距離

(6)

沒有邏輯課是無聊的，因為沒有任何推理思維訓練的課程是無聊的，而有些邏輯課是推理思維訓練課程。

(7)

有些罪犯不會被判死刑，所有非罪犯都是非謀殺犯，所以有些被判死刑的不是謀殺犯。

(8)

並非只有天才才能夠創造發明。不是所有能創造發明的人都是有錢人。所以，有些天才是非富有的人。

(9)

請使用范恩圖解證明以下論證形式是否有效：IEO-3

(10)

請使用范恩圖解證明以下論證形式是否有效：AOE-4

第6章　語句邏輯（一）：
邏輯符號與眞值表

　　本章主要介紹語句邏輯（sentential logic）的語句符號化與眞值表。語句邏輯又稱之為命題邏輯（propositional logic），處理命題與命題或語句與語句之間的邏輯關係。不過語句邏輯沒有針對命題或語句的內部結構或組成要素進行邏輯分析，僅針對整個命題與命題或完整語句與語句之間的邏輯關係進行推理。

6.1 語句符號化的基本概念

　　在進行命題或語句的邏輯符號化之前，我們必須要先能辨別單句與複句之間的不同。所謂的「單句」就是不包含有語句連接詞的語句或命題；「複句」顧名思義就是藉由語句連接詞所組成的語句或命題。例如：「所有的烏鴉都是黑的」這語句不包含語句連接詞，因此是單句；「要嘛你參加聚會，要嘛你去圖書館讀書」這語句包含語句連接詞「選言」（or），因此是複句。由此推知，所謂「語句連接詞」就是連結兩個語句或命題的邏輯語詞。但是，需要注意的是，否定句也是一種複句。因為，否定句（例如：今天不是晴天）包含否定的語句連接詞（not）（它是單一語句或命題加上「否定」這一個語句連接詞），因此它是複句。

練習 6-1　請判斷以下語句是單句或複句
1. 玄彬與孫藝珍是情侶。
2. 武則天是李顯與李旦的母親。
3. 2 是最小的質數也是唯一的偶數。
4. 康德與黑格爾都是德國近代哲學家。
5. 武則天與唐高宗李治合葬於唐乾陵。
6. 等邊三角形是等角三角形的充要條件。

7. 蘇格拉底、柏拉圖與亞里斯多德爲希臘三哲人。

8. 維生素既不是構成細胞的主要原料也不能提供人類能量。

9. 如果滄海枯了，還有一滴淚，那也是爲你空等的一千個輪迴。

10. 時而搭肩，時而摟腰，時而貼臉，時而親吻，他們的互動就像是情侶一般。

　　在語句邏輯的系統中，語句連接詞總共有五種，也就是否定、連言、選言、條件句與雙條件句等五種，其符號與功能意義如下表：

一、連接詞符號

連接詞符號	邏輯功能	語句連接詞的意義
～	否定（Negation）	not
・	連言（Conjunction）	and
∨	選言（Disjunction）	or
⊃	蘊涵（Implication）	if...then
≡	等値（Equivalence）	If and only if

二、其他系統的連接詞符號

邏輯功能	其他邏輯系統的連接詞符號		
否定（Negation）	～	¬	―
連言（Conjunction）	・	∧	&
選言（Disjunction）	∨		
蘊涵（Implication）	⊃	→	
等値（Equivalence）	≡	↔	

三、語句變元與語句常元

　　接著，我們要來學習如何將日常語句或命題符號化，也就是將自然語言改寫成邏輯式。在語句邏輯系統中，我們將小寫的 p、q、r、s 等視爲「語句變元」；將大寫字母 A、B、C、D 等，用來當成「語句常元」。所謂「語句變元」意謂著，它們所扮演的角色可以被任何特定語句常元所取代。由語句變元 p 和 q 所構成的邏輯式，被稱之爲語句形式，例如：（p•q）。不過，語句形式（p•q）中的 p 或 q，我們可以用任何語句常元來取代。現在我們以 A 取代 p 的位置，以 B 來取代 q 的位置，那麼，我們就可以將語句形式（p•q）變成一個語句（A•B）。由上可知，有別於語句形式是由語句變元所構成，語句則是由語句常元所構成的邏輯式。

　　那麼，我們該如何將「輔大座落在新莊而且輔大是一所宗座大學」這一日常語句符號化爲邏輯式呢？我們首先將語句常元 A 定義爲「輔大座落在新莊」；語句常元 B 爲「輔大是一所宗座大學」。請記住，語句常元僅能被定義爲某一單句，而不能用複句加以定義。接著，我們可以將「輔大座落在新莊而且輔大是一所宗座大學」這一日常語句符號化爲（A•B）。

　　現在，我們假設 P：天下雨；Q：地上是溼的。請將以下日常語句（自然語言）符號化爲邏輯式：

日常語句（自然語言）	符號化的邏輯式
1. 天沒有下雨	～P
2. 地上不是溼的	～Q
3. 天下雨且地上是溼的	P•Q
4. 天下雨或地上是溼的	P∨Q
5. 如果天下雨，那麼地上是溼的	P⊃Q
6. 天下雨若且唯若地上是溼的	P≡Q

四、括號的作用

在語句邏輯中，（　）、〔　〕、｛　｝三種符號是用來消除歧義。舉例來說，A 表示小王作弊，B 表示小李作弊。那麼當我們要表達小王與小李都沒作弊，我們可以將此語句符號化為（～A・～B）。不過，當我們要表達「小王與小李不會都作弊」或者表達「『小王與小李都作弊』這句話是假」時，我們就需要用到括號，使得邏輯式的表達更加清楚，不會產生誤解。因此，我們可以將這日常語句符號化為～（A・B）。

練習 6-2

1. 二加三不等於四。（A：二加三等於四）

2. 雖然他愛她，但是她還是離開他了。（A：他愛她；B：她離開他）。

3. 我們始終要面對死亡與繳稅。（A：我們要面對死亡；B：我們要面對繳稅）

4. 貝多芬與巴哈都是偉大的作曲家。（A：貝多芬是偉大的作曲家；B：巴哈是偉大的作曲家）

5. 明天不會既下雨又下雪。（A：明天下雨；B：明天下雪）

6. 明天早上會下雨或是出太陽。（A：明天下雨；B：明天出太陽）

7. 水比油還輕，這不是事實。（A：水比油輕）

8. 並非所有國民黨員都很有錢。（A：所有國民黨員都很有錢）

9. 如果有人有更好的意見，那麼我會洗耳恭聽。（A：有人有更好的意見；B：我洗耳恭聽）

10. 小張今晚去看表演，意思是說今天晚上天氣很好。（A：小張今晚去看表演；B：今晚天氣很好）

五、主要語句連接詞

當我們使用括號將短的語句建構成較長的語句，以～〔（A•B）∨C〕為例，事實上，這一語句的**負號**，控制了整個括弧內的範圍，**成為該語句最後決定真假值的連接詞**，因此稱這樣的連接詞為「**主要語句連接詞**」。根據上述，就可以判斷以下邏輯式的主要語句連接詞：

語 句	主要語句連接詞
1. ～A⊃B	⊃
2. ～[(A∨B)⊃C]	～
3. (A∨B) ≡ (A⊃B)	≡
4. (A∨B)•～(A⊃B)	•

6.2 複雜語句的符號化

日常語句經常包含著不只一個語句連接詞，這些經常使用的複雜語句連接詞，我們在進行符號化時，往往必須先搞清楚這些複雜語句的語法結構，以及確認這些複雜語句真正要表達的內容是什麼，然後再將其符號化為等值表達的邏輯式。以下我們將對這些複雜的日常語句進行邏輯分析：

1. or（或）；either……or……（要嘛……要嘛……）

or 連接詞具有兩種不同的意涵：兼容的（inclusive）與排他的（exclusive）。所謂兼容，意謂著在選言命題（P∨Q）中，P與Q可以同時為真，例如：有人問你，要喝水或要喝咖啡時，當你兩者都要時，這時的選言命題就是一種兼容情況。那什麼情況是選言命題的排他情況呢？所謂的排他，意謂著在選言命題（P∨Q）中，P或Q只能有一個為真，不管是P或Q都可以，但是不容許P和Q同時為真，這樣的選言命題就是處在排他狀況。例如：你的邏輯期

中考成績及格或不及格，邏輯成績只能是及格或不及格兩種情況的其中一種，因此排除了兩種情況同時發生的可能性，這就是一種排他情況。一般而言，只要日常語言無法明確判定是排他狀況，我們在進行語句符號化時，一律將它視爲兼容狀況。本書日後在其他章節使用選言連接詞時，若沒有特別申明，一律視爲兼容情況使用。現在，請將以下選言命題符號化：

1. 我們去看電影或者去逛街。 （M：我們去看電影；S：我們去逛街）	M∨S
2. 這個命題要嘛是眞的，要嘛是假的。 （T：這命題是眞的；F：這命題是假的）	(T∨F)・∼(T・F)
3. 不是你人緣太好，就是你實力堅強。 （L：你人緣太好；P：你實力堅強）	L∨P
4. 國民黨與民進黨至少有一個政黨會反對服貿協定。 （K：國民黨是反服貿；D：民進黨是反服貿）	K∨D
5. 丁丁不擅長邏輯或數學。 （L：丁丁擅長邏輯；M：丁丁擅長數學）	∼(L∨M)

2. not both（不會既p，又q）→ ∼（p・q）

neither……nor（既不會p，也不會q）→∼ p・∼q

當我們看到語句連接詞「不會既 p 又 q」時，我們應該馬上理解到，它所要表達的是「既 p 又 q」的情況不可能同時發生，因此，我們可以將其符號化爲∼（p・q）。接著，由「既不會 p，也不會 q」所連接的複句，所要表達的是 p 與 q，兩者同時都是不可能爲眞的情況，因此，「既不會 p，也不會 q」是斷言（∼p・∼q）的情況。明瞭上述講解之後，請試著將以下日常語句符號化爲邏輯式：

1. 明天我將不會去游泳，但是會去跑步。 （S：明天我會去游泳；R：明天我會去跑步）	∼S・R

2. 明天將不會既游泳又跑步。	～(S・R) 或～S∨～R
3. 明天既不會游泳也不會跑步。	～S・～R
4. 丁丁不會既不用功又不參與課堂討論。 （H：丁丁是會用功的；D：丁丁參與課堂討論）	～(～H・～D) 或 H∨D

3. if……then……（如果p則q；只要p，那麼q）→ p ⊃ q

使用「如果 p 則 q」這樣的連接詞所構成的複句形式，稱之爲條件語句形式，我們可以將其符號化爲 p ⊃ q。在日常語言使用中，我們若要表達 p 與 q 的條件關係，通常使用「只要 p 則 q」、「假如 p 則 q」、「在 p 的情況下，則 q」或「一旦 p 則 q」等語句形式來表達，上述這些語句形式都是實質的條件語句形式或實質的蘊涵語句形式。以下我們將不同表達方式的條件句符號化爲邏輯式：（Y：你去參加聖誕舞會；I：我就去）

1. 如果你去參加聖誕舞會，**那麼**我就去。   Y ⊃ I
2. 只要你去參加聖誕舞會，**那麼**我就去。   Y ⊃ I
3. 一旦你去參加聖誕舞會，我就去。   Y ⊃ I
4. 你去參加聖誕舞會是我去的**充分條件**。   Y ⊃ I
5. 我去參加聖誕舞會是你去的**必要條件**。   Y ⊃ I

4. only if（只有p才q）→ q ⊃ p

「僅當 p 才 q」或「只有 p 才 q」的複句形式，經常跟「只要 p 則 q」或「如果 p 則 q」搞混。「只要 p 則 q」，意謂著 p 成立，q 一定成立，例如：「只要你肯努力（p），那麼你就一定會成功」（q），符號化爲 p ⊃ q。但是「只有 p 才 q」意謂著 Q 成立，P 一定成立。例如：我們說「只有你肯努力（p），你才會成功（q）」，這句話並不是說「你肯努力，就一定會成功」，而是說「一旦你成功了，那麼表示你肯努力」，因此它應該被符號化爲 q ⊃ p。我們

再舉幾個日常語句例子讓各位體會一下「只有 p 才 q」的邏輯關係。例如：我們說「只有洞燭先機的人，才能捷足先登」，意思是說，只要是捷足先登的人，那麼一定是洞燭先機的人。或說，「只有認眞工作的人，才會有美好的未來」，意思是說，只要是擁有美好未來的人，那麼一定是認眞工作的人。或說，「只有擁有眞正自由的人，才能當自己的主人」，意思是說，一旦能當自己的主人，那麼就是擁有眞正自由的人。請試著將以下日常語句符號化爲邏輯式：

只有你去參加聖誕舞會，我才會去。 （Y：你去參加聖誕舞會；I：我去參加）	I ⊃ Y
只有在檢方能提出物證與人證的情況之下，法官才能定你罪。 （E：檢察官提出物證；W：檢察官提出人證；J：法官定你罪）	J ⊃ (E・W)
只有大一或大二的輔大學生才能夠參加聖誕舞會。 （P：X是參加聖誕舞會；F：X是大一的輔大學生；S：X是大二的輔大學生）	P ⊃ (F ∨ S)
只有滿二十歲的公民且未被褫奪公權者，才有投票權。 （A：x是滿20歲；R：x是被褫奪選舉公權的；E:x 有投票權）	E ⊃ (A・〜R)

5. unless……（除非）（if not……）／（or）

除非p……否則q；……，除非……

＝（如果〜p，那麼q）→ 〜p ⊃ q

＝（p或q）→ p ∨ q

當我們說「除非你用功讀書（H），否則你理則學無法拿到學分（D）」時，這句話的意思是「如果你不用功讀書，那麼你的邏輯學就無法拿到學分」。因此，我們可以將這日常語句符號化爲〜H ⊃ D。除此之外，「除非你用功讀書（H），否則你理則學無法拿到學分（D）」也意謂著「要嘛你用功讀書，要嘛你理則學無法拿到學分」，因此這句話也可以符號化爲 H ∨ D。瞭解上述的邏輯關係後，請試著將以下日常語句符號化爲邏輯式：

1. 除非你去聖誕舞會，否則我不會去。 （Y：你去；I：我去）	$\sim Y \supset \sim I$ 或 $(Y \vee \sim I)$
2. 除非你會游泳或帶游泳圈，否則不要去河邊游泳。 （S：你會游泳；Y：你有帶游泳圈；R：你去河邊游泳）	$\sim (S \vee Y) \supset \sim R$ 或 $(S \vee Y) \vee \sim R$
3. 除非他很高、很聰明又很有錢，不然我是不會嫁給他。 （H：他很高；S：他很聰明；R：他很有錢；M：我會嫁他）	$\sim (H \cdot S \cdot R) \supset \sim M$ 或 $(H \cdot S \cdot R) \vee \sim M$
4. 如果你談成生意，那麼你老闆一定會幫你加薪，除非他沒良心。 （B：你談成生意；M：你老闆加你薪；H：你老闆有良心）	$H \supset (B \supset M)$ 或 $\sim H \vee (B \supset M)$

6. p if and only if q；p iff q（若且唯若；當且僅當；意思就是說）→ p ≡ q

雙條件句連接詞是一種等值連接詞，表達著 p 與 q 兩個語句形式彼此實質等值（materially equivalent）。人們通常用「有而且只有」、「若且唯若」、「當且僅當」、「充分且必要條件」或「意思就是說」等來表達這樣的邏輯關係，並用 p ≡ q 來代表實質等值的語句形式。雙條件句在日常語言中確實比較少使用。除此之外，當雙條件句成立時，並不蘊涵雙條件句兩邊的組成語句同時成立，它只是說明，兩邊的組成語句或命題具有相同的真假值。根據上述，請將以下日常語句符號化為邏輯式：

1. 一個單身漢意思就是說一個沒有結婚的男人。	$A \equiv B$
2. 他是王老五若且唯若他是單身漢。	$A \equiv B$
3. 一個正四邊形當且僅當它是四邊等長的四角形。	$A \equiv B$
4. 小王今晚去看電影的充分且必要條件為今晚不下雨。	$M \equiv \sim R$

練習 6-3

1. 如果你去，那麼我就去圖書館。

（Y：你去圖書館；I：我去圖書館）

2. 只要你去圖書館，我就去圖書館。

3. 只有你去圖書館，我才去圖書館。

4. 除非你去圖書館，否則我不去圖書館。

5. 你去圖書館是我去圖書館的必要條件。

6. 你去圖書館，若且唯若，我去圖書館。

6.3 真值表

　　我們學會將日常語句符號化為邏輯式之後，我們接下來要透過語意學的角度，來斷定邏輯語句或命題的真假值。我們已經知道，任何邏輯語句與命題都具有真假值，不過，一個邏輯語句或命題到底是真的還是假的呢？我們需要透過真值表或真值表分析法來決定邏輯語句或命題在什麼情況下為真，什麼情況下為假。換言之，我們透過真值表，將一個邏輯語句或命題的所有真假值的組合都列舉出來，製作成一個表格。在表格中的每一橫排，都是我們對一組語句或命題的一種真假值的解釋（interpretation）。這也就是說，解釋就是我們針對一組語句或命題，指派其中每一單句真假值，藉此來決定每一語句或命題的真假值。然而，每一個語句或命題到底有多少真假值的可能性解釋呢？若一個語句或命題具有 n 個常元（或一個語句形式具有 n 個變元），那麼該語句（或語句形式）解釋真假值的可能性就有 2^n 的可能性。

1.否定句（not）

　　否定語句（或語句形式）是將真的單句變為假的單句，將假的單句變為真

的單句。如果被否定的語句或語句形式爲假，那麼它的語句或語句形式就是
眞；如果被否定的語句或語句形式爲眞，那麼它的語句或語句形式就是假。其
眞值表如下：

p	～p
T	F
F	T

2.選言句（or）

選言命題或語句，是由兩個命題或語句透過選言連接詞接連而成的複句，
因爲有兩個選項，因此有 4 種眞假值的可能性組合。選言語句或語句形式在兩
個語句或語句形式同時爲假時，爲假，其他情況都爲眞。其眞值表如下：

p	q	p∨q
T	T	T
T	F	T
F	T	T
F	F	F

3.連言句（and）

連言命題或語句，是由兩個命題或語句透過連言連接詞接連而成的複句。
連言語句或語句形式在兩個語句或語句形式同時爲眞時爲眞，其他情況都爲
假。其眞值表如下：

p	q	p•q
T	T	T
T	F	F

F	T	F
F	F	F

4. 條件句（if……then……）

一個實質的條件語句或語句形式，在前件爲眞，後件爲假時，爲假，其他情況都爲眞。這個條件語句或語句形式斷言第二橫排（p‧～q）爲假，也就是斷言了～（p‧～q）。一個具有 p⊃q 的語句形式跟具有～（p‧～q）的語句形式，他們的眞值表完全一樣，可見兩者意義完全相同，是兩個相互等值的語句形式。

p	q	p⊃q	～（p‧～q）
T	T	T	T
T	**F**	**F**	**F**
F	T	T	T
F	F	T	T

5. 雙條件句（if and only if）

雙條件句或實質雙條件句是一種等值語句。任何一個雙條件句，在兩邊語句或命題具有相同的眞假值時爲眞，其他情況都爲假。雙條件句的語句形式 p≡q，p 若且唯若 q，斷言了 p 實質等值於 q，或者說 p 與 q 互爲充分且必要條件，因此也可以符號化爲（p⊃q）‧（q⊃p）。除此之外，我們從眞值表中第一橫排與第四橫排可以得知 p≡q 也斷言了與（p‧q）v（～p‧～q）具有相同的邏輯意義，因爲他們的眞值表完全相同。其眞值表如下：

p	q	p≡q	（p‧q）v（～p‧～q）
T	**T**	**T**	**T**

T	F	F	F
F	T	F	F
F	**F**	**T**	**T**

練習 6-4 | 假設：A、B 和 C 為眞，D 與 E 為假，請問以下複句「主要語句連接詞」為何？其眞假值為何？

1. (E v D) ⊃ B

2. D ≡ (B • E)

3. [～ (B v D) ⊃ Q] ≡ (A • D)

4. (A v R) ≡ (B ≡ C)

5. ～ (D v E) ⊃ ～ (A • B)

6. ～ [(A ≡ G) ⊃ (C • ～ D)]

7. ～ (A v G) • (E ≡ ～ B)

8. [～ (A ⊃ B) ⊃ E] v [(C • ～ E) ≡ D)]

9. [(～ A ⊃ W) ≡ (G • E)] • (Q ⊃ S)

10. ～ [(Q ⊃ W) ⊃ B] ≡ (G • E)

6.4 複句的種類

　　當我們透過眞值表對任何一個複雜語句進行分析時，我們可以發現，一個複雜語句的眞假值的解釋不外乎有三種情況：第一種情況是，複句的眞值表的每一橫排主要語句連接詞的解釋都為眞，也就是最後一直排全部都是眞的情況，我們稱這樣的複句為恆眞句或套套句（tautology／tautologous）；第二種

情況是，複句的眞值表的每一橫排主要語句連接詞的解釋都爲假，也就是最後一直排全部都是假的情況，我們稱這樣的複句爲矛盾句（self-contradictory／contradiction）；第三種情況是，複句的眞值表的每一橫排主要語句連接詞的解釋，有眞也有假，也就是說最後一直排有眞也有假的情況，我們稱這樣的複句爲適然語句（contigent）。複句的種類詳如下表：

複句的種類	主要語句連接詞
套套句（Tautology）	全部爲T
矛盾句（Self-Contradictory）	全部爲F
適然句（Contingent）	有T有F

例 1：語句（P v ～ P）爲套套語句（tautology／tautologous）

P	P v ～ P
T	T
F	T

例 2：語句（P • ～ P）爲矛盾語句（self-contradictory／contradiction）

P	P • ～ P
T	F
F	F

例 3：語句（A v～B）⊃ B 為適然語句（contigent）

A	B	～(A v B)⊃ B
T	T	T
T	F	T
F	T	T
F	F	F

練習 6-5　請判定以下複句是哪一種語句？

1. A ≡ (B v A)

2. ～(A ≡～A)

3. (A・B)⊃(～A ⊃～B)

4. ～[A v (A ⊃ B)]

6.5 邏輯等值與邏輯蘊涵

　　瞭解複句的三種邏輯語句形式之後，接下來我們要來分析兩個語句之間的等值與蘊涵關係。如果兩個語句具有相同的真假值，那麼，這兩個語句就是「實質等值」（material conditional）。不過，當我們說任意兩語句具有「邏輯等值」（logically equivalent），那麼意謂著這兩個語句的各種邏輯解釋都具有相同的真假值。也就是說，當兩個語句是邏輯等值，那麼兩個語句的每一列邏輯解釋都相同。例如：（P ⊃ Q）與（～P v Q）兩語句，我們從後面的真值表可以推知，它們是邏輯等值。

P	Q	P ⊃ Q	～P v Q
T	T	T	T
T	F	F	F
F	T	T	T
F	F	T	T

若兩個語句變元 p 與 q 是實質蘊涵（material implies），則條件句 p ⊃ q 是一個實質蘊涵語句形式；若 p 與 q 是邏輯蘊涵，那麼 p ⊃ q 則是一個邏輯蘊涵語句形式（logically implies）。

　　當我們說一個語句邏輯蘊涵另一個語句，若且唯若，不可能出現第一個語句（爲前件），爲眞，第二個語句（爲後件），爲假。也就是說，當兩語句是邏輯蘊涵語句形式：p ⊃ q，意謂著第一個語句爲前件，第二個語句爲後件，且排除了前件爲眞，後件爲假的任何可能性。如果我們宣稱（P ⊃ Q）邏輯蘊涵（～Q v P），那麼這意謂著，不可能出現當（P ⊃ Q）爲 T 時，（～Q v P）爲假。但是，我們在第三橫排發現，當（P ⊃ Q）爲眞時，（～Q v P）爲假。因此，（P ⊃ Q）並沒有邏輯蘊涵（～Q v P）。那麼，（～Q v P）有邏輯蘊涵（P ⊃ Q）嗎？答案也是否定的。因爲我們看到第二橫排當（～Q v P）爲眞時，（P ⊃ Q）爲假。因此，（～Q v P）也沒有邏輯蘊涵（P ⊃ Q）。

P	Q	P ⊃ Q	～Q v P
T	T	T	T
T	F	F	T
F	T	T	F
F	F	T	T

6.6 真值表證明前提一致或不一致

在進入論證有效與無效的判定之前，我們先來檢證前提的一致或不一致。當我們要斷定某一論證前提是否一致時，我們只要在真值表上能找到有一橫排的邏輯解釋全部為真，那麼就意謂著該論證的前提是一致的。如果我們找不到任何一列邏輯解釋全部為真，那麼這個論證的前提就是不一致。當我們處理前提一致或不一致時，結論不用理會它。

例 1：

1. $A \supset B$

2. $\sim A \cdot B$

3. $\sim B$

/ $\therefore B$

A	B	$A \supset B$	$\sim A \cdot B$	$\sim B$
T	T	T	F	F
T	F	F	F	T
F	T	T	T	F
F	F	T	F	T

例 2：

1. $A \equiv B$

2. $\sim A \vee B$

3. $\sim B$

/ $\therefore \sim A \vee G$

A	B	$A \equiv B$	$\sim A \vee B$	$\sim B$
T	T	T	T	F
T	F	F	F	T
F	T	F	T	F
F	F	**T**	**T**	**T**

我們在例題 2 找到一橫排全部為真，因此例題 2 的前提是一致的。例題 1 沒有任何一橫排全部為真，因此它的前提是不一致的。

練習 6-6　論證前提一致或不一致

(1)

　　1. $P \equiv Q$

2. ～ (R ⊃ Q)

3. R

/ ∴ ～ P

(2)

1. R ⊃ S

2. T ≡ R

3. ～ (T v S)

/ ∴ T

6.7 眞值表證明論證有效或無效

　　當我們想用眞值表來決定一個論證是否有效或無效時，我們首先將各語句的邏輯解釋全部列出，然後，只要發現其中有一列的解釋出現前提皆爲眞，但結論爲假的情況，那麼該論證就是無效論證。換言之，一個有效論證，若且唯若，不可能出現任何一橫排，所有前提都是爲眞，但結論爲假的邏輯解釋。

　　例1：

1. ～ (P ≡ Q)

2. Q ⊃ R

3. ～ (R v P) / ∴ ～ P

　　解答：有效論證。

P	Q	R	～(P ≡ Q)	Q ⊃ R	～(R v P)	～P
T	T	T	F	T	F	F
T	T	F	F	F	F	F
T	F	T	T	T	F	F
T	F	F	T	T	F	F
F	T	T	T	T	F	T
F	T	F	T	F	T	T
F	F	T	F	T	F	T
F	F	F	F	T	T	T

　　本論證爲有效論證，因爲沒有出現任何一橫排，前提爲眞，但結論爲假的邏輯解釋。

　　例2：

1. P ⊃ Q

2. Q v R

3. ～ P／∴～ R

　　解答：無效論證。

P	Q	R	P ⊃ Q	Q v R	～P	～R
T	T	T	T	T	F	F
T	T	F	T	T	F	T
T	F	T	F	T	F	F
T	F	F	F	F	F	T
F	T	T	**T**	**T**	**T**	**F**
F	T	F	T	T	T	T
F	F	T	**T**	**T**	**T**	**F**
F	F	F	T	F	T	T

練習 6-7 　判定論證有效或無效

(1)

　　1. A ≡ B

　　2. ～ (C v B)

　　3. ～ B ⊃ A

　/ ∴ A・B

(2)

　　1. A ⊃ B

　　2. A v ～ C

　　3. C・B

　/ ∴ ～ B

6.8 論證反例集合

　　一個論證的反例（counter example）意指，在真值表中，任何使前提為真，結論為假的解釋。換言之，論證的任何一列前提為真、結論為假的解釋就是一個論證的反例。以下面論證為例，該論證的反證就是第一橫排的解釋。那麼，所謂「論證反例的集合」（counter example set），就是由論證的前提，再加上結論的否定句所構成。以下面為例，就是 A ⊃ B、（A v ～ C）與（C・B）三個前提加上結論的否定句 B（是原結論的～ B 的否定句）所構成。

A	B	C	A⊃B	A v ～C	C•B	～B	B
T	T	T	**T**	**T**	**T**	F	**T**
T	T	F	T	T	F	F	T
T	F	T	F	T	F	T	F
T	F	F	F	T	F	F	F
F	T	T	T	F	T	F	T
F	T	F	T	F	F	T	T
F	F	T	T	T	F	T	F
F	F	F	T	T	F	T	F

　　一個論證反例的集合是一致的，如上例，我們可以看到（A ⊃ B）、（A v ～C）與（C•B）這三個前提加上結論的否定句 B 都是 T（四個語句全部為真），這意思就是說，這個論證是無效的。一個論證反例的集合是不一致的，如下真值表中，我們可以看到（A ≡ B），～（C v B）與（～B ⊃ A）這三個前提加上結論的否定句～（A•B）每一橫排的邏輯解釋都是不一致（沒有出現全部為真的情況），這意思就是說，這個論證是有效的。由上我們得到的結論是：一個論證反例的集合是一致的，若且唯若，這個論證是無效的；一個論證是有效的，若且唯若，它的論證反例集合是不一致的。

A	B	C	A ≡ B	～(C v B)	～B ⊃ A	A•B	～(A•B)
T	T	T	T	F	T	T	F
T	T	F	T	F	T	T	F
T	F	T	F	F	T	F	T
T	F	F	F	T	T	F	T
F	T	T	F	F	T	F	T
F	T	F	F	F	T	F	T
F	F	T	T	F	F	F	T
F	F	F	T	T	F	F	T

最後，一般類型的有效論證，有可能前提全部爲眞（前提一致），但結論絕對不可能爲假。或者，有可能結論爲假，但前提絕對不可能爲眞的情況。另外，特殊類型的有效論證有兩種可能性，也就是當前提不一致（前提必假，因爲前提有眞有假），或當結論是套套句（結論必眞，不可能爲假）時，之所以這兩種情況都是特殊型的有效論證，是因爲它們都不可能讓前提爲眞，但結論爲假的情況出現。

6.9 簡易眞値表法證明論證無效與前提一致性

在這個章節中，我們要學習使用簡易的眞値表法來檢驗論證的無效性與前提的一致性。假設有一論證如下，我們該如何使用簡易眞値表法呢？

　1. $P \supset Q$
　2. $Q \: / \therefore P$

我們先指定前提全部爲眞，結論爲假。也就是說，當我們指定 $P = F$，$Q = T$ 時，我們可以使該論證的前提全部爲眞，但結論爲假的情況出現，一旦我們可以找出使該論證的前提全部爲眞，但結論爲假的任何一種可能性的解釋，我們就可以證明該論證爲無效論證。除此之外，本論證也可以找到至少一組解釋讓前提全部爲眞，因此本論證也是前提一致的論證。

練習 6-8　用簡易眞値表證明前提一致

(1)
　1. $\sim B \supset A$

2. C ≡ B

3. C v A

/ ∴ A ⊃ C

(2)

1. ～ (F ≡ G)

2. (F v H)

/ ∴ F

(3)

1. (D ⊃ E)

2. A • D

3. A ≡ (C ⊃ D)

/ ∴ A

(4)

1. F v ～ G

2. ～ (F • H)

3. F ⊃ G

/ ∴ G

(5)

1. A ≡ ～ B

2. B ⊃ ～ C

3. ～ C v B

/ ∴ ～ B • C

練習 6-9 用簡易眞值表證明論證無效

(1)

1. G ⊃ L

2. L ⊃ K

　　3. ～(K v G)

　　 / ∴ ～(G v H)

(2)

　　1. H ≡ K

　　2. H ⊃ (K v L)

　　 / ∴ ～(K • L)

(3)

　　1. A ⊃ (B ⊃ D)

　　2. (B v C) ≡ D

　　 / ∴ A ⊃ B

(4)

　　1. H ⊃ (K v L)

　　2. K ≡ (L ⊃ H)

　　3. L ≡ (H • K)

　　 / ∴ H v (K ⊃ L)

(5)

　　1. R ≡ N

　　2. L ⊃ N

　　3. R v (K ⊃ L)

　　 / ∴ ～ K

6.10 間接眞值表法

　　我們接著要介紹利用間接眞值表法（indirect truth table），或稱歸謬法（reductio ad absurdum）來證明論證的有效性或無效性。那麼什麼是歸謬法

呢？所謂的歸謬法，就是我們先假設待證的論證為無效，然後，再看看根據這個假設會不會推導出任何矛盾的情況。如果從這個假設可以導出矛盾的荒謬情況，那麼，就表示我們不能夠接受這個假設，所以，我們可以間接推知原論證不可能是無效，必定是有效的論證。那麼，我們應該如何將這樣的概念實際運用到一個論證上呢？我們已經知道論證是由一組前提與一個結論所構成的。假設我們用 P_1、P_2、P_3……P_n 來表示此組前提，使用 Q 表示結論。

$$P_1$$
$$P_2$$
$$P_3$$
$$\vdots$$
$$P_n$$
$$/ \therefore Q$$

事實上，任何一個論證，其前提實質蘊涵著結論，因此，我們可以將上述的論證簡化為一個實質蘊涵的條件句，也就是 $(P_1 \bullet P_2 \bullet P_3 \bullet \cdots \bullet P_n) \supset Q$。如果一個論證是有效論證，意思就是說，該實質蘊涵的條件句不可能出現任何一種邏輯解釋，使前件 $(P_1 \bullet P_2 \bullet P_3 \bullet \cdots \bullet P_n)$ 為真，但後件 Q 為假的情況。當然，如果論證是無效的，那麼，就會出現前件 $(P_1 \bullet P_2 \bullet P_3 \bullet \cdots \bullet P_n)$ 為真，但是後件 Q 為假的情況。有了上述概念之後，我們開始使用歸謬法或間接真值表法來證明論證的有效或無效性。我們先假設某論證是無效的論證，然後從這樣的無效解釋當中，找出一組矛盾句。若我們能從中找到一組矛盾句，那麼就證明我們先前將該論證假設為無效論證是荒謬的假定，如此一來，就間接證明了原論證是有效。如果我們無法從中找出任何一組矛盾句，則證明我們的假設是合理的，間接證明了原論證就是無效的論證。

舉例來說：

    1. C ⊃ D

    2. (B v D) ⊃ A / ∴ B v (C ⊃ A)

我們先假設 {{(C ⊃ D) • 〔(B v D) ⊃ A〕} ⊃〔B v (C ⊃A)〕} 爲假，也就是前件爲眞，結論爲假。然後看看是否可以找出一組矛盾句。若可以，根據歸謬原理，該論證就是有效論證。最後，我們發現當 B 爲假，C 爲眞，A 爲假時，D 會出現矛盾現象。因爲 D 在第一個前提必須爲眞，但是在第二個前提必須爲假，可見該論證是有效論證。

練習 6-10 請使用間接眞値表法（歸謬法）證明以下論證是有效或無效

(1) 97 學年度臺大哲學系轉學考題

    1. P ⊃ (Q v R)

    2. P ⊃ ～ Q

    / ∴ R v ～ P

(2)

    1. A ⊃ ～ B

    2. B v D

    3. ～ D

    / ∴ ～ A

(3) 99 學年度臺大哲學系轉學考題

    1. (Q ⊃ S) ⊃ ～ R

    2. (M v S) ⊃ K

    3. [(R • ～ O) ⊃ W] ⊃ [(N • Y) ≡ K]

    / ∴ S ⊃ [(N ≡ Y) • K]

(4) 100 學年度臺大哲學系轉學考題

   1. (P・Q) v ～ R

   2. ～ [(J・S) ⊃ ～ P]

   3. R ≡ P

   / ∴～ P・Q

(5) 99 學年度臺大哲學系轉學考題

   ～ (I ≡ J) / ∴～ (I ⊃ J)

(6) 100 學年度臺大哲學系轉學考題

   / ∴ [P ⊃ (Q ⊃ R)] ≡ [(P ⊃ Q) ⊃ (P ⊃ R)]

6.11 語句形式的替代實例

    凡是由語句變元和語句連接詞所構成的邏輯表達式，例如（p・q），就叫做語句形式（sentence of forms）；凡是由語句常元和語句連接詞所構成的邏輯表達式，例如（A・B），就叫做語句。複句的語句形式總共有五種基本形式，也就是：

    ～ p

  p v q

  p・q

  p ⊃ q

  p ≡ q

    上述任何一種語句的基本形式都可以有許多語句替代實例（substitution instance），例如：語句（A・B）就是語句形式（p・q）的一個替代實例，這

時 A 取代了 p，B 取代了 q。當然（C ∨ D）‧R 也可以是（p‧q）的一個替代
實例，這時（C ∨ D）取代了 p，R 取代了 q。以此類推，複句 D‧～〔（C ⊃ R）
≡ W〕也可以是語句形式（p‧q）的一個替代實例。舉例來說：

語句形式	語句替代實例
～p	～A ～(A‧B) ～[(A ⊃ B) ∨ (C≡D)]
p ∨ q	A ∨ B (A ⊃ B) ∨ (C ⊃ D) [(A‧B) ∨ (C ⊃ D)] ∨ [～(R ∨ Q)≡(S ∨ T)]
p‧q	A‧B (A ⊃ B)‧～(C ⊃ D) ～[(W ∨ R) ∨ (T≡E)]‧[(K ⊃ L) ⊃ (G ⊃ P)]
p ⊃ q	A ⊃ B (T ⊃ S) ⊃ (R ⊃ S) [～(F‧G)≡Q] ⊃ ～[(A ∨ ～C)‧(X≡Y)]
p≡q	A≡B (P‧Q)≡～(R ∨ S) [～(F‧G) ∨ ～Q]≡(W ⊃ R)

　　另一方面，任何複句也不只一個語句形式。舉例來說，語句（A‧B）不
僅是語句形式（p‧q）的一個替代實例，同時也是語句形式 p 的替代實例。事
實上，單一語句變元 p 是任何語句的語句形式，因為 p 是單句形式，可以被任
何語句替代實例取代。因此，當我們要展開任何複雜語句時，第一個語句形式
其實就是單句形式 p。

　　既然複雜語句可以是多個語句形式的替代實例，現在讓我們來看看如何決
定語句～（A ∨ B）的所有語句形式。第 1 步，每一個語句都是所謂單句形式，
也就是語句形式 p 的替代實例。第 2 步，語句若不是單句，那麼必定是五種複

句連接詞的語句形式之一的替代實例。所以，～（A v B）是哪些語句形式的替代實例呢？

> 答：p　　　　　　（單句形式）
>
> 　　～p　　　　　（基本形式）
>
> 　　～(p v q)　　（展開形式）

練習 **6-11**　請決定以下語句是哪些語句形式的替代實例

1. A・C

2. ～A・B

3. X v (Y・Z)

4. ～R ≡ ～S

5. (T ⊃ R) ⊃ (S ⊃ N)

6. D v ～[(C・R) v W]

7. ～K ⊃ ～(T ⊃ S)

8. ～(T v U) ⊃ (V・W)

9. (S・B) ≡ ～B

10. ～[T ⊃ (～S ≡ T)]・S

第6章習題

一、1968 年 Wason（華生）創造選擇任務（selection task）的實驗研究法，他設計一類題目如下：有四張卡片，每張卡片的一面是英文字母（表示母音或子音），另一面是阿拉伯數字（表示單數或複數）。我們看到以下四張卡片，請問：我們需要將上面哪一張或哪些卡片翻開，才能決定「如果卡片的一面是母音，則它的另一面是偶數」這句話的真假值呢？

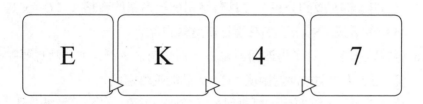

二、請將以下日常語句邏輯符號化（Y：你去；I：我去）

1. 你去。

2. 要嘛你去，要嘛我去。

3. 你去而且我也去。

4. 不會你去我也去。

5. 既不會你去，也不會我去。

6. 如果你去我就去。

7. 只要你去我就去。

8. 只有你去我才去。

9. 除非你去否則我不去。

10. 你去的意思就是我去。

三、請將以下日常語句邏輯符號化

1. 小王今晚去看電影的充分且必要條件為今晚不下雨。（M：小王今晚去看電影；R：今晚下雨）

2. 小湯包不專精於數學或理則學。（M：小湯包專精於數學；L 小湯包專精於理則學）

3. 請你不要去德國自助旅行，除非你會說德文或英文。（R：你去德國自助旅行；G：你會說德文；E：你會說英文）

4. 魚，我所欲也；熊掌，亦我所欲也；二者不可得兼，捨魚而取熊掌者也。（A：我欲魚；B：我欲熊掌；C：我得魚；D：我得熊掌；E：我取魚；F：我取熊掌）

5. 只有年滿 45 歲的公民，才具有參選總統選舉的資格。（C：x 是年滿 45 歲的公民；S：x 具有參選總統選舉的資格）

6. 要脫離困境，除了勇敢面對之外，別無它法。（A：人們想要脫離困境；B：人們勇敢面對困境；C：人們能脫離困境）

7. 讀書心要到，眼要到，口要到，三者缺一不可。（M：讀書心到；H：讀書手到；S：讀書口到）

8. 這溶液是鹼性的，當且僅當，這石蕊試紙呈現藍色。（A：溶液是鹼性的；R：石蕊試紙呈現藍色）

9. 如果我去歐洲自助旅行，那麼德國、奧地利與瑞士，我只會去兩個國家。（E：我去歐洲自助旅行；G：我去德國；A：我去奧地利；S：我去瑞士）

10. 如果我去歐洲自助旅行，那麼德國、奧地利與瑞士，我至少會去兩個國家。

四、真值表證明

1. 請用真值表判斷以下三個複句分屬哪種類型的複句（套套句、矛盾句或適然句）？

(1) $(S \equiv N) v \sim S$

(2) $\sim (B \cdot A) v C$

(3) $\sim (P v Q) \equiv (\sim P \supset Q)$

2.請用簡易眞值表法證明以下論證爲無效論證。

(1)(R ⊃ ～ P) v (Q • ～ S)；～ Q ≡ (P ⊃ S)；(P v ～ R) / ∴ P ⊃ (S • ～ Q)

(2)(P ⊃ ～ Q)；～ (Q v R)；S ⊃ (R v P)；T ⊃ (S v W) / ∴ ～ T v W

3.請問以下兩語句是否邏輯等值，彼此是否邏輯蘊涵？

(1)(P ⊃ Q) ≡ (～ P ⊃ ～ Q)；[(P • Q) ≡ ～ P]

(2)(A v B) • ～ C；(A ≡ B) ⊃ C

4.請用眞值表證明以下論證是否前提一致？

(1)(P ⊃ Q)；(R ⊃ S)；(Q v S) / ∴ P v R

(2)(P ⊃ Q)；(R ⊃ S)；(Q v S) ⊃ T / ∴ ～ (P v R)

5.請用眞值表法證明以下論證是有效或無效論證？

(1)(～ A v ～ B)；[C ⊃ (A • B)] / ∴ ～ C

(2)(P ⊃ Q)；(Q • R) v S / ∴ P

五、請決定以下替代實例的語句形式

1.A • B

2.～ D ⊃ F

3.～ (H v K)

4.～ (～ R ⊃ S)

5.～ A ⊃ (B ⊃ A)

6.～ (B • D) ⊃ (R v C)

7.～ (A ≡ B) ⊃ ～ C

8.(～ A ≡ B) ⊃ ～ C

9.～ [～ (A ≡ B) ⊃ ～ C]

10.～ [(A • B) ⊃ ～ (B v C)]

六、一個由 **P**、**Q**、**R** 三個簡單句構成的複合句，它在眞值表所呈現的眞假情
　　形如下：

$$F$$
$$F$$
$$F$$
$$F$$
$$T$$
$$F$$
$$T$$
$$F$$

　　請問這個複句是什麼？請用眞值表說明答案。（臺大哲學系 96 學年度轉
　　學考考古題）

七、若定義一個新的邏輯連接詞「*」如下：

p	q	p*q
T	T	F
T	F	F
F	T	F
F	F	T

　　由此可知～ p 可以定義爲 p*p，請用只用這個連接詞改寫 p∨q。（參照臺
　　大哲學系 96 學年度轉學考考古題）

八、茲定義二位邏輯運算子（**dyadic logical operator**）「◎」

p	◎	q
T	F	T
F	T	T
T	F	F
F	F	F

　　請將右列式子（A ◎ B）◎ A 改爲僅使用「～」與「‧」兩個邏輯運算子
　　的式子。（參照臺大哲學系 99 學年度轉學考考古題）

第7章 語句邏輯（二）：
自然演繹規則與證明

　　本章主要講述利用自然演繹法證明一個論證的有效或無效。之所以稱之為自然演繹法，主要是因為這些推理規則都是我們在使用自然語言或日常語言時，經常使用的演繹推演。自然語言學派或日常語言學派的邏輯學者，將經常使用的自然演繹的有效論證形式，整理成十八條自然演繹法規則，以解決我們利用真值表證明太過費時，推演太冗長、無效率等問題。自然演繹法規則又被區分為兩類，一類是蘊涵規則（rules of implication），總共八條；另一類是等值規則（rules of equivalence），總共十條。在自然演繹的證明中，每個規則成為我們每一證明步驟的證成理由，使我們從前提（premise）根據這些推演規則逐步推出結論。我們首先介紹八個基本蘊涵規則。

7.1 蘊涵規則（一）

1. 肯定前件（Modus Ponens；MP）

$p \supset q$

p

$/ \therefore q$

2. 否定後件（Modus Tollens；MT）

$p \supset q$

$\sim q$

$/ \therefore \sim p$

3. 選言三段論（Disjunctive Syllogism；DS）

$p \lor q$　　　　　$p \lor q$

$\sim p$　　　　　　$\sim q$

$/ \therefore q$　　　　　$/ \therefore p$

4. 假言三段論（Hypothetical Syllogism；HS）

$p \supset q$

$q \supset r$

$/ \therefore p \supset r$

1. MP肯定前件規則：肯定前件等於肯定後件

肯定前件規則主要運用在處理一個條件句 p ⊃ q，當我們知道前件 p 爲成立時，那麼就一定可以推出後件 q 也成立。所以肯定前件規則的口訣就是：肯定前件等於肯定後件。舉例來說，有一條件句「如果天下雨（P），則地上會溼（Q）」，現在我們知道天下雨（P），P 成立，那麼就可以推出，地上一定是溼的（Q），Q 也一定成立。或說，「如果張三犯了竊盜罪（P），那麼可處五年以下有期徒刑、拘役或五十萬元以下罰金（Q）」，現在檢方已經證實張三觸犯了竊盜罪（P），P 成立。因此，我們可以推知，張三可處五年以下有期徒刑、拘役或五十萬元以下罰金（Q），Q 也一定成立。除此之外，在肯定前件規則的論證形式中，語句變元 p 或 q 是單句變元，因此可以被任何語句所取代，其論證形式，可以有以下的變化：

$$
\begin{array}{lll}
A \supset (B \lor C) & (E \supset F) \supset [(A \equiv B) \cdot (C \lor D)] & (A \equiv B) \\
\underline{\quad A \quad} & \underline{\quad (E \supset F) \quad} & \underline{(A \equiv B) \supset (C \cdot D)} \\
(B \lor C) & [(A \equiv B) \cdot (C \lor D)] & (C \cdot D)
\end{array}
$$

2. MT否定後件規則：否定後件等於否定前件

否定後件規則主要處理一個條件句 p ⊃ q，當我們知道後件 q 不成立時，那麼就一定可以推出前件 p 也不成立。所以否定前件規則的口訣就是：否定後件等於否定前件。舉例來說，有一條件句「如果天下雨（P），則地上會溼（Q）」，我們確定地上沒有溼（～Q），那麼就可以推出，天沒有下雨了（～P）。或說，「如果張三偷了李四的一千元（P），那麼張三就觸犯了竊盜罪（～Q）」。檢方已經證實張三沒有觸犯竊盜罪（～Q），所以我們可以推知，張三沒有偷李四的一千元（～P）。除此之外，在否定後件規則論證形式中，語句變元 p 或 q 是單句變元，因此可以被任何語句所取代，其論證形式，可以

有以下的變化：

A⊃(B v C)	(E ⊃ F) ⊃ [(A ≡ B)•(C v D)]	∼(C • D)
∼(B v C)	∼[(A ≡ B) • (C v D)]	(A ≡ B) ⊃ (C • D)
∼A	∼(E ⊃ F)	∼(A ≡ B)

　　瞭解了 MP 與 MT 規則之後，我們開始要運用這兩個規則來進行論證的證明，現在假設有一個論證前提為 P⊃Q，∼Q，∼P⊃ ∼R，我們要推出結論∼R，那麼應該怎麼做呢？首先，我們在三個前提的前面都依序標上數字（如下所示，依序以 1、2、3……標示），然後在前提的右方標記一個小 p（如下所示，小 p 代表 premise，前提的意思），然後每一新的步驟，數字都要依序增加，並在後方交代得到這個結果的理由，也就是交代這結果是經由哪些規則所得出的結果。最後，倘若能依照自然演繹規則，逐步從前提推論出結論∼R，那麼就證明這個論證是有效的論證。我們將上述的證明步驟實際操作一次，如下所示：

1. P⊃Q　　　　　**p**
2. ∼Q　　　　　　**p**
3. ∼P⊃∼R　　　　**p** / ∴∼R
4. ∼P　　　　　　1,2 MT
5. ∼R　　　　　　3,4 MP

練習 **7-1**

(1)

1. A⊃B　　　　　**p**
2. A　　　　　　　**p**
3. B⊃∼C　　　　　**p** / ∴∼C
4. B　　　　　　　＿＿＿
5. ∼C　　　　　　＿＿＿

(2)

1. R ⊃ S   **p**

2. ∼S   **p**

3. ∼R ⊃ T   **p** / ∴∼T

4. ∼R   ＿＿＿

5. T   ＿＿＿

(3)

1. (A ⊃ B) ⊃ (C ⊃ D)   **p**

2. (A ⊃ B)   **p**

3. ∼D   **p** / ∴∼T

4. ＿＿＿   1,2 MP

5. ∼C   ＿＿＿

(4)

1. T ⊃ K   **p**

2. ∼K   **p**

3. ∼T ⊃ (R v S)   **p** / ∴∼T

4. ＿＿＿   1,2 MT

5. ＿＿＿   3,4 MP

　　值得提醒的是，MP 與 MT 規則千萬不要誤用，進而形成無效論證形式或導致形式謬誤。如下所示，這兩種推理都是錯誤的：「肯定後件進而肯定前件」或「否定前件因而否定後件」。

肯定後件進而肯定前件（錯誤推理）　　否定前件因而否定後件（錯誤推理）

p ⊃ q　　　　　　　　　　　　p ⊃ q

q　　　　　　　　　　　　　　∼p

/ ∴ p　　　　　　　　　　　/ ∴∼q

舉例來說，「如果天下雨（P），則地上會溼（Q）」，現在地上溼（Q），並不能因此推出天下雨（P）。因為地上溼，可能因為有人拖地，也可能因為有人洗車所以讓地上變溼，因此肯定後件無法必然推出肯定前件的結論。同樣的，否定前件也不必然可以否定後件，假設現在天沒有下雨（～P），地上就一定不會溼嗎？很顯然的，並非如此，因為有人澆花也會導致地上溼滑，也有可能某人打翻飲料導致地上變溼。總之，肯定後件進而肯定前件的推理，或否定前件因而否定後件的推論，這兩種論證形式都是無效的論證形式，也都犯了邏輯上的形式謬誤。

3. DS選言三段論規則：在選言三段論中，否定其中一個，就等於肯定了另一個；其中一個為假，另一個必為真

選言三段論規則主要處理一個選言語句 p v q，當我們否定其中一個 p（～p），等於肯定另一個（q）的邏輯推理。舉例來說，有人問你，你想要喝咖啡（P）或你想要喝紅茶（Q），你回答：你不要喝咖啡（～P），就等於是說，你要喝紅茶（Q）。除此，在選言三段論規則論證形式中，語句變元 p 或 q 是單句變元，因此可以被任何語句所取代，其論證形式，可以有以下的變化：

$$A \lor (B \lor C)$$
$$\sim(B \lor C)$$
$$\overline{}$$
$$A$$

$$(E \supset F) \lor [(A \equiv B) \cdot (C \lor D)]$$
$$\sim[(A \equiv B) \cdot (C \lor D)]$$
$$\overline{}$$
$$(E \supset F)$$

$$\sim(C \cdot D)$$
$$(A \equiv B) \lor (C \cdot D)$$
$$\overline{}$$
$$(A \equiv B)$$

4. HS假言三段論規則：這個規則主要告訴我們實質蘊涵關係具有傳遞性

假言三段論規則主要處理兩個條件句 p ⊃ q、q ⊃ r，具有傳遞性功能的邏輯思維。也就是說，當一個語句（P）實質蘊涵第二個語句（Q），第二個語句（Q）實質蘊涵第三個語句（R），那麼我們就可以推論出第一個語句（P）蘊涵第三個語句（R）。舉例來說，如果 81 可以被 27 整除（P），那麼也可以被 9 整除（Q）。如果 27 可以被 9 整除（Q），那麼也可以被 3 整除（R）。

因此，我們可以推知，如果 81 可以被 27 整除（P），那麼也可以被 3 整除（R）。再舉一個例子，如果張三比李四高（P），那麼也比趙五高（Q）。如果張三比趙五高（Q），那麼也比王六高（R）。因此，我們可以推知，如果張三比李四高（P），那麼也比王六高（R）。除此之外，在假言三段論規則論證形式中，語句變元 p 或 q 是單句變元，因此可以被任何語句所取代，其論證形式，可以有以下的變化：

A ⊃ (B v C)	(E ⊃ F) ⊃ [(A ≡ B) • (C v D)]	～(C • D) ⊃ (E ⊃ F)
(B v C) ⊃ F	[(A ≡ B)•(C v D)] ⊃ ～(P•Q)	(A ≡ B) ⊃ ～(C • D)
A ⊃ F	(E ⊃ F) ⊃ ～(P • Q)	(A ≡ B) ⊃ (E ⊃ F)

　　現在我們根據已經學會的四個規則（MP / MT / DS / HS），來進行論證的有效性證明：

(1)

　　1. A ⊃ ～B　　　　　　　　**p**

　　2. ～B ⊃ (C v D)　　　　　**p**

　　3. A　　　　　　　　　　**p**

　　4. ～D　　　　　　　　　**p / ∴ C**

　　5. ～B　　　　　　　　　1,3 MP

　　6. C v D　　　　　　　　2,5 MP

　　7. C　　　　　　　　　　4,6 DS

(2)

　　1. (G ⊃ H) ⊃ (F ⊃ H)　　**p**

　　2. (F ⊃ H) ⊃ Q　　　　　**p**

　　3. ～Q　　　　　　　　　**p**

　　4. (G ⊃ H) v ～P　　　　　**p / ∴ ～P**

5. (G ⊃ H) ⊃ Q   1,2 HS

6. ～(G ⊃ H)   3,5 MT

7. ～P   4,6 DS

練習 7-2

(1)

1. A ⊃ B   p

2. ～C   p

3. B ⊃ C   p / ∴ ～A

(2)

1. A ⊃ B   p

2. A   p

3. B ⊃ C   p / ∴ C

(3)

1. (H ∨ K) ⊃ R   p

2. A ⊃ (M ⊃ Q)   p

3. ～R   p

4. A ∨ (H ∨ K)   p

5. Q ⊃ S   p / ∴ M ⊃ S

(4)

1. ～R   p

2. T ⊃ (A ≡ B)   p

3. (A ≡ B) ⊃ ～S   p

4. ～R ⊃ T   p / ∴ ～R ⊃ ～S

(5)

1. A ⊃ ～D　　　　　　p
2. A ∨ F　　　　　　　p
3. F ⊃ (R ⊃ S)　　　　p
4. S ⊃ T　　　　　　　p
5. ～～D　　　　　　　p / ∴ R ⊃ T

7.2 蘊涵規則（二）

5. 簡化規則（Simplification；Simp）　　**6. 添加規則（Addition；Add）**

p • q　　　　　p • q　　　　　　　　　p
/ ∴ p　　　　　/ ∴ q　　　　　　　　　/ ∴ p ∨ q

7. 連言規則（Conjunction；Conj）　　**8. 建構兩難規則（Constructive di-**
lemma；CD）

p

q　　　　　　　　　　　　　　　　　p ⊃ r

/ ∴ p • q　　　　　　　　　　　　　q ⊃ s

　　　　　　　　　　　　　　　　　p ∨ q

　　　　　　　　　　　　　　　　　/ ∴ r ∨ s

5. Simp簡化規則：一個連言複句爲眞，我們可以推得其中任何一個語句
爲眞

　　簡化規則有兩種形式，也就是當（p • q）爲眞時，可簡化爲 p，或者可以
簡化爲 q。舉例來說，蘇格拉底是古希臘人（P），而且是哲學家（Q）。因此
我們可以簡化爲蘇格拉底是古希臘人（P），或推出蘇格拉底是哲學家（Q）。
除此之外，在簡化規則論證形式中，語句變元 p 或 q 是單句變元，因此可以被

任何語句所取代，其論證形式，可以有以下的變化：

$$\frac{A \cdot (B \vee C)}{A}$$

$$\frac{(E \supset F) \cdot [(A \equiv B) \supset (C \vee D)]}{(E \supset F)}$$

$$\frac{(A \equiv B) \cdot (C \vee D)}{(A \equiv B)}$$

$$\frac{A \cdot (B \vee C)}{(B \vee C)}$$

$$\frac{(E \supset F) \cdot [(A \equiv B) \supset (C \vee D)]}{[(A \equiv B) \supset (C \vee D)]}$$

$$\frac{(A \equiv B) \cdot (C \vee D)}{(C \vee D)}$$

6. Add添加規則：已知一個語句為真，那麼該語句添加任何語句所形成的選言複句也必為真

添加規則是指當語句變元 p 為真，則任何包含語句變元 p 的選言語句形式 p ∨ q 都為真。舉例來說，輔大在新莊（P）為真，所以輔大在新莊（P）或川普連任成功（Q）這個選言複句必為真。不僅如此，輔大在新莊（P），所以輔大在新莊（P）或川普沒有連任成功（～Q）這個選言複句也為真。因為添加規則允許我們從一個為真的語句 P 推出 P ∨ Q，也允許我們推出 P ∨ ～Q。此外，在添加規則論證形式中，語句變元 p 或 q 都是單句變元，因此可以被任何語句所取代，其論證形式，可以有以下的變化：

$$\frac{A}{A \vee \sim B}$$

$$\frac{(E \supset F)}{(E \supset F) \vee [(A \equiv B) \cdot (C \vee D)]}$$

$$\frac{\sim(C \cdot D)}{\sim(C \cdot D) \vee (A \equiv B)}$$

7. Conj連言規則：已經兩個語句為真，那麼它們的連言複句必為真

連言規則是說，當語句變元 p 為真，q 也為真，則 p・q 必為真。舉例來說，輔大在新莊（P），輔大校門口緊鄰捷運站（Q），所以，輔大在新莊，而且輔大校門口緊鄰捷運站（P・Q）這個連言複句必為真。此外，在連言規則論證形式中，語句變元 p 或 q 都是單句變元，因此可以被任何語句所取代，

其論證形式，可以有以下的變化：

A	(E ⊃ F)	～(C • D)
(B v C)	[(A ≡ B) • (C v D)]	(A ≡ B)
A • (B v C)	(E ⊃ F) • [(A ≡ B) • (C v D)]	(A ≡ B) • ～(C • D)

8. CD建構兩難規則：任何兩個條件句，以及由這兩個條件句的前件所構成的選言複句為眞，那麼這兩個條件句的後件所構成的選言複句也必然為眞

　　建構兩難規則（CD）主要處理兩個條件句形式（p ⊃ r、q ⊃ s）。當這兩個條件句的前件所構成的選言複句形式（p v q）為眞時，我們就可以推論出這兩個條件句的後件所形成的選言複句形式（r v s）也必然為眞。舉例來說，如果你身處順境（P），那麼你要惜福（R）；如果你身處逆境（Q），那麼你要懂得感恩（S）。無論你身處順境或逆境（P v Q），你要惜福或懂得感恩（R v S）。此外，在連言規則論證形式中，語句變元 p、q、r、s 都是單句變元，因此可以被任何語句所取代，其論證形式，可以有以下的變化：

A ⊃ B	(E ⊃ F) ⊃ (C v D)	C v D
C ⊃ D	(E ⊃ F) v ～(C • D)	C ⊃ A
A v C	～(C • D) ⊃ (A ≡ B)	D ⊃ (R ⊃ S)
B v D	(C v D) v (A ≡ B)	A v (R ⊃ S)

現在我們可以根據已經學會的八個蘊涵規則進行論證有效的證明，舉例來說：

(1)

1. A ⊃ ～B	p	
2. A v C	p	
3. ～～B • D	p / ∴ C	
4. ～～B	3 Simp	

    5. ～A   1,4 MT

    6. C   2,5 DS

(2)

    1. $(R \cdot S) \supset \sim(Q \lor T)$ p

    2. $\sim(Q \lor T) \supset \sim B$ p

    3. $D \supset (R \cdot S)$ p / ∴ $D \supset \sim B$

    4. $(R \cdot S) \supset \sim B$ 1,2 HS

    5. $D \supset \sim B$ 3,4 HS

(3)

    1. $D \lor B$ p

    2. $A \cdot \sim D$ p

    3. $B \supset C$ p / ∴ $B \cdot C$

    4. $\sim D$ 2 Simp

    5. B   1,4 DS

    6. C   3,5 MP

    7. $B \cdot C$ 5,6 Conj

(4)

    1. $A \lor B$ p

    2. $A \supset C$ p

    3. $B \supset D$ p

    4. $D \supset E$ p

    5. $C \supset F$ p / ∴ $E \lor F$

    6. $C \lor D$ 1,2,3 CD

    7. $E \lor F$ 4,5,6 CD

(5)

    1. $(D \lor F) \supset (S \supset T)$ p

    2. $D \cdot (L \lor S)$ p

3. L ⊃ M   p / ∴ M v T

4. D   2 Simp

5. D v F   4 Add

6. S ⊃ T   1,5 MP

7. L v S   2 Simp

8. M v T   3,6,7 CD

(6)

1. S ⊃ T   p

2. ∼T • W   p

3. W ⊃ (C ⊃ D)   p

4. S v (B ⊃ C)   p / ∴ B ⊃ D

5. ∼T   2 Simp

6. ∼S   1,5 MT

7. W   2 Simp

8. C ⊃ D   3,7 MP

9. B ⊃ C   4,6 DS

10. B ⊃ D   8,9 HS

練習 **7-3**

(1)

1. (H v ∼B) ⊃ R   p

2. P ⊃ (H v ∼B)   p

3. ∼R   p / ∴∼P

(2)

1. (J ⊃ W) • (S ⊃ R)   p

   2. (G v H) ⊃ (J v S)　　　　　　　　p

   3. G　　　　　　　　　　　　　　　p / ∴ R v W

(3)

   1. (P v Q) ⊃ (R v S)　　　　　　　　p

   2. S ⊃ ∼(T ≡ V)　　　　　　　　　p

   3. P • ∼R　　　　　　　　　　　　p

   4. ∼(T ≡ V) ⊃ ∼P　　　　　　　　p / ∴ W

(4)

   1. (∼A ⊃ F) v D　　　　　　　　　p

   2. F ⊃ P　　　　　　　　　　　　p

   3. W • ∼D　　　　　　　　　　　p

   4. W ⊃ (K ⊃ ∼A)　　　　　　　　p / ∴ K ⊃ P

(5)

   1. (P ≡ Q) ⊃ (S v T)　　　　　　　p

   2. (P ≡ Q) • ∼L　　　　　　　　　p

   3. T ⊃ L　　　　　　　　　　　　p / ∴ ∼L • S

(6)

   1. K • ∼L　　　　　　　　　　　p

   2. (K v O) ⊃ (T ⊃ S)　　　　　　　p

   3. L v ∼S　　　　　　　　　　　　p / ∴ ∼T • ∼L

7.3 蘊涵規則常犯錯誤

　　　以上八個蘊涵規則對初學者而言，有些經常容易犯錯的地方，請特別注意蘊涵規則的兩點特性：

第一點，所有蘊涵規則在使用上只能對整個邏輯式使用，不能部分使用，例如：

1. (P • Q) ⊃ R   p
2. **P ⊃ Q**   **1 Simp (x) 因為蘊涵規則必須整句使用。**

我們不能直接從前提 1 使用簡化規則，因為蘊涵規則必須整個語句處理，不能僅處理部分。複句（P • Q）⊃ R 的主要語句連接詞是「⊃」，（P • Q）是這個條件句的前件，是整個條件句的一部分，因此我們不能使用簡化規則僅處理前件這一部分。同理，我們也不能對以下論證前提的前件 T 進行 Add 操作，因為蘊涵規則必須整句使用：

1. P ⊃ Q   p
2. **(P v R) ⊃ Q**   **1 Add(x) 因為蘊涵規則必須整句使用。**

由於蘊涵規則必須整個語句處理，不能僅處理部分。前提 1 若要添加一個語句 R，那麼僅能是（P ⊃ Q）v R。

第二點，所有蘊涵規則只能單向使用，不能雙向使用。也就是說，蘊涵規則的論證形式只能從前提推論到結論，但不能從結論推回前提。舉例來說，我們從前提（P • Q）使用簡化規則（Simp）之後，推出 P。但是我們不能從結論 P，用簡化規則推回前提（P • Q）。由此推知，我們雖然可以從前提 P，利用添加規則（Add）推出 P v Q，但是我們不能從結果 P v Q，利用 Add 規則推回前提。

1. P v Q   p
2. **P**   **1 Add(x) 因為蘊涵規則是單向，不可以逆推。**

　　另外，使用 CD 規則也經常容易犯以下的推論錯誤。有些人誤以爲肯定兩個條件句的後件，可以推出肯定兩個條件句的前件。如以下論證所示，我們僅能透過 P∨R 取得 Q∨S，因爲 P∨R 分別是前提 1 與 2 的充分條件。但是我們無法透過肯定後件 Q∨S 進一步推出 P∨R。

1. P⊃Q 　　　　　　　　p
2. R⊃S 　　　　　　　　p
3. Q∨S 　　　　　　　　p
4. P∨R 　　　　　　　**1,2,3 CD（x）**

7.4 等質規則（一）

　　蘊涵規則之所以只能單向的推論，也就是只能從前提推導出結論，不能從結論回推到前提。例如：從 P・Q 推出 P，但不能從 P 推回 P・Q。主要是因爲蘊涵規則的前提蘊涵結論，但並不等值於結論。例如：P・Q 蘊涵 P，但是並不等值於 P。不過等值規則因爲前提等值於結論，因此前提推出結論之後，也可以從結論回推到前提。例如：從 P 可以推出～～P，從～～P 也可以回推到 P。由此可知，等值規則是雙向的。除此之外，等值規則也可以部分使用。例如：我們從 P・Q 可以利用雙重否定規則（DN）推出～～P・Q，也可以從～～P・Q 使用雙重否定規則推回 P・Q。接下來，我們依序介紹這十個等值規則：

9. Double Negation (DN)

$p \equiv \sim\sim p$

$\sim\sim p \equiv p$

10. DeMorgan's rule (DeM)

$\sim(p \cdot q) \equiv \sim p \vee \sim q$

$\sim(p \vee q) \equiv \sim p \cdot \sim q$

11. Commutation(Comm)

$p \vee q \equiv q \vee p$

$p \cdot q \equiv q \cdot p$

12. Association(Assoc)

$(p \vee q) \vee r \equiv p \vee (q \vee r)$

$(p \cdot q) \cdot r \equiv p \cdot (q \cdot r)$

13. Distribution(Dist)

$p \cdot (q \vee r) \equiv (p \cdot q) \vee (p \cdot r)$

$p \vee (q \cdot r) \equiv (p \vee q) \cdot (p \vee r)$

9. DN雙重否定規則

　　語句變元 p 等值於～～p，因此～～p 也可以回推至 p。此外，雙重否定規則是等值的論證形式，因此也可以部分使用。舉例來說：

1. $(\sim\sim B \cdot C) \vee \sim D$　　p

2. D　　　　　　　　　p / ∴ B · C

3. $\sim\sim D$　　　　　　2 DN（從 **D** 推論到～～**D**）

4. $(\sim\sim B \cdot C)$　　　　1,3 DS

5. B · C　　　　　　　4 DN（～～**B** 回推到 **B**，而且僅是部分使用 **DN** 規則）

10. DeM狄摩根定理

　　狄摩根定理有兩個形式，第一個形式允許從～（p·q）推得～p∨～q，並且可逆推回去。第二個形式允許從～（p∨q）推出～p·～q，並且可以逆推回去。舉例來說：

1. $\sim(F \cdot G) \supset L$　　　p

2. $\sim L \vee (W \equiv T)$　　　p

3. ～F v ～G   p / ∴ W ≡ T

4. ～(F • G)   3 DeM

5. L   1,4 MP

6. ～～L   5 DN

7. W ≡ T   2,6 DS

11. Comm交換規則

　　交換規則主要處理複句連接詞連言（p • q）或選言（p v q），兩個語句變元的位置，並不會影響整個複句的真假值。也就是說，交換規則允許從（p • q）推出（q • p），並且可以逆推回去。或者，允許從（p v q）推出（q v p），並且可以逆推回去。舉例來說：

1. C ⊃ (A v B)   p

2. ～B • ～A   p

3. C v ～(R v ～S)   p / ∴ S

4. ～(B v A)   2 DeM

5. ～(A v B)   4 Comm

6. ～C   1,5 MT

7. ～(R v ～S)   3,6 DS

8. ～R • ～～S   7 DeM

9. ～～S   8 Simp

10. S   9 DN

12. Assoc結合規則

　　由兩個連言（ • ）或兩個選言（v）連接詞所構成的複句，我們可以透過結合規則改變括號的位置，因為在都是由連言或兩個選言連接詞所構成的複

句中，移動括號並不會改變整個複句的真假值。因此，我們可以由（p v q）v r 推出 p v（q v r），並且可以逆推回去。或者，我可以由（p•q）•r 推出 p•（q• r），並且可以逆推回去。舉例來說：

1. （～A • S）• T   p
2. （A v B）v C   p
3. （B v C）⊃ D   p /∴ D
4. ～A •（S • T）   1 Assoc
5. A v（B v C）   2 Assoc
6. ～A   4 Simp
7. B v C   5,6 DS
8. D   3,7 MP

13. Dist分配規則

分配規則允許我們從 p•（q v r）推出（p•q）v（p•r），並且可以逆推回去。或者，我們可以從 p v（q•r）推出（p v q）•（p v r），並且可以逆推回去。舉例來說：

1. （A v B）•（A v C）   p
2. （B • C）⊃ ～（P • Q）   p
3. ～Q ⊃ ～（T • S）   p
4. （～A • T）• S   p /∴～P v K
5. A v（B • C）   1 Dist
6. ～A •（T • S）   4 Assoc
7. ～A   6 Simp
8. T • S   6 Simp
9. B • C   5,7 DS

10. ～(P • Q)	2,9 MP
11. ～P v ～Q	10 DeM
12. ～～(T • S)	8 DN
13. ～～Q	3,12 MT
14. ～P	11,13 DS
15. ～P v K	14 Add

練習 7-4

(1)
  1. (K v Q) ⊃ (R • ～S)
  2. ～(R • ～S)   / ∴ ～(K • L)

(2)
  1. (Q v K) v ～B
  2. ～K • (A v B)   / ∴ ～(～Q • B)

(3)
  1. (～R v L)
  2. ～K • (F v ～R)   / ∴ ～R v (L • F)

(4)
  1. ～A v ～C
  2. (A v B) • C
  3. ～D ⊃ ～(B • C)   / ∴ D

(5)
  1. (C v A) • (C v B)
  2. ～(～D v C)
  3. (～A v ～B) v F   / ∴ D • F

(6)

　　1. ～C v ～B

　　2. A ⊃ (B・C)

　　3. (A v ～S)　　　　　 / ∴ ～S v T

7.5 等質規則（二）

14. Exportation(Exp)

　　$p \supset (q \supset r) \equiv (p \cdot q) \supset r$

　　$(p \cdot q) \supset r \equiv p \supset (q \supset r)$

16. Implication(Impl)

　　$(p \supset q) \equiv \sim p \vee q$

　　$(\sim p \vee q) \equiv p \supset q$

18. Tautology(Taut)

　　$(p \cdot p) \equiv p$

　　$(p \vee p) \equiv p$

15. Contraposition(Contra)

　　$(p \supset q) \equiv (\sim q \supset \sim p)$

　　$(\sim q \supset \sim p) \equiv (p \supset q)$

17. Equivalence(Equiv)

　　$(p \equiv q) \equiv (p \supset q) \cdot (q \supset p)$

　　$(p \equiv q) \equiv (p \cdot q) \vee (\sim p \cdot \sim q)$

14. Exp移出規則

　　移出規則這個等值規則所要表達的是：當遇到兩個條件句的複句時，意謂著第一個變元與第二個變元同時成立時，第三個變元必然成立，也就是說第一個變元與第二變元的連言複句，蘊涵著第三個變元。因此，我們可以從 p ⊃（q ⊃ r）推出（p・q）⊃ r，並且可以逆推回去。或者，當一個連言複句蘊涵著第三個語句變元時，那麼第二個語句變元（q）就蘊涵第三個語句變元（r），而且被第一個變元（p）蘊涵。因此，我們可以從（p・q）⊃ r 推出 p ⊃（q ⊃ r），

並且可以逆推回去。舉例來說：

1. P ⊃ (Q ⊃ R)	p
2. P • (Q • ∼W)	p
3. (W v B) • (W v C)	p / ∴ ∼(∼R v ∼C)
4. (P • Q) ⊃ R	1 Exp
5. (P • Q) • ∼W	2 Assoc
6. P • Q	5 Simp
7. R	4,6 MP
8. W v (B • C)	3 Dist
9. ∼W	5 Simp
10. B • C	8,9 DS
11. C	10 Simp
12. R • C	7,11 Conj
13. ∼(∼R v ∼C)	12 DeM

15. Contra質位交換規則

質位交換規則所要表達的是，當一個條件句的前件與後件質位交換後，他們的真假值是邏輯等值的。因此，可以從 p ⊃ q 推出 ∼q ⊃ ∼p，也可以從 ∼q ⊃ ∼p 逆推回 p ⊃ q。舉例來說：

1. (P • Q) ⊃ W	p
2. (Q ⊃ W) ⊃ T	p
3. ∼P ⊃ ∼S	p / ∴ ∼T ⊃ ∼S
4. P ⊃ (Q ⊃ W)	1 Exp
5. P ⊃ T	2,4 HS

| 6. ～T ⊃ ～P | 5 Contra |
| 7. ～T ⊃ ～S | 3,6 HS |

16. Impl蘊涵規則

　　蘊涵規則表達的是一個實質蘊涵的條件句 p ⊃ q 邏輯等值於～p ∨ q。因此，我們可以從 p ⊃ q 推出～p ∨ q，也可以從～p ∨ q 逆推回 p ⊃ q。舉例來說：

1. ～R • (P ⊃ Q)	p
2. W ⊃ R	p
3. (W ∨ T) • (～Q ∨ S)	p
4. T ⊃ P	p / ∴ S
5. ～R • (～P ∨ Q)	1 Impl
6. (～R • ～P) ∨ (～R • Q)	5 Dist
7. ～(R ∨ P) ∨ (～R • Q)	6 DeM
8. W ∨ T	3 Simp
9. ～Q ∨ S	3 Simp
10. R ∨ P	2,4,8 CD
11. ～R • Q	7,10 DS
12. Q	11 Simp
13. ～～Q	12 DN
14. S	9,13 DS

　　不過，一個實質蘊涵的條件句 p ⊃ q 為何邏輯等值於～p ∨ q 呢？我們可以根據條件句的真值表推知 p ⊃ q 的真值表（如後表）斷言了，當 p 為真（T），q 為假（F），這個情況下條件句必然為假（F），我們可以將此情況邏輯符號化為～（p • ～q）。因此，我們知道一個實質蘊涵的條件句 p ⊃ q 斷言了

～（p・～q），我們通過真值表的邏輯解釋，證明兩語句是邏輯等值，然後，再根據 DeM 與 DN 規則，從～（p・～q）推出～p v q。由上推知，p ⊃ q 邏輯等值於～p v q。

p	q	p ⊃ q	～p v q
T	T	T	T
T	F	F	F
F	T	T	T
F	F	T	T

17. Equiv 等值語句（雙條件句）規則

等值語句（雙條件句）規則所表達的是：一個實質等值語句 p ≡ q 邏輯等值於雙條件句的連言（p ⊃ q）・（q ⊃ p）。因此我們可以從 p ≡ q 推出（p ⊃ q）・（q ⊃ p），並且可以逆推回去。或者，我們可以從 p ≡ q 推出（p・q）v（～p・～q），並且可以逆推回去。

1. P ≡ Q   p
2. ～P v ～Q   p / ∴ Q ⊃ R
3. (P・Q) v (～P・～Q)   1 Equiv
4. ～(P・Q)   2 DeM
5. ～P・～Q   3,4 DS
6. (～P・～Q) v R   5 Add
7. (～P v R)・(～Q v R)   6 Dist
8. (P ⊃ R)・(Q ⊃ R)   7 Impl×2（第七步驟 Impl 兩次）
9. Q ⊃ R   8 Simp

不過，一個實質雙條件句 p ≡ q 為何邏輯等值於（p ⊃ q）•（q ⊃ p）或（p•q）v（～p•～q）呢？我們根據 p ≡ q 的真值表得知，p ≡ q 斷言了，當 p 為真（T），q 為真（T）時，p ≡ q 為真（T），我們可以將此情況邏輯符號化為（p•q）。除此之外，p ≡ q 也斷言了，當 p 為假（F），q 為假（F）時，p ≡ q 為真（T），我們可以將此情況邏輯符號化為（～p•～q）。由於 p ≡ q 所斷言的兩種情況都為真，意謂著這兩種情況只要符合其中一個就可以，因此我們選用的主要語句連接詞為選言連接詞（v）。所以，我們可以推知 p ≡ q 斷言了〔（p•q）v（～p•～q）〕，經過真值表的檢視，我們可以知道 p ≡ q 與〔（p•q）v（～p•～q）〕這兩語句是邏輯等值的。

另一方面，我們根據 p ≡ q 的真值表得知，p ≡ q 同時也斷言了，當 p 為真（T），q 為假（F）時，p ≡ q 為假（F），我們可以將此情況邏輯符號化為～（p•～q）。另外，p ≡ q 也斷言了，當 p 為假（F），q 為真（T）時，p ≡ q 為假（F），我們可以將此情況邏輯符號化為～（～p•～q）。由於 p ≡ q 所斷言的兩種情況都為假，意謂著這兩種情況都要符合才可以，因此我們選用的主要語句連接詞為連言連接詞（•）。所以，我們可以推知 p ≡ q 斷言了〔～（p•～q）•～（～p•q）〕，這複句經過自然演繹邏輯規則的推導，我們可以由〔～（p•～q）•～（～p•q）〕推出〔（p ⊃ q）•（q ⊃ p）〕，再經真值表的檢視，我們可以知道 p ≡ q 與〔（p ⊃ q）•（q ⊃ p）〕兩語句是邏輯等值的。由以上可知，一個實質雙條件句 p ≡ q 邏輯等值於（p ⊃ q）•（q ⊃ p）與（p•q）v（～p•～q）。

p	q	p ≡ q	（p ⊃ q）•（q ⊃ p）	（p•q）v（～p•～q）
T	T	T	T	T
T	F	F	F	F
F	T	F	F	F
F	F	T	T	T

18. Taut套套句（恆眞句）規則

　　套套句（恆眞句）規則所表達的是，選言或連言複句，如果兩個變元是一樣的，就像（p•p）或（p∨p），那們它們邏輯等值於單一語句變元p。因此，我們可以從 p•p 推出 p，並且可以逆推回去。或者，從 p∨p 推出 p，並且可以逆推回去。舉例來說，我們可以利用套套句規則，從～W∨～W 推出～W，從 Q•Q 推出 Q。

練習 7-5

(1)
1. (T • ～W) ⊃ G　　　　　　p
2. ～W v ～R　　　　　　　　p / ∴ (R • T) ⊃ G

(2)
1. R ⊃ Q　　　　　　　　　　p
2. S ≡ T　　　　　　　　　　p
3. ～S ⊃ ～Q　　　　　　　　p / ∴ R ⊃ T

(3)
1. ～(S v R)　　　　　　　　　p
2. (～R • P) ⊃ ～Q　　　　　　p
3. P ≡ Q　　　　　　　　　　p / ∴ ～P

(4)
1. Q ≡ K　　　　　　　　　　p
2. ～K v ～Q　　　　　　　　p / ∴ K ⊃ S

(5)
1. P ≡ Q　　　　　　　　　　p
2. ～P v ～Q　　　　　　　　p / ∴ ～Q

(6)

1. $(R \lor Q) \supset S$ p
2. $\sim(P \cdot T) \equiv \sim S$ p / $\therefore \sim Q \lor P$

7.6 條件的證明方法

　　在語句邏輯系統中，我們學會了十八個有效論證形式，也就是十八條自然演繹法規則就足夠了嗎？現在有一個有效論證 $P \supset Q$ / $\therefore P \supset (P \cdot Q)$，我們若嘗試用已經學會的自然演繹法十八條規則去證明該論證，我們會發現，無法僅靠十八條規則證明該論證是有效的論證。為了使自然演繹程序成為真正完備的系統，邏輯學者增加了一項證明方法，也就是條件的證明法（conditional proof；CP）。一旦增加了這個方法，所有語句邏輯的有效論證都可以被證明為有效論證，語句邏輯的自然演繹程序也就成為完備的邏輯系統。那麼，什麼是條件的證明方法呢？

　　(1)首先，假設有一個論證前提為（$p_1 \cdot p_2 \cdot p_3 \cdots\cdots p_n$），結論為（$q \supset r$），我們可以將論證形式結構表達如下：

$$p_1$$
$$p_2$$
$$p_3$$
$$\vdots$$
$$p_n / \therefore q \supset r$$

(2) 其次，我們已經知道，一個論證的前提與結論，具有實質蘊涵的邏輯關係。因此，我們可以將這個論證形式結構改寫爲（$p_1 \cdot p_2 \cdot p_3 \cdots p_n$）⊃（$q \supset r$），然後，我們根據移出規則（Exp）推出（$p_1 \cdot p_2 \cdot p_3 \cdots p_n \cdot q$）⊃ r。

(3) 接著，我們將 q 作爲假設的條件前提（assumed conditional premise；ACP），然後我們根據自然演繹規則，試圖從（$p_1 \cdot p_2 \cdot p_3 \cdots p_n \cdot q$）推出 r，也就是我們必須證明當前件（$p_1 \cdot p_2 \cdot p_3 \cdots p_n \cdot q$）爲眞時，必然可以推出眞的後件 r。

(4) 最後，我們將自行假設的條件前提與據此推得結論（r）的所有步驟用箭頭與直線框起來（如後圖所示）。然後，我們在水平線下方推出結論 $q \supset r$，並標示（n+1）－（n+r）CP。藉此表明，從（n+1）到（n+r）這些步驟都是我們自行加入假設條件前提後所推理的步驟。

需要特別注意的是，一旦我們推得結論 $q \supset r$ 後，自行假設前提就會被消去，不再當作一個前提，而是被保留作爲結論（或條件句邏輯式）的前件而已。當自行假設的條件前提被消去後，（n+1）到（n+r）這些被框起來的所有步驟，我們就不能再使用。

我們可以將條件證明方法的論證形式結構表達如下：

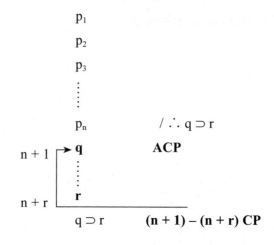

舉例來說：

1.當結論是個條件句時，將結論的前件當作ACP

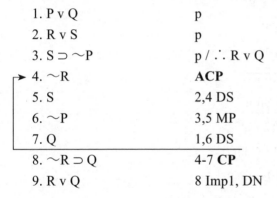

1. A ⊃ B	p / ∴ A ⊃ (A • B)
2. A	**ACP**
3. B	1,2 MP
4. A • B	2,3 Conj
5. A ⊃ (A • B)	**2-4 CP**

2.當結論不是條件句時，將複句等值轉換成條件句形式

1. P v Q	p
2. R v S	p
3. S ⊃ ～P	p / ∴ R v Q
4. ～R	**ACP**
5. S	2,4 DS
6. ～P	3,5 MP
7. Q	1,6 DS
8. ～R ⊃ Q	4-7 **CP**
9. R v Q	8 Imp1, DN

3.CP可以不只使用一次

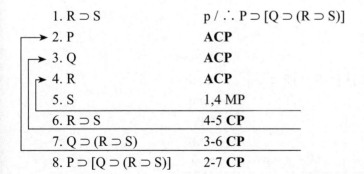

1. R ⊃ S	p / ∴ P ⊃ [Q ⊃ (R ⊃ S)]
2. P	**ACP**
3. Q	**ACP**
4. R	**ACP**
5. S	1,4 MP
6. R ⊃ S	4-5 **CP**
7. Q ⊃ (R ⊃ S)	3-6 **CP**
8. P ⊃ [Q ⊃ (R ⊃ S)]	2-7 **CP**

4.結論是等值句時,則分兩次處理雙條件句

1. P ⊃ ～R		p
2. ～Q ⊃ R		p
3. (P · R) v ～Q		p / ∴ P ≡ Q
→ 4. P		**ACP**
5. ～R		1,4 MP
6. ～～Q		2,5 MT
7. Q		6 DN
8. P ⊃ Q		4-7 **CP**
→ 9. Q		**ACP**
10. ～～Q		9 DN
11. P · R		3,10 DS
12. P		11 Simp
13. Q ⊃ P		9-12 **CP**
14. (P ⊃ Q) · (Q ⊃ P)		8,13 Conj
15. P ≡ Q		14 Equiv

5.ACP不一定是來自結論的前件

1. P ⊃ ～S	p
2. (P ⊃ Q) ≡ ～R	p
3. S v Q	p / ∴ ～R
4. [(P ⊃ Q) ⊃ ～R] · [～R ⊃ (P ⊃ Q)]	2 Equiv
5. (P ⊃ Q) ⊃ ～R	4 Simp
→ 6. P	**ACP**
7. ～S	1,6 MP
8. Q	3,7 DS
9. P ⊃ Q	6-8 **CP**
10. ～R	5,9 MP

練習 7-6 使用 CP 證明方法證明以下論證有效

(1)

　　1. P ⊃ Q

　　2. Q ⊃ (R • S)　　　　　　　　/ ∴ P ⊃ R

(2)

　　1. P ⊃ (Q v R)

　　2. R v ～Q　　　　　　　　　/ ∴ P ⊃ (P • R)

(3)

　　1. (T v R) ⊃ Q

　　2. R ⊃ (D • T)　　　　　　　/ ∴ ～Q ⊃ ～R

(4)

　　1. (P ⊃ Q) • (R ⊃ S)　　　　/ ∴ (P v R) ⊃ (Q v S)

(5)

　　1. (P • ～R) ⊃ ～Q

　　2. (P ⊃ R) ⊃ S　　　　　　　/ ∴ Q ⊃ (R ⊃ S)

(6)

　　1. Q ⊃ (R • ～S)

　　2. ～(S • T) ⊃ P　　　　　　/ ∴ P v ～Q

(7)

　　1. ～W ⊃ (P • R)

　　2. S ⊃ ～(T v R)

　　3. S v Q　　　　　　　　　　/ ∴ Q v W

(8)

　　1. ～P ≡ ～Q

　　2. P ⊃ ～S　　　　　　　　　/ ∴ ～(Q • S)

(9)

   1. $(P \cdot Q) \equiv R$

   2. $P \supset Q$ / $\therefore P \equiv R$

(10)

   1. $\sim R \supset \sim S$

   2. $(Q \supset R) \equiv Z$

   3. $\sim(Q \cdot W)$

   4. $W \vee S$ / $\therefore Z$

7.7 間接證明方法

除了直接的條件證明方法之外，還有一種間接證明方法（indirect proof；IP）可以簡化直接證明方法的複雜與繁瑣。間接證明方法就是一種歸謬證明法（reductio ad absurdum proofs）。首先，我們將結論的否定句當作自行假設的間接前提（AIP; assumed indirect premise），如果我們能夠有效地推出一個矛盾句，那就表示先前自行的假設是錯誤的，這也間接證明了原來的結論才是對的。具體地說：

1. 首先我們將原結論（q）的否定句（$\sim$q），當成附加前提 AIP。

2. 然後，利用自然演繹規則，由原前提與附加前提，進行推論，若能推出一組矛盾句（r・$\sim$r）。

3. 那麼意謂著，我們獲得一組荒謬的結果，因此間接證明，真正有效的結論即為附加前提的否定句，也就是原結論。

圖示如下：

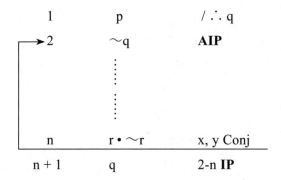

舉例來說：

(1)

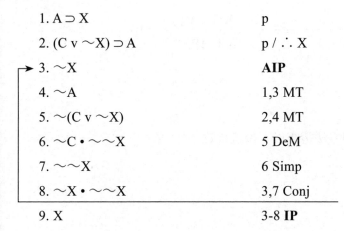

(2)

    1. (L v N) ⊃ (F • P)   p

    2. F ⊃ (H • K)   p

    3. H ⊃ (～L • M)   p / ∴ ～L

    4. L   **AIP**

    5. L v N   4 Add

    6. F • P   1,5 MP

    7. F   6 Simp

    8. H • K   2,7 MP

    9. H   8 Simp

    10. ～L • M   3,9 MP

    11. ～L   10 Simp

    12. L • ～L   4,11 Conj

    13. ～L   4-12 **IP**

練習 7-7   使用 IP 證明方法證明以下論證有效

(1)

    1. (P v Q) • (P v R)

    2. ～R v ～Q   / ∴ P

(2)

    1. (P v Q) ⊃ (R ⊃ ～S)

    2. (S v T) ⊃ (P • R)   / ∴ ～S

(3)

    1. (P ⊃ Q) • (R ⊃ S)

    2. (Q v S) ⊃ F

    3. ～F   / ∴～(P v R)

(4)

    1. ～P v ～S

    2. (P v Q) ≡ (R v S)

    3. Q ⊃ ～S   / ∴～(R • S)

(5)

    1. ～Q ⊃ P

    2. R ≡ Q   / ∴ P v R

(6)

    1. Q ⊃ (T • S)

    2. (S • T) ⊃ P   / ∴ P v ～Q

7.8 定理

    一個定理（theorems）是指一個沒有任何前提的結論，也就是一個論證的結論沒有任何不被解消掉的前提，且該結論為一恆真句或套套句。由於我們的自然演繹系統的規則是完備的，因此每一個語句只要是恆真句或套套句就是一個定理。那麼，我們該如何證明定理呢？由於定理本身不需要藉助任何其他前提，就能從自身推理證成其本真就是個有效的論證。所以，當我們要證明定理時，只能用 CP 或 IP 去推論。因此，定理的證明的第一步驟，要不是 ACP 就是 AIP。

例如：

(1)

    ／∴ **(A v ～A)**

   1. ～(A v ～A)   **AIP**

   2. ～A・A   1 DeM

   3. A v ～A   1-2 **IP**

(2)

    ／∴～**A ⊃ (A ⊃ B)**

   1. ～A   **ACP**

   2. ～A v B   1 Add

   3. A ⊃ B   2 Impl

   4. ～A ⊃ (A ⊃ B)   1-3 **CP**

練習 7-8

(1)

    ／∴ (P・Q) ⊃ P

(2)

    ／∴ P ⊃ (～P ⊃ Q)

(3)

    ／∴ (P ⊃ Q) ∨ (Q ⊃ P)

(4)

    ／∴～[(P ⊃ ～P)・(～P ⊃ P)]

      最後，我們是否可以同時利用 CP 與 IP 進行有效論證的證明呢？答案是肯定的。我們可以在推理的過程中任意交替使用 CP 或 IP。

舉例來說：

(1)

1. ～C・E	p
2. A ⊃ [～B ⊃ (C・D)]	p / ∴ A ⊃ (B・E)
→3. A	**ACP**
4. ～B ⊃ (C・D)	2,3 MP
→5. ～(B・E)	**AIP**
6. ～B v ～E	5 DeM
7. E	1 Simp
8. ～B	6,7 DS
9. C・D	4,8 MP
10. C	9 Simp
11. ～C	1 Simp
12. C・～C	10,11 Conj
13. B・E	5-12 IP
14. A ⊃ (B・E)	3-13 CP

(2)

A ⊃ B	p / ∴ (A・B) ≡ A
→2. A	**ACP**
3. B	1,2 MP
4. A・B	2,3 Conj
5. A ⊃ (A・B)	2-4 CP
→6. ～[(A・B) ⊃ A]	**AIP**
7. ～[～(A・B) v A]	6 Impl
8. (A・B)・～A	7 DeM, DN
9. ～A	8 Simp
10. A・B	8 Simp
11. A	10 Simp
12. A・～A	9,11 Conj
13. (A・B) ⊃ A	6-12 IP
14. {line 5}・{line13}	5,13 Conj
15. (A・B) ≡ A	14 Equiv

(3)

$/ \therefore P \equiv [P v (Q \cdot \sim Q)]$

1. P	**ACP** $/ \therefore P v (Q \cdot \sim Q)]$
2. P v (Q $\cdot \sim$Q)	1 Add
3. P $\supset$ [P v (Q $\cdot \sim$Q)]	1-2 CP
4. P v (Q $\cdot \sim$Q)	**ACP**
5. $\sim$P	**AIP**
6. (Q $\cdot \sim$Q)	4,5 DS
7. P	5-6 IP
8. [P v (Q $\cdot \sim$Q)] $\supset$ P	4-7 CP
9. {line 3} $\cdot$ {line8}	8 Conj
10. P $\equiv$ [P v (Q $\cdot \sim$Q)]	9 Equiv

7.9 前提不一致與無效論證

　　一個論證的前提若是不一致的，意謂著前提具有內在矛盾，至少有一個命題為假。換言之，當我們要證明一個前提是不一致時，只要根據論證給予的前提推出任何一組矛盾句（$p \cdot \sim p$）就可以，若能推出就意謂著這個前提是不一致的。不過請切記，要證明前提不一致時，不可以引入任何假設前提，也不能使用到結論。除此之外，要提醒的是，當我們無法推出一組矛盾句時，我們不能夠宣稱這個論證前提是一致的。事實上，我們可以用自然演繹規則證明論證前提的不一致，但無法證明論證的一致性。

舉例來說：

(1)

1. B ⊃ (∼C・∼D)　　　p
2. C v D　　　　　　　p
3. B　　　　　　　　　p / ∴ ∼D⊃C
4. ∼C・∼D　　　　　　1,3 MP
5. ∼C　　　　　　　　4 Simp
6. ∼D　　　　　　　　4 Simp
7. D　　　　　　　　　2,5 DS
8. D・∼D　　　　　　　6,7 Conj

(2)

1. A・∼B　　　　　　　p
2. B⊃A　　　　　　　　p
3. A⊃B　　　　　　　　p / ∴ B
4. A　　　　　　　　　1 Simp
5. ∼B　　　　　　　　1 Simp
6. ∼A　　　　　　　　3,5 MT
7. A・∼A　　　　　　　4,5 Conj

　　我們曾經使用真值表說明，只要找不到一種邏輯解釋，使前提全部為真（一致），結論為假的情況，那麼意謂著該論證就是有效論證。換句話說，當前提不一致時，就不可能產生一種邏輯解釋，使前提全部為真，但結論為假的情況。然而當前提不一致時，我們可以推論出一組矛盾語句（p・∼p）。現在我們要進一步利用自然演繹法規則證明，是否可以從不一致的前提，推出任意的結論。由以下論證推知，我們可以利用間接證明方法或歸謬法，從一個不一致的前提，證明得出任意的結論。

1. P　　　　　　　　　p
2. ∼P　　　　　　　　p
3. ∼Q　　　　　　　　**AIP**
4. P・∼P　　　　　　　1,2 Conj
5. Q　　　　　　　　　**3-4 IP**

　　不過，當我們要證明一個論證的無效時，我們是不是也可以主張，由前提導出一組矛盾句（p・∼p）就可以呢？答案是否定的。我們可以用自然演繹規

則來證明論證的有效性，但是無法用這些規則來證明論證的無效性。因為當前提不一致時，我們可以推出任何的結論，所以若想透過推出一組矛盾句證明無效論證，這個方法是行不通的。當我們要證明一個論證是無效時，唯一的方法就是找出論證反例。不過我們該如何找出一個論證的反例呢？在語句邏輯系統中，我們可以透過真值表法找到一組邏輯解釋，使前提全部為真，結論為假。

現在假設有以下幾個論證，如果它是語句邏輯的有效論證，那麼就用直接證法（直接用自然演繹規則推出結論），條件證法或間接證法（歸謬法），由前提推出結論；若為語句邏輯的無效論證，則指出在何種情況下前提全部為真，而結論為假。不過，我們該如何判斷哪個論證是有效，哪個是無效呢？在語句邏輯系統中，遇到這類似的問題時，我們就先使用簡易真值表法，看能不能找到一組論證反例，也就是找到一組邏輯解釋，使前提全部為真，結論為假的解釋，若找到了，那就是無效論證。若找不到就可以用自然演繹法規則，從前提推出結論，若得證，那就意謂著該論證為有效論證。舉例來說：

(1)

1. R ⊃ (P v G)	p
2. ～(B ⊃ G)	p
3. B ⊃ R	p / ∴ R • P
4. ～(～B v G)	2 Impl
5. B • ～G	4 DeM,DN
6. B	5 Simp
7. ～G	5 Simp
8. R	3,6 MP
9. P v G	1,8 MP
10. P	7,9 DS
11. R • P	6,8 Conj

(2)

1. ～H ⊃ ～R

2. R ⊃ (～G v T)

3. ～T / ∴ ～G v ～H

當 G = T，H = T，T = F，R = F 可以使前提爲眞，結論爲假，故本論證爲無效論證。

(3)

1. P ⊃ (S • T)

2. ～T v (～P ⊃ Q)

3. ～Q ⊃ ～S / ∴ Q

當 Q = F，S = F，P = F，Q = F，T = F 時可以使前提爲眞，結論爲假，故本論證爲無效論證。

(4)

1. P ⊃ (Q v R)	p
2. R ⊃ (Q • P)	p
3. Q ⊃ R	p / ∴ P ≡ Q
4. ～P v (Q v R)	1 Impl
5. ～R v (Q • P)	2 Impl
6. (～P v R) v Q	4 Comm、Assoc
7. (P ⊃ R) v Q	6 Impl
8. (～R v Q) • (～R v P)	5 Dist
9. ～R v P	8 Simp
10. R ⊃ P	9 Impl
11. Q ⊃ P	3,10 HS
12. ～(P ⊃ R) ⊃ Q	6 Implx2
13. ～(P ⊃ R) ⊃ R	3,12 HS

14. $(P \supset R) \vee R$	13 Impl
15. $(\sim P \vee R) \vee R$	14 Impl
16. $\sim P \vee (R \vee R)$	15 Assoc
17. $\sim P \vee R$	16 Taut
18. $P \supset R$	17 Impl
19. $\sim R \vee Q$	8 Simp
20. $R \supset Q$	19 Impl
21. $P \supset Q$	18,20 HS
22. $(P \supset Q) \cdot (Q \supset P)$	11,21 Conj
23. $P \equiv Q$	22 Equiv

7.10 語句邏輯的完備性與健全性

我們描述邏輯真理（logical truth）的方式有兩種：若從語意學（semantics）來看就是套套句（tautology），若從語法學（syntax）來看就是定理（theorem）。套套句由真值表加以定義；定理則藉由證明加以定義。藉此邏輯學者區分了語意學與語法學兩套邏輯系統。

除此之外，邏輯學者希望建構的語句邏輯系統既是完備的（complete），又是健全的（sound）。只要在我們的規則系統中，任何能夠用真值表顯示是有效的論證，都能夠利用自然演繹法規則證明出來，那麼就表示我們的邏輯系統是完備的。如果有任何一個有效論證無法根據我們的規則系統證明它是有效的，那麼我們所使用的規則系統就是不完備的。換句話說，只要一個語意上有效的論證，都是語法上有效的論證，我們就說這樣的一個邏輯系統是完備的；同理，只要每一個套套句都是一個定理，語句邏輯系統在這個意義上就是完備

的。我們的語句邏輯系統不僅是完備的，同時也是健全的。那麼什麼情況，邏輯系統是健全的呢？對邏輯學者而言，若每一個語法上有效的論證，都是語意上有效的論證，則這個邏輯系統就是健全的。同理，只要每一個定理都是套套句，語句邏輯系統就是健全的。根據上述，語意學與語法學這兩套邏輯系統的特徵整理如下：

在語意學的邏輯系統中	在語法學的邏輯系統中
1. 一個語句是**套套句**，若且唯若，它在真值表中的每一種邏輯解釋都為真。	1. 一個語句是**定理**，若且唯若，它不需要任何前提也能被證明。
2. 一個論證是**有效的**，若且唯若，沒有任何邏輯解釋會使得前提全部為真，而結論為假。	2. 一個論證是**有效的**，若且唯若，從前提根據自然法演繹規則推導出結論。
3. 一組語句是**一致的**，若且唯若，在真值表中至少有一種邏輯解釋顯示，所有的語句都同時為真。	3. 一組語句是**一致的**，若且唯若，不可能從它們推導出一組矛盾句。

第 7 章習題

一、蘊涵規則證明

(1)

　　1. (D v E) ⊃ (G・H)

　　2. G ⊃ ～D

　　3. D・F / ∴ M

(2)

　　1. (W v ～E)・(W ⊃ T)

　　2. ～E ⊃ D

　　3. B・T / ∴ B・(D v T)

(3)

　　1. E ⊃ A

　　2. A ⊃ ～D

　　3. (E ⊃ ～D) ⊃ (F・R) / ∴ R v ～E

(4)

　　1. P・T

　　2. (P v S) ⊃ (Q・R)

　　3. (Q v R) ⊃ S / ∴ S

(5)

　　1. ～S・～Q

　　2. R ⊃ Q

　　3. P v R

　　4. [P ⊃ (Q ⊃ R)] v S / ∴ Q ⊃ R

(6)

　　1. T v Q

　　2. Q ⊃ (P・F)

3. T ⊃ (M ⊃ Q)

4. ～Q • M / ∴ P v F

(7)

1. ～B

2. (Q v T) v (～B • ～A)

3. (～B v A) ⊃ (R • S)

4. (R • S) ⊃ ～(Q v T)

5. (～B • ～A) ⊃ (R v S) / ∴ R v S

(8)

1. E ⊃ F

2. ～(D • E) • ～R

3. ～A v (D • E)

4. (～A • ～R) ⊃ (B ⊃ ～D)

5. [～(D • E) v Q] ⊃ (B v E) / ∴ ～D v F

二、等值規則證明

(1)

1. (P ≡ ～Q) ⊃ ～P

2. ～P v ～Q / ∴ ～P

(2)

1. (A ≡ A) ≡ (～A ≡ ～A) / ∴ A ⊃ A

(3)

1. ～(A • B) ≡ ～C

2. (D v E) ⊃ C / ∴ E ⊃ A

(4)

1. ～P ⊃ ～Q

2. (T v ～P) v S / ∴ ～S ⊃ (Q ⊃ T)

(5)

　　1. H ⊃ K

　　2. C ≡ D

　　3. ～ C ⊃ ～ K / ∴ H ⊃ D

(6)

　　1. (D ⊃ E) ⊃ (E ⊃ D)

　　2. (D ≡ E) ⊃ ～ (G • ～ H)

　　3. G • E / ∴ G • H

(7)

　　1. A ≡ B

　　2. ～ (A • ～ R) ⊃ (A • S) / ∴ ～ (B • S) ⊃ ～ (A • R)

(8)

　　1. ～ [D • ～ (E v B)]

　　2. ～ (E v F)

　　3. C ⊃ (E v A) / ∴ ～ (～ A • ～ B) v ～ (C v D)

三、請用 **CP** 證明以下論證是有效的

(1)

　　1. P ⊃ Q

　　2. (P • Q) ≡ (R • S)

　　3. R ⊃ S / ∴ P ≡ R

(2)

　　1. (P ⊃ Q) ⊃ T

　　2. S ⊃ ～ P

　　3. (～ S v R) ⊃ Q / ∴ T

(3)

　　1. P ⊃ (Q ⊃ R)

　　2. R ⊃ S / ∴ P ⊃ (Q ⊃ S)

(4)

    1. (W ∨ T) ⊃ Q

    2. (∼ Q ∨ ∼ P) ⊃ (∼ Q · T) / ∴ W ⊃ P

(5)

    1. Q ≡ R

    2. Q ⊃ P / ∴ (P · Q) ≡ R

(6)

    1. P ≡ Q / ∴ (P ⊃ R) ≡ (Q ⊃ R)

(7)

    1. ∼ S ⊃ Q

    2. ∼ (P ⊃ Q)

    3. (S ∨ N) ⊃ ∼ R

    4. (P ⊃ ∼ R) ≡ ∼ N / ∴ ∼ N

(8)

    1. R ⊃ (Q ∨ S)

    2. K ⊃ (T ∨ R)

    3. ∼ (∼ S ⊃ T) / ∴ (Q ∨ R) ∨ (∼ K · ∼ R)

四、請用 **IP** 證明以下論證是有效的

(1)

    1. B ⊃ (C · D)

    2. (D · B) ⊃ A / ∴ A ∨ ∼ B

(2)

    1. (A ∨ ∼ B) ⊃ (C ⊃ ∼ D)

    2. (D ∨ E) ⊃ (A · C) / ∴ ∼ D

(3)

    1. U v D

    2. P ⊃ ～ M

    3. D ⊃ M

    4. (～ P ⊃ ～ Q) • (～ Q ⊃ ～ D) / ∴ U

(4)

    1. (E ⊃ L) • (～ L v E)

    2. (E • L) ⊃ (D • P)

    3. (～ E • ～ L) ⊃ I

    4. (I ⊃ C) • (C ⊃ P) / ∴ P

(5)

    1. P ⊃ Q

    2. R ⊃ S

    3. P v R / ∴ Q v S

(6)

    1. A ⊃ (B v C)

    2. B ⊃ ～ A

    3. D ⊃ ～ C / ∴ A ⊃ ～ D

(7)

    1. ～ C • E

    2. A ⊃ 〔～ B ⊃ (C • D)〕 / ∴ A ⊃ (B • E)

(8)

    1. (R ⊃ M) ⊃ L

    2. (N v S) ⊃ (M • T)

    3. ～ N ⊃ (～ R v S) / ∴ L

五、請用自然演繹法規則證明以下論證是有效的

(1) 108 學年度臺大哲學系轉學考試題

1. P ⊃ (Q v ～ R)

2. Q ⊃ S

3. T ⊃ R

4. ～ S

5. T / ∴～ P

(2)

1. P ≡ ～ Q / ∴～ (P ≡ Q)

(3) 106 學年度臺大哲學系轉學考試題

1. (A ⊃ B) • (C ⊃ D) / ∴ (A ⊃ D) v (C ⊃ B)

(4) 107 學年度臺大哲學系轉學考試題

1. A ⊃ (～ A • B) / ∴～ A

(5) 95 學年度臺大哲學系轉學考試題

1. (P ⊃ Q) ⊃ Q

2. (T ⊃ P) ⊃ R

3. (R ⊃ S) ⊃ ～ (S ⊃ Q) / ∴ R

(6) 證明定理

a. / ∴ [P v (Q ⊃ R)] ≡ [(P v Q) ⊃ (P v R)]

b. / ∴ (P ≡ Q) ≡ [(P • Q) ≡ (P v Q)]

六、請判斷以下論證是有效或無效論證

(1)

1. K ⊃ [(L v M) ⊃ R]

2. (R v S) ⊃ T / ∴ K ⊃ (M ⊃ T)

(2)

1. K ⊃ [(L v M) ⊃ R]

2. (R • S) ⊃ T / ∴ K ⊃ (M ⊃ T)

(3)

    1. $(P \equiv Q) \supset R$

    2. $\sim (P \supset R) / \therefore \sim Q$

(4)

    1. $(P \equiv Q) \supset R$

    2. $\sim (P \equiv R) / \therefore \sim Q$

(5)

    1. $P \equiv Q / \therefore (P \cdot R) \equiv (Q \cdot R)$

(6)

    1. $\sim A / \therefore \sim (A \equiv B) \equiv B$

(7)

    1. $\sim A$

    2. $A \equiv (B \lor C)$

    3. $B \equiv (C \lor A)$

    4. $C \equiv (A \lor B) / \therefore B \lor C$

(8)

    1. $P \supset (Q \supset R)$

    2. $Q \supset (R \supset S) / \therefore P \supset (Q \supset S)$

七、請判斷以下論證前提一致或不一致

(1)

    1. $\sim (P \equiv Q)$

    2. $(P \cdot R) \equiv (Q \cdot R) / \therefore P \supset R$

(2)

    1. $P \equiv Q$

    2. $\sim [(P \cdot R) \equiv (Q \cdot R)] / \therefore P \supset Q$

(3)

1. $R \supset (\sim P \lor \sim M)$

2. $\sim R \supset (\sim M \lor \sim N)$

3. $\sim (\sim P \lor \sim M) / \therefore (\sim M \cdot \sim N)$

(4)

1. $P \supset Q$

2. $Q \equiv R$

3. $(R \lor S) \equiv \sim Q / \therefore R \lor Q$

八、請證明以下論證是有效或無效論證（若是有效論證請用 **CP** 或 **IP** 證明；若是無效論證請舉反例解釋）

(1) 小英不喜歡小九。如果小英不喜歡小九，而且敢違抗父母之命，則不會嫁給小九。因此，如果小英最終嫁給小九，則必定是不敢違抗父母之命。（P：小英喜歡小九；Q：小英敢違抗父母之命；R：小英嫁給小九）

(2) 只要增加稅收就會提高生活水準。只有當失業不成為問題時，商業才會繁榮。如果生活水準提高，則商業將會繁榮。因此，在增加稅收的情形下，失業將不成為問題。（P：增加稅收；Q：生活水準提高；R：商業繁榮；S：失業會成為問題）

(3) 如果小佑及格是他能夠升級的充分必要條件，則他必須非常用功；但是他並沒有很用功。因此，他及格並非他能夠升級的充分條件。（P：小佑及格；Q：小佑能夠升級；R：小佑非常用功）

(4) 這個論證，除非前提全部為真而結論為假，否則必定是一個前提全部為真的有效論證。如果這個論證的結論為假，則至少有一個前提為假。因此，這個論證是有效的。（P：這個論證前提全部為真；Q：這個論證的結論為真；R：這個論證是有效的）

(5) 如果上帝存在，則祂必是全能的；若有上帝存在，則祂必是全知的；若有上帝存在，則祂必是仁慈的；如果上帝能夠阻止魔鬼，則只要祂知道有魔鬼存在而不加以阻止，就是不仁慈的。如果上帝是全能的，則祂必定能夠阻止魔鬼；如果上帝是全知的，則只要魔鬼確實存在，祂必定會知道；如果上帝加以阻止，則魔鬼不可能存在。事實上，確實有魔鬼存在。因此，沒有上帝存在。（G：有上帝存在；P：上帝是全能的；S：上帝是全知的；L：上帝是仁慈的；C：上帝能夠阻止魔鬼；K：上帝知道有魔鬼存在；T：上帝阻止魔鬼；E：有魔鬼存在。

第8章　述詞邏輯（一）：
述詞邏輯的語句符號化

　　命題邏輯或語句邏輯系統所處理的是「語句與語句之間」或「命題與命題之間」的邏輯關係，但是並未深入處理到邏輯語句或命題本身的內部結構。本章，我們所要介紹的邏輯系統是「述詞邏輯」（predicate logic），這套邏輯系統會深入命題語句的內部結構，處理語詞之間的邏輯關係。

8.1 述詞邏輯的單稱語句或命題

　　我們已經知道任何一邏輯語句或命題具有三個要素，即：主詞、繫詞與謂詞。例如：柏拉圖是哲學家，主詞：「柏拉圖」；繫詞：「是」；謂詞：「哲學家」。在述詞邏輯系統中，我們預設所有命題或語句的「繫詞」＋「謂詞」（如本命題中的「是哲學家」）是在描述主詞的性質。因此，在述詞邏輯系統中，我們就會將「柏拉圖是哲學家」這一語句，理解為柏拉圖具有「是哲學家的性質」。接下來我們要學習的是，如何在述詞邏輯系統中將一般日常語句符號化。首先，請各位記住述詞邏輯語法的三項基本規則：

　　第一，我們用大寫的字母（A-Z）表示性質（不管是關係或非關係的性質）。我們將這些大寫的字母稱之為「性質常元」。例如：我們想用 P 來表示某個對象 x 具有哲學家的性質，我們就將其定義為 Px：x 是哲學家。

　　第二，我們用小寫字母（a-t）來表示某一個體對象或個別具體事物。我們將這些小寫字母稱之為「個體常元」。例如：我可以用 a 代表柏拉圖；b 代表亞里斯多德；c 代表蘇格拉底，那麼我們就可以將其定義為 a：柏拉圖；b：亞里斯多德；c：蘇格拉底。

　　第三，我們用小寫字母（u-z）用來表示那些沒有被具體指涉到的某個個體對象或某個個別事物。我們將這些小寫字母稱之為「個體變元」。例如：Px 中的小寫 x 就是個體變元，它可以被任何個體常元所替代。例如：我們可以將 a、b、c 帶入 Px 中，就會變成 Pa、Pb、Pc。

　　熟悉上述三項基本規則之後，我們現在要開始學習將一些日常語句符號化

為述詞邏輯的邏輯式，那麼我們該怎麼做呢？舉例來說，我們想將「柏拉圖是哲學家」這一肯定語句符號化，我們先假設 Px：x 是位哲學家；a：柏拉圖，那麼，「柏拉圖是哲學家」這一語句就可以符號化為 Pa。

當我們想要將某個否定語句符號化，例如：「柏拉圖不是哲學家。」那麼，我們該怎麼做呢？我們一樣要先假設 Px：x 是位哲學家；a：柏拉圖，然後將「柏拉圖不是哲學家」符號化為～Pa。請注意的是，我們設定性質常元時，一定要用肯定的，因此只能將 Px 定義為 x 是位哲學家，不能用否定，也就是不能將 Px 定義為 x 不是位哲學家。

例 1：

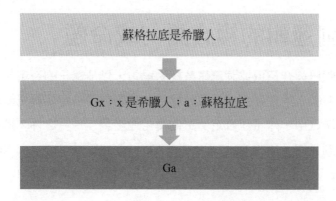

例 2：

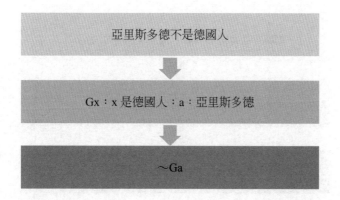

　　由一個「性質常元」與一個「個體常元」組合而成的表達式，就是一個語句。就像先前所說 Ga（蘇格拉底是希臘人）就是語句，它具有真假值。由一個「性質常元」與一個「個體變元」所形成的表達式，是一個語句形式，例如 Gx，它既不是真，也不是假的，是處在一種開放的狀態。例如：我們設定 Gx：x 是希臘人，由於 x 是變元，因此 x 可以是 a、b 或 c 等，當 a：蘇格拉底；b：柏拉圖，c：笛卡爾時，我們將這些個體常元分別帶入 Gx 時，就會產生三個不一樣的命題語句，也就是 Ga，Gb 或 Gc。事實上，這三個語句的真假值是不一樣的。因為 Ga 是真的，Gb 也是真的，但 Gc 卻是假的。

8.2 述詞邏輯的複合語句或命題

　　剛剛我們已經介紹過述詞邏輯系統的單句，以及單句的否定句～Pa。無論在語句邏輯系統，或在述詞邏輯系統當中，我們都將否定句視為一種複句。在述詞邏輯系統之中，除了「否定」這個複句連接詞「～」之外，還有其他的四個複句連接詞，如（Xa v Ya）、（Xa・Ya）、（Xa ⊃ Ya）、（Xa ≡ Ya）中的「v」（or）、「・」（and）、「⊃」（if……then）與「≡」（if and only if）。

1.選言連接詞（or）

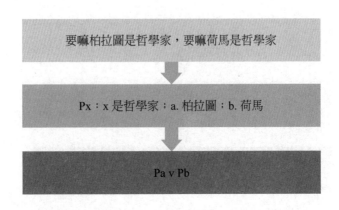

2.連言連接詞（and）

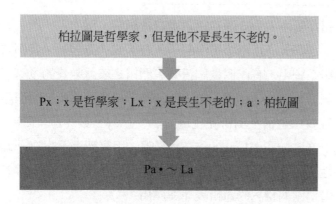

柏拉圖是哲學家，但是他不是長生不老的。

Px：x 是哲學家；Lx：x 是長生不老的；a：柏拉圖

Pa・～La

3.條件句連接詞（if……then）

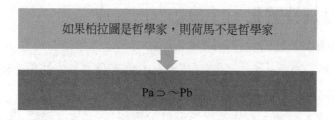

如果柏拉圖是哲學家，則荷馬不是哲學家

Pa⊃～Pb

4.雙條件句（if and only if）

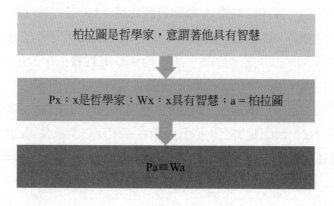

柏拉圖是哲學家，意謂著他具有智慧

Px：x是哲學家；Wx：x具有智慧；a＝柏拉圖

Pa≡Wa

8.3 全稱量詞與存在量詞

在述詞邏輯系統中，一旦遇到語句中有量詞時，例如：「所有人都是會死的」或「有些人是好人」這兩語句中的「所有」或「有些」，我們該如何處理呢？在述詞邏輯系統中，有兩個量詞符號專門用來表述數量的多寡。第一個稱之為「全稱量詞」（universal quantifier）符號，用來斷言所有的個體都具有某個性質或某些性質，全稱量詞符號化為（x）、（y）或（z）等等；第二稱之為「存在量詞」（existential quantifier）符號，用來斷言至少有一個體具有某個性質或某些性質，存在量詞符號化為（∃x）、（∃y）或（∃z）等等。接著，我們一起來學習這兩個量詞的邏輯表達與應用：

一、全稱量詞符號化：（x）、（y）或（z）

在傳統邏輯中，我們曾經介紹過 A、E、I、O 四種定言命題，其中 A 命題（「所有 P 都是 Q」）與 E 命題（「所有 P 都不是 Q」）都是全稱的語句，那麼我們要如何將這兩個命題語句符號化呢？

我們先處理 A 命題：首先請將全稱量詞符號（x）放在邏輯式的最前面，這表示所有的個體變元 x。然後 A 命題「所有 P 都是 Q」在述詞邏輯系統中會被理解為「對所有的個體變元 x 而言，只要它具有 P 的性質，那麼它就具有 Q 的性質」。於是乎，我們可以將 A 命題符號化為（x）（Px ⊃ Qx）。E 命題「所有 P 都不是 Q」，這在述詞邏輯系統中會被理解為「對所有的個體變元 x 而言，只要它具有 P 的性質，那麼它就不具有 Q 的性質」。於是，我們可以將 E 命題符號化為（x）（Px ⊃ ～Qx）。

請特別注意的是，無論是 A 命題或 E 命題，他們的全稱量詞所控制的範圍是包含 Px 與 Qx，因此要加上小括弧將兩者都限定在全稱量詞的控制範圍之內。不過，當量詞僅控制到一個性質時，那麼可以省略小括號，例如：所有的

生物都是有生命的（Lx：x 是有生命的），假設論域是生物，我們可以將此語句符號化爲（x）Lx。

除此之外，當我們使用量詞符號時，若有指定議論或論述的界域，那麼，符號化的邏輯式就會有所不同，例如：所有人都會死的（Hx：x 是人；Mx：x 是會死）。

i. 若論述的界域爲「所有的人」，則符號化爲（x）Mx

ii. 若論述的界域爲「不限制」，則符號化爲（x）（Hx ⊃ Mx）

（x）（Hx ⊃ Mx）讀作：「對所有 x，若 x 是人，則 x 是會死的」。不過，我們是不是一定要用 x 當變元呢？當然不是。以下三個語句，不管我們使用什麼變元，它們的意義都是完全相同的。

(y) (Hy ⊃ My)

(z) (Hz ⊃ Mz)

(u) (Hu ⊃ Mu)

最後，只要你想將一個含有全稱量詞的命題，符號化爲一個邏輯式，那麼該複句的最主要連接詞幾乎都是「⊃」，雖然不是百分之百，不過當你轉換出來的語句邏輯式不是由「⊃」符號所連結，你就必須要懷疑自己有沒有標示錯誤。接下來，我們來練習一下，全稱量詞的符號化：

例1：假設 Sx：x 是大學生；Wx：x 是用功的。

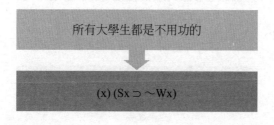

所有大學生都是不用功的

(x)(Sx ⊃ ～Wx)

例 2：假設 Sx：x 是大學生；Wx：x 是用功的。

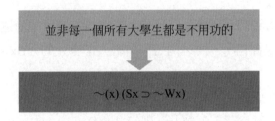

並非每一個所有大學生都是不用功的

$\sim(x)(Sx \supset \sim Wx)$

例 3：假設 Sx：x 是大學生；Wx：x 是用功的。

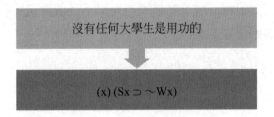

沒有任何大學生是用功的

$(x)(Sx \supset \sim Wx)$

例 4：假設 Px：x 是人；Fx：x 是怕死的。

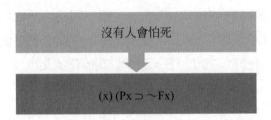

沒有人會怕死

$(x)(Px \supset \sim Fx)$

例 5：假設 Px：x 是人；Fx：x 是怕死的。

並非每個人都怕死

$\sim(x)(Px \supset Fx)$

例 6：假設 Px：x 是人；Fx：x 是怕死的；Hx：x 是誠實的。

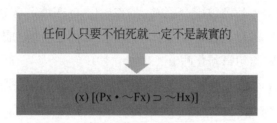

例 7：假設 Px：x 是人；Fx：x 是怕死的；Hx：x 是誠實的。

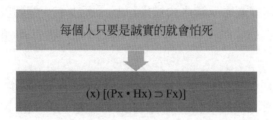

例 8：假設 Px：x 是人；Fx：x 是怕死的；Hx：x 是誠實的；Mx：x 是會死的。

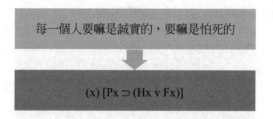

例 9：假設 Px：x 是人；Fx：x 是怕死的；Hx：x 是誠實的；Mx：x 是會死的。

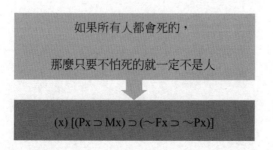

二、存在量詞符號化：（∃x）、（∃y）或（∃z）

在傳統邏輯中，我們曾經介紹過 A、E、I、O 四種定言命題，其中 I 命題（「有 P 是 Q」）與 O 命題（「有 P 不是 Q」）都是特稱的語句，那麼我們要如何將這兩個命題語句符號化呢？

我們先處理 I 命題：首先請將存在量詞符號（∃x）放在邏輯式的最前面，這表示至少有一個體變元 x 存在。接著 I 命題「有 P 是 Q」，這在述詞邏輯系統中會被理解為「至少有一個體變元 x 具有 P 的性質，而且也具有 Q 的性質」。於是乎，我們可以將 I 命題符號化為（∃x）（Px・Qx）。O 命題「有 P 不是 Q」，這在述詞邏輯系統中會被理解為「至少有一個體變元 x 具有 P 的性質，但是它不具有 Q 的性質」。於是乎，我們可以將 O 命題符號化為（∃x）（Px・～Qx）。

由上推知，存在量詞（∃x）、（∃y）或（∃z）是用來斷言至少有一個個體具有已知的性質。假設 Ex：x 是昂貴的，那麼（∃x）Ex 可以被讀作為：至少有一樣東西是昂貴的。最後，存在量詞引領出來的邏輯語句式的主要語句連接詞大多是「・」。接著，我們來練習一下存在量詞的符號化：

例 1：假設 Px：x 是人；Hx：x 是快樂的。

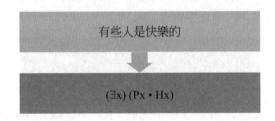

有些人是快樂的

（∃x）（Px・Hx）

例 2：假設 Px：x 是人；Hx：x 是快樂的。

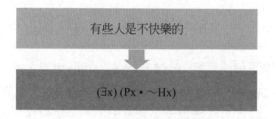

例 3：假設 Px:x 是人；Hx：x 是快樂的；Cx：x 是聰明的。

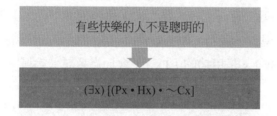

例 4：假設 Px：x 是人；Lx：x 是仁慈的；Tx：x 是包容的。

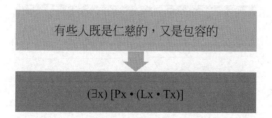

例 5：假設 Px:x 是人；Lx:x 是仁慈的；Tx:x 是包容的。

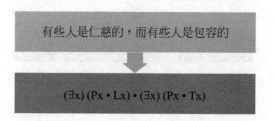

8.4 特殊語句的符號化：只有……才……／除了……／除非……，否則……

在符號化特殊語句「只有……才……」（only if）、除了……，沒有其他東西……（none but）、除非……，否則……（unless）需要特別注意。在中文脈絡中，當有人說「只有懂得愛人才是大人」，這句話其實邏輯等值於「除了懂得愛人的人，沒有人是大人」。現在假設：論域是人；Lx：x 是懂得愛人的人；Ax：x 是大人。我們可以將上面邏輯等值的兩語句符號化爲，(x)(Ax ⊃ Lx)。此外，我們可以將「沒有人是大人，除非他懂得愛人」邏輯符號化爲 (x)(～Lx ⊃ ～Ax)。現在，我們來舉些實例進行特殊語句的符號化練習：

例 1：假設 Sx：x 是用功的；Px：x 會通過考試（論域：學生）。

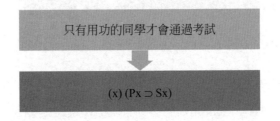

只有用功的同學才會通過考試

(x) (Px ⊃ Sx)

例 2：假設 Sx：x 是用功的；Px：x 會通過考試（論域：學生）。

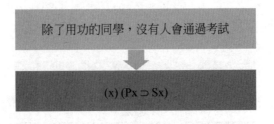

除了用功的同學，沒有人會通過考試

(x) (Px ⊃ Sx)

例3：假設 Sx：x 是用功的；Px：x 會通過考試（論域：學生）。

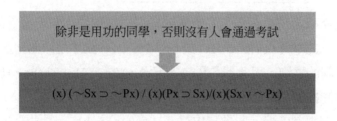

例4：假設 Sx：x 是用功的；Px：x 會通過考試（論域：學生）。

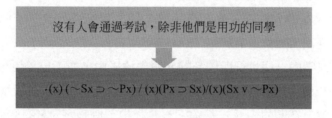

練習 8-1 以下各題的論域：人

1. 只有名人才能被選爲總統。（Ex：x 是被選爲總統；Cx：x 是名人）

2. 除了名人，沒有人能被選爲總統。

3. 沒有人能被選爲總統，除非是名人。

4. 只有好人才會早死。（Yx：x 是早死的；Gx：x 是好人）

5. 除了好人，沒有人會早死。（Yx：x 是會早死的；Gx：x 是好人）

6. 除非是個好人，否則沒有人會早死。

8.5 自由變元vs.約束變元

在述詞邏輯系統中，括弧的功能就是指出量詞的控制範圍（the scope of quantifier）。表達式 (x)(Px ⊃ Hx) 或 (∃x)(Px • Hx) 雖然是由個體變元所構成，但是受到量詞的**控制**，因此都是語句。不過，(Px ⊃ Hx) 或 (Px • Hx) 兩者都沒有受到量詞的控制，因此不是語句，而是**語句形式**。

沒有量詞限制的變元叫做**自由變元**（free variable），而受到量詞控制的變元叫做**約束變元**（bound variables）。只要一個邏輯表達式含有一個或多個自由變元，則它就是語句形式，不是語句。那麼，請問 (x)(Px) ⊃ Hx 或 (∃x)(Px) • Hx 是不是語句呢？答案是否定的。因為，它們包含了一個沒有被量詞限制的個體變元，也就是 Hx 中的 x。

此外，在僅由一個量詞所控制的邏輯表達式中，並不足以使每一個不同變元都成為約束變元。換言之，不同的個體變元，必須由不同的量詞符號所控制。舉例來說，在邏輯表達式 (x)(Px ⊃ Hy) 中，個體變元 x 有受到量詞 (x) 的控制，但是個體變元 y 並沒有，因此，個體變元 y 成為自由變元。由上推知，(x)(Px ⊃ Hy) 不是語句，而是語句形式。不過，當我們將表達式改成 (x)(y)(Px ⊃ Hy)，那麼，它就成為語句了，因為變元 x 與變元 y 都被控制了。

練習 8-2 針對以下個別的邏輯式，請分別指出 (1) 哪些字母是個體常元、哪些是個體變元？(2) 哪些個體變元是自由變元、哪些是約束變元？(3) 哪些邏輯表達式是語句、哪些是語句形式？

1. (x)(Fx ⊃ Ga)
2. (∃x)(Fa • Gx)
3. (x)(Fx) ≡ (Pa v Ka)
4. (∃x)(Fy • Gx)

5. (x)[Fx ⊃ (Gy v Hx)]

6. Fa v [(x)(Ga v Dx) • (y)(Ky ⊃ ～Hb)]

7. Gb ≡ Fa

8. (x)(～Gx v Dx) ⊃ (y)(Ky ⊃ ～Hx)

8.6 關係的述詞邏輯

在述詞邏輯中，有關述詞性質不僅是一元的性質而已，也可以是二元或多元的關係述詞。例如：我們要表達 x 比 y 高，x 喜歡 y，z 坐在 x 與 y 之間等，以下我們就來學習如何將二元或多元述詞符號化。

一、二元或多元述詞

當我們說「每個人都喜歡林書豪」，那麼，我們首先找出主詞「人」，其次決定關係述詞「x 喜歡 y」，然後找出謂詞「林書豪」：假設 Px：x 是人；Lxy：x 喜歡 y；a= 林書豪，最後我們可以將上述語句翻譯成：(x)(Px ⊃ Lxa)。

值得注意的是 Lxy 就是二元的關係述詞，但是關係述詞最多僅能表達二元的關係性質嗎？當然不是，它也可以是多元的關係述詞。例如：我們要符號化「Heidi 坐在 Rax 與 Oli 之間」（Bxyz：x 坐在 y 與 z 之間；h=Heidi；r=Rax；o=Oli）則可以符號化為 Bhro。又如：我們要符號化「Rax 在審訊時說的某些事情」（r=Rax；h= 審訊；Sxyz：x 在 y 時段說 z）則可以符號化為 Srhz。Txyz 可以被定義為 x 認為 y 侵害 z，而 Swxyz 可以被定義為 w 在 x 時說有關 y 的 z。接下來，我們來練習將關係述詞符號化：

(1) 假設 Px：x 是人；Fxy：x 是 y 的朋友；a= 林書豪

   1. 每個人都是林書豪的朋友

     (x)(Px ⊃ Fxa)

   2. 林書豪是每個人的朋友

     (x)(Px ⊃ Fax)

   3. 沒有人是林書豪的朋友

     (x)(Px ⊃ ～Fxa)

(2) Px：x 是人；Fxy：x 是 y 的朋友；a= 林書豪；b= 王建明

   4. 林書豪不是任何人的朋友

     (x)(Px ⊃ ～Fax)

   5. 沒有人是林書豪或王建明的朋友

     (x)〔Px ⊃ (～Fxa v ～Fxb)〕

(3) 設論域為人；假設 Fxy：x 是 y 的朋友；a= 林書豪；b= 王建明

   6. 每個林書豪的朋友都是王建明的朋友

     (x)(Fxa ⊃ Fxb)

   7. 每個王建明的朋友都不是林書豪的朋友

     (x)(Fxb ⊃ ～Fxa)

二、重疊量詞

    在關係述詞中，變元往往不只一個，不同變元必須由不同的量詞變元加以控制，因此就會產生多重量詞的情況出現，所以當我們要表達「每個人都喜歡每個人」，假設論域為人，Lxy：x 喜愛 y，那麼我們就可以將「每個人都喜愛每個人」符號化為 (x)(y)Lxy。以下我們舉些例子，練習符號化含有重疊量詞的表達式。

例如：

1. 某個人喜愛某人

   (∃x)(∃y)Lxy

2. 每個人都有個喜歡的人 (每個人都喜愛著某一個人)

   (x)(∃y)Lxy

3. 有某個人被每一個人所喜愛

   (∃x)(y)Lyx

4. 不是每個人都喜愛每個人

   ～(x)(y)Lxy

5. 沒有人喜愛任何一個人

   (x)(y)～Lxy

　　重疊量詞如果都是同類型的，就像 (x)(y)Lxy 都是全稱量詞，或者 (∃x)(∃y) Lxy 都是存在量詞，那麼在這樣的情況下，量詞位置和語句的意義並不相關，因此 (x)(y)Lxy 與 (y)(x)Lxy 所要表達的意思是同樣一件事情。但是當量詞不一樣時，那麼前後順序就有關係了。例如：(x)(∃y)Lxy 意謂著，每個人都有個喜歡的人；(∃y)(x)Lxy 則意謂著，有個人被所有人喜愛著。爲了幫助各位能夠儘快熟悉各種重疊量詞的符號化，我們再舉一些例子來加以說明：

1. 任何人都有父親。（Px：x 是人；Fxy：x 是 y 的父親）

   說明：任何人都有父親。這句話的意思是：任何存有物，若 x 是人，那麼有個 y 是 x 的父親。因此，我們可以將此語句符號化爲 (x)〔Px ⊃ (∃y)Fyx〕。

2. 大一學生只認識大二的學生。（假設 Fx：x 是大一學生；Sx：x 是大二學生；Kxy：x 認識 y）

   說明：大一學生只認識大二的學生。這句話的意思是：每個大一學生都只認識大二學生。雖然我們在日常語言使用中，常常把量詞每

一個、所有或全部省略。例如：我們說：「大一學生要修大學入門」，其實這句話的意思是：所有大一學生都要修大學入門。現在，我們將「每個大一學生都只認識大二學生」符號化爲 (x)〔Fx ⊃ x 只認識大二學生〕。其中「x 只認識大二學生」的意思是説：「每一個被 x 認識的人 (y) 都是大二學生」。因此它可以被符號化爲 (y)(Kxy ⊃ Sy)。所以，我們可以將語句轉譯成：(x)〔Fx ⊃ (y)(Kxy ⊃ Sy)〕。

3. 大一學生只被大二的學生所認識。

　　説明：x 只被大二的學生所認識。意思是説：每一個認識的 x 的人 (y) 都是大二學生，因此是 (y)(Kyx ⊃ Sy)。所以上述可轉譯成的邏輯式：(x)〔Fx ⊃ (y)(Kyx ⊃ Sy)〕。

4. 大一學生只認識一兩位大二的學生。

　　説明：大一學生只認識一兩位大二的學生，其中「x 只認識一兩位大二的學生」，意思是説：至少有一位被 x 認識的人 (y) 且他是大二學生。因此可以符號化爲 (∃y)(Kxy • Sy)。所以上述可轉譯成的邏輯式：(x)〔Fx ⊃ (∃y)(Kxy • Sy)〕。

5. 有的大一學生只認識大二學生。

　　説明：有的大一學生只認識大二學生，意思是：至少有一個大一學生只認識大二學生，可以符號化爲 (∃x)〔Fx • x 只認識大二學生〕。「x 只認識大二學生」意思是説：每一個被 x 認識的人 y，都是大二學生。因此可以符號化爲 (y)(Kxy ⊃ Sy)，所以上述可轉譯成的邏輯式：(∃x)〔Fx • (y)(Kxy ⊃ Sy)〕。

6. 每一個大一學生只被一兩位大二的學生所認識。

　　説明：每一個大一學生只被一兩位大二的學生所認識。「x 只被一兩位大二的學生所認識」，意思是説：至少有一位認識 x 的人 (y)，且他是大二學生，因此是 (∃y)(Kyx • Sy)。所以上述可轉譯成的邏輯式：(x)〔Fx ⊃ (∃y)(Kyx • Sy)〕。

練習 8-3 假設 Fx：x 是大一學生；Sx：x 是大二學生；Kxy：x 認識 y。請將
以下語句符號化為邏輯式：

1. 全部的大一學生都互相認識
2. 全部的大二學生都認識大一學生
3. 大一的學生都不認識大二的學生
4. 有的大一學生認識全部的大二學生
5. 有的大一學生是一些大二學生所不認識的
6. 有的大一學生只被大二學生所認識
7. 有的大一學生只認識一兩位大二學生
8. 有的大一學生只被一兩位大二學生所認識
9. 有的大一學生只認識大一學生
10. 每一個大一學生不可能認識全部的大二學生

三、某人、某地與某時

　　試想：「在某處，街道上鋪滿了黃金」。該語句斷言：有某個地方 x，而
在該處的街道 y，上面都是鋪滿了黃金。假設：Px：x 是一個地方；Sxy：x 是
在 y 處的一條街道；Gx：x 是鋪滿黃金的。我們可以將此句符號化為：$(\exists x)[Px \cdot (y)(Syx \supset Gy)]$。

例 1：

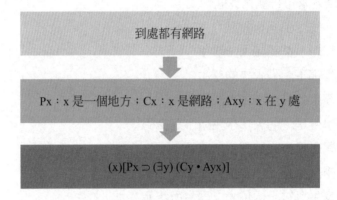

例 2：

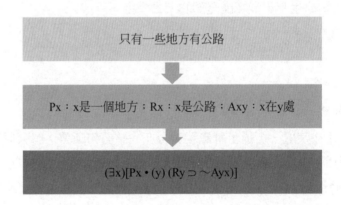

例 3：

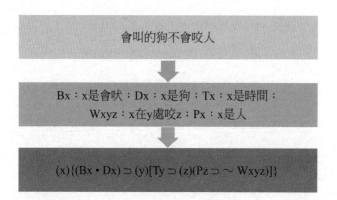

例 4：

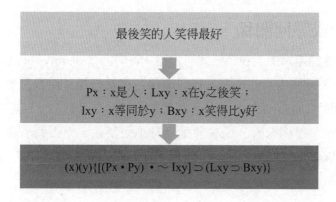

例 5：

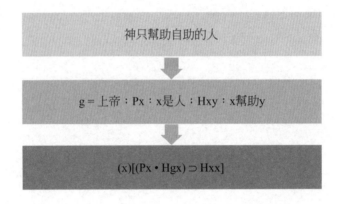

四、同一或等同關係

在關係述詞邏輯中，我們該如何表達「等同」（identity）的邏輯關係呢？邏輯學者引入等號「＝」來表示等同關係，也就是說，當我們要表達 x 等同於 y，我們可以符號化為 x ＝ y，若我們要表達 x 不等同於 y，則以～(x=y) 或 x ≠ y 來表示。舉例來說，這次考試只有小張及格，小張與小陳不是同一個人，所以小陳這次考試不及格。（假設 Px：x 考試及格；a＝小張；b＝小陳），我們可以將以上論證符號化為：

1. Pa • (x)(Px ⊃ x=a)
2. ～(a=b)（也可以用 (a ≠ b) 符號表示）
∴.～Pb

有了同一或等同的關係之後，我們可以進一步用等同關係，精確地表示一些常用的關係述詞，例如：「除了……沒有」、「只有……」、「最高級的語句」或一些數量語詞（至少、最多、恰好等）。

1.除了……沒有／只有……

當我們說：「除了小張以外，沒有其他學生理則學不及格。」這句話是說，「只有小張理則學不及格」（假設 a= 小張；Px：x 理則學及格；Sx：x 是學生），～Pa 我們可以將上述符號化為～Pa・(x)〔(Sx・x ≠ a) ⊃ Px)〕。

例1：

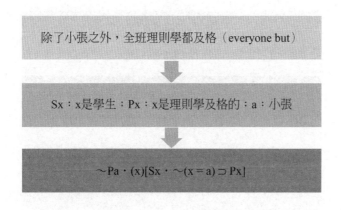

例2：

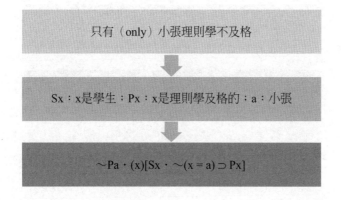

2. 數量語詞（最多／至多……，至少……，恰好……）

例 1：

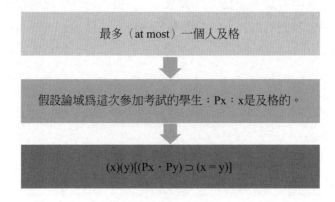

例 2：

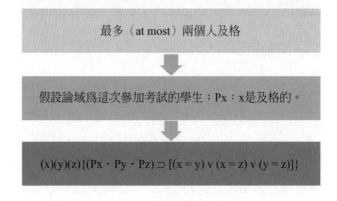

例 3：

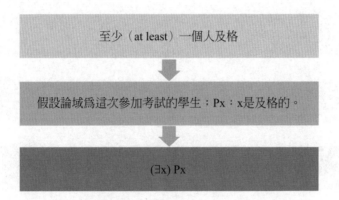

例 4：

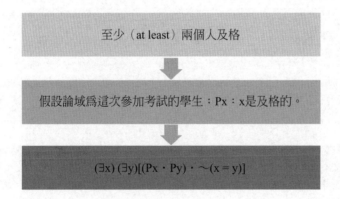

例 5：

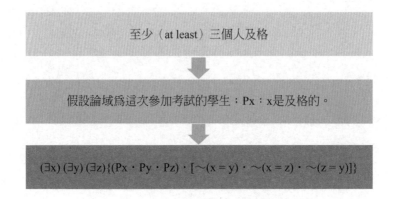

例 6：

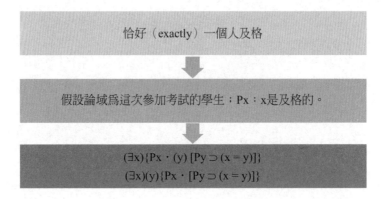

例 7：

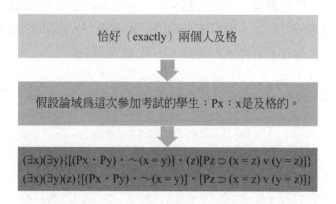

五、確定描述詞

最後，當我們要指稱一個確切的對象、人或存在的個體時，例如：「《倚天屠龍記》的作者」、「臺灣第一高峰」等，我們很明確知道上述兩語句分別指是「金庸」以及「玉山」，像這樣的描述詞，羅素稱之為「確定描述詞」。簡言之，羅素所指稱的「確定描述詞」具有兩項特徵：**它所談論的個體存在，而且是唯一的個體具有命題所描述的性質**。以下我們就要來練習，含有同一關係或確定描述詞的語句，我們如何將其正確地符號化：

例 1：

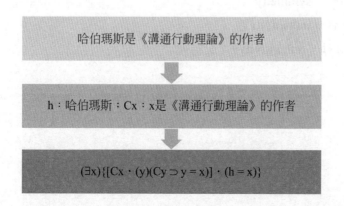

這一題我們爲何不能直接回答 Ch 呢？若認爲答案就是 Ch 的人，是將命題中的「是」看作是表達「述詞的關係」，而不是表達「等同的關係」。這顯然不是原來命題所主張的。因爲原來命題是要表達「哈伯瑪斯」這個人跟「《溝通行動理論》的作者」是等同的關係，不是述詞的關係。

例 2：

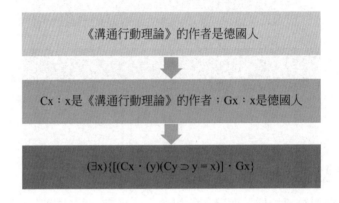

《溝通行動理論》的作者是德國人

Cx：x是《溝通行動理論》的作者；Gx：x是德國人

$(\exists x)\{[(Cx \cdot (y)(Cy \supset y = x)] \cdot Gx\}$

8.7 關係的性質

一般而言，二元關係述詞的性質具有三種可能性，也就是：

I. 對稱性（symmetry）

II.傳遞性（transitivity）

III.反身性（reflexitivity）

I. 對稱性（**symmetry**）

對稱性有三種可能性：

1. 對稱的（**symmetrical**）

例如：x 與 y 結婚，是一對稱關係，因為對任何 x 與 y 而言，x 與 y 結婚，y 一定也與 x 結婚，因此，它們是一種對稱關係。

(x)(y)(Mxy ⊃ Myx)

2. 不對稱的（**asymmetrical**）

例如：x 是 y 的父親，是一不對稱關係。因為對任何 x 與 y 而言，x 是 y 的父親，y 一定不是的父親，因此它們是一種不對稱關係。

(x)(y)(Fxy ⊃ ～Fyx)

3. 非對稱的（**nonsymmetrical**），

例如：x 喜歡（愛）y，是非對稱關係，因為對任何 x 與 y 而言，x 喜歡 y，y 可能喜歡 x，也可能不喜歡 x，像類似不確定的狀況，就是一種非對稱關係。

(x)(y)(Lxy ⊃ Lyx)

(x)(y)(Lxy ⊃ ～Lyx)

II. 傳遞性（**transitivity**）

傳遞性有三種可能性：

1. 傳遞的（**transitive**）

例如：x 比 y 高，是一種傳遞關係，因為對任何 x 與 y 而言，x 比 y 高，y 比 z 高，則 x 比 z 高，因此，它們是一種傳遞關係。

(x)(y)(z)[(Hxy • Hyz) ⊃ Hxz]

2. 不傳遞的（intransitive）

例如：x 是 y 母親，是一種不傳遞關係，因為對任何 x 與 y 而言，x 是 y 的母親，y 是 z 的母親，則 x 一定不是 z 的母親，因此，它們是一種不傳遞關係。

$$(x)(y)(z)[(Mxy \cdot Myz) \supset \sim Mxz)]$$

3. 非傳遞的（nontransitive）

例如：x 愛（喜歡）y，是一種非傳遞關係。因為對任何 x 與 y 而言，x 喜歡 y，y 喜歡 z，則 x 可能喜歡 z，也可能不喜歡 z，像這樣不確定的情況，就是一種非傳遞關係。

$$(x)(y)(z)[(Lxy \cdot Lyz) \supset Lxz)]$$

$$(x)(y)(z)[(Lxy \cdot Lyz) \supset \sim Lxz)]$$

III. 反身性（reflexitivity）

反身性有三種可能性：

1. 反身的（reflexive）

例如：x 等同於 x，是一種反身關係，因為對任何 x 而言，x 一定等同於它自身，因此，這是一種反身關係。

$$(x)Ixx$$

2. 不反身的（irreflexive）

例如：x 比 y 高。是一種不反身關係，因為對任何 x 而言，x 一定不會比它自己 y 高，這就是一種不反身關係。

$$(x)\sim Hxx$$

3. 非反身的（nonreflexive）

例如：x 愛（喜歡）y，是一種非反身關係，因為對任何 x，x 可能喜歡 x 自己，也可能不喜歡自己，像這樣不確定的情況，就是一種非傳

遞關係。

(x)Lxx

(x)～Lxx

練習 8-4

1. x 以 y 為榮

2. x 大於 y

3. x 在 y 的左邊

4. x 比 y 大一歲

5. x 是 y 的哥哥

6. x 是 y 的情人

7. x 看到 y

第 8 章習題

一、請將以下日常語句符號化爲述詞邏輯的邏輯式

1. 一隻會叫的狗絕對不會咬人。（Dx：x 是狗；Bx：x 是會叫的；Ix：x 是會咬人的）

2. 一隻正在叫的狗就在馬路上。（Dx：x 是狗；Bx：x 是會叫的；Rx：x 是在馬路上）

3. 有些貓和狗不是好的寵物。（Cx：x 是貓；Dx：x 是狗；Gx：x 是好的寵物）

4. 並不是所有祕書都有退休金。（Sx：x 是祕書；Px：x 是有退休金）

5. 有些學生既聰明又勤勉。（Sx：x 是學生；Ix：x 是聰明的；Hx：x 是勤勉的）

6. 婦女和兒童都免於被徵召當兵。（Cx：x 是兒童；Wx：x 是婦女；Ex：x 被徵召當兵）

7. 所有的蔬菜和水果都既滋養又可口。（Vx：x 是蔬菜；Fx：x 是水果；Nx：x 是滋養的；Dx：x 可口的）

8. 專任教師都有教學助理。（Px：x 是專任教師；Tx：x 有教學助理）

9. 只有專任教師才有教學助理。（Px：x是專任教師；Tx：x是有教學助理）

10. 軍人只可以使用右邊的電梯。（Sx：x 是軍人；Rx：x 可以使用右邊的電梯）

11. 只有軍人才可以使用右邊的電梯。（Sx：x 是軍人，Rx：x 可以使用右邊電梯）

12. 只有警員和消防員是社會上不可缺少而且又待遇菲薄的。（Px：x 是警員；Fx：x 是消防員；Ix：x 是社會上可缺少的；Ux：x 是待遇菲薄的）

13. 除非經過特別處理，否則大衣是不能防水的。（Sx：x 是經過特別處理的；Cx：x 是大衣；Wx：x 是能防水的）

14. 沒有人會死於肺癌，除非他們抽煙。（Px=x 是人；Dx=x 是死於肺癌；Sx=x 是抽煙的人）。

15. 所有白犀牛都將滅種了，除非白犀牛受到保護。（Ax：x 是白犀牛；Bx：x 是受到保護；Dx：x 是滅種的）

16. 沒有人能可以不勞而獲，除非有人暗中支助。（Px=x 是人；Wx=x 是不勞而獲；Sx=x 是暗中支助的）

17. 有些藥品是服用過量才會有危險。（Mx：x 是藥品；Ex：x 是服用過量；Dx：x 是有危險的）

18. 很不幸的，並不是只有女人才會得乳癌。（Fx：x 是女人；Cx：x 得乳癌）

19. 除了地球之外，每顆行星都無法居住。（Px：x 是行星；Ix：x 是可以居住的；e= 地球）

20. 除了此規則之外，沒有任何規則是毫無例外的。（Rx：x 是規則；Ex：x 是一例外；r= 此一規則）

二、請將以下日常語句符號化為述詞邏輯的邏輯式

1. 1 是最小的自然數。（a=1；Nx：x 是自然數；Gxy：x 大於等於 y）

2. 世界上最高的山。（Hx：x 是最高的山）

3. 沒有最大的整數。（Ix：x 是整數；Gxy：x 大於 y）

4. 有最小的自然數。（Nx：x 是自然數；Exy：x 大於或等於 y）

5. 現任美國總統有宗教信仰。（Px：x 是現任美國總統；Rx：x 是有宗教信仰的）

6. 阿圖的父親器重他。（a：阿圖；Fxy：x 是 y 的父親；Hxy：x 是器重 y 的）

7. 現任法國總統不是禿頭。（Px：x 是現任法國總統；Bx：x 是禿頭）

8. 德沃金是《法律帝國》的作者。（d：德沃金；Wx：x 是《法律帝國》的作者）

9. 下學年度哲研所碩士班將錄取一至三名。（Px：x 是下學年度研究所碩士班考試所錄取者）

10. 這次考試除了張哲翰之外，全班都及格了。（a：張哲翰；Px：x 是這次考試及格；Sx：x 是班上的學生）

11. 這次考試，全班只有張哲翰一人不及格。（同上）

12. 法律系學生要修法律哲學。（Lx：x 是法律系學生；Jx：x 要修法律哲學）

13. 哲學系學生要選修政治學，社會學或經濟學。（Px：x 是哲學系的學生；Ax：x 選修政治學；Bx：x 選修社會學；Cx：x 選修經濟學）

14. 趙一凡認識全部政治系學生。（a= 趙一凡；Kxy：x 認識 y；Px：x 是政治系學生）

15. 每一個政治系學生都認識趙一凡。（同上）

16. 王凱所認識的政治系學生中有些未修理則學。（a= 王凱；Kxy：x 認識 y；Px：x 是政治系學生；Lx：x 是修理則學）

17. 有些指定參考書是修課學生都會閱讀的，但是有些指定參考書則只有少數修課的學生會閱讀。（Bx：x 是指定參考書；Sx：x 是修課學生；Rxy：x 會閱讀 y）

18. 有些修課學生會閱讀全部指定參考書，有些則只閱讀其中一部分。（同上題）

19. 有些教科書只有修課學生才會閱讀。（Tx：x 是教科書；其餘同上）

20. 劉軒是劉義的叔父。（a= 劉義；b= 劉軒；Fxy：x 是 y 的父親；Bxy：x 是 y 的弟弟）

21. 王凱是李榮的姨丈。（a= 李榮；b= 王凱；Mxy：x 是 y 的母親，Sxy：x 是 y 的妹妹；Hxy：x 是 y 的丈夫）

22. 鄧倫有一兄弟和兩姊妹。（a：鄧倫；Bxy：x 是 y 的兄弟；Sxy：x 是 y 的姊妹）

23. 玄彬的父親已經退休。（a：玄彬；Fxy：x 是 y 的父親；Rx：x 是已經退休）

24. 任何兩相異實數，必有一實數介於期間。（Rx：x 表示實數）

25. 有些人只顧自己，不顧別人。（Px：x 是人；Cxy：x 顧慮 y）

26. 不顧慮別人的人不會有朋友。（Px：x 是人；Cxy：x 顧慮 y；Fxy：x 是 y 的朋友）

27. 每個人都敬重最慷慨大方的人。（Axy：x 是敬重 y 的；Gxy：x 比 y 慷慨大方）

28. 世界上最聰明的人只敬重世界上聰明的人。（Ixy：x 比 y 聰明；Axy：x 是敬重 y 的；Sx：x 是聰明的人）

29. 所有不刮自己鬍子的理髮師會被某個理髮師刮鬍子。（Bx：x 是理髮師；Sxy：x 幫 y 刮鬍子）

30. 理髮師只爲所有的理髮師刮鬍子。（Bx：x 是理髮師；Sxy：x 幫 y 刮鬍子）

第9章　述詞邏輯（二）：
　　　述詞邏輯規則與證明

在本章，我們主要介紹述詞邏輯的規則與論證證明。首先，我們將透過解釋方法與展開式證明論證的無效，其次，透過述詞邏輯的量詞規則，以及自然演繹法規則證明論證的有效性。最後，介紹關於述詞邏輯的定理與前提不一致的證明，以及等同與反身規則的應用等。

9.1 解釋方法證明論證無效

在述詞邏輯系統中，證明無效的方式有兩種，第一種方式透過解釋方法找到論證反例，第二種方式透過展開式證明論證無效。本節介紹第一種方式，透過解釋方法找到論證反例，藉此證明論證無效。在述詞邏輯系統中，一個語句的解釋可以有無限多個，因此我們除了要對每個性質常元或個體常元做出解釋之外，也就是給定性質常元或個體常元清楚的意義，還要對討論的界域作出限制。如此一來，我們才能夠明確的斷定一個述詞語句的真假值。換言之，一個解釋必須提供決定一個語句真假值所需要的所有資訊。舉例來說：

例 1：(x)(Ax ⊃ Bx)
1. 論域：不限，Ax：x 是一隻狗；Bx：x 是有四條腿。（所有狗都有四條腿）
2. 論域：不限，Ax：x 是一位麵包師傅；Bx：x 是一隻熊。（所有麵包師傅都是熊）
3. 論域：自然數，Ax：x 是可以被 6 整除；Bx：x 是可以被 3 整除。（所有可以被 6 整除的自然數都可以被 3 整除）

例 2：(∃x)(Ax • Bx)
1. 假設論域不限，Ax：x 是有翅膀的；Bx：x 是匹馬。（有些馬有翅膀）
2. 論域：自然數，Ax：x 大於等於 8；Bx：x 小於 100。（有些自然數大於 8 且小於 100）

在述詞邏輯系統中，當我們學會如何對一個語句作出解釋後，我們如何用解釋的方式證明論證無效呢？事實上，我們只要透過解釋方法，找出一個論證反例，也就是使前提為真，結論為假的情況下，我們就可以證明該論證形式為無效論證。舉例來說，有一論證如下：

1. (∃x)(Ax • Bx)
2. (∃x)(Ax • Cx)　　　　　　　　/ ∴ (∃x)(Bx • Cx)

我們現在假定論域不限，接著，對性質常元作出定義（作出解釋）。我們假設 Ax：x 是有生命的；Bx：x 是老虎；Cx：x 是犀牛，則我們可以透過解釋，使這個論證前提為真，但結論為假的邏輯解釋，因而是一個無效論證：

　　至少有一隻活的老虎存在。…………（真）
　　至少有一隻活的犀牛存在。…………（真）
　　結論，至少有一隻是老虎且是犀牛的東西存在。……（假）

練習 9-1　請用解釋方法證明以下論證為無效論證

(1)
　　1. (x)(Fx ⊃ Gx)
　　2. (x)(Hx ⊃ Gx)　　　　　　　　/ ∴ (x)(Fx ⊃ Hx)

(2)
　　1. (∃x)(Ax • Bx)
　　2. (∃x)(Bx • Cx)　　　　　　　　/ ∴ (∃x)(Ax • Cx)

(3)
　　1. (x)[(Ax • ～Bx) ⊃ Cx]
　　2. (∃x)(Ax v ～Bx)　　　　　　　/ ∴ (x)Cx

(4)

   1. (∃x)(Ax・Bx)

   2. (x)(～Bx v ～Cx)　　　　　　／∴ (x)(～Cx ⊃ ～Ax)

(5)

   1. (x)(Fx ⊃ Gx)

   2. (x)(Gx ⊃ Hx)　　　　　　　／∴ (x)(Fx・Hx)

9.2 展開式證明論證無效

　　在述詞邏輯系統中，我們已經知道述詞邏輯中的量詞符號是用來說明數量的符號，但是到底是指涉多少呢？如果我們進行討論時是漫無目的指涉對象，那可能會沒有多大意義，因此當我們進行討論時，往往會限定討論的對象，如果將討論對象設定在某個範圍或界域之內，我們將此被界定的範圍稱之爲「**論域**」（domain of discourse）。有了論域的概念之後，接下來，我們將學習單一量詞與重疊量詞的展開式，進而可以透過展開式來證明論證的無效。

一、單一量詞的展開式

　　現在假定我們討論的範圍中有四個個體，也就是 D：{a, b, c, d}。如此一來，邏輯式 (x)Fx 斷言了什麼？(∃x)Fx 又斷言了什麼？

　　(x)Fx 斷言了，在論域內的每個個體都具有 F 的性質，也就是說，在論域內，(x)Fx 得以展開式爲 (Fa・Fb・Fc・Fd)。(∃x)Fx 則斷言，在論域內，至少有一個個體具有 F 的性質。換句話說，在論域內，(∃x)Fx 得以展開爲 (Fa v Fb v Fc v Fd)。以下我們來練習一下單一量詞語句的展開式：

例 1：

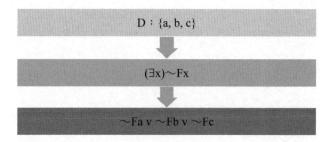

例 2：

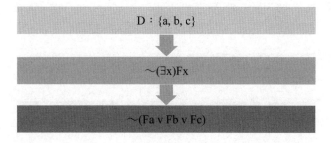

例 3：

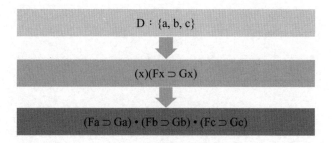

例 4：

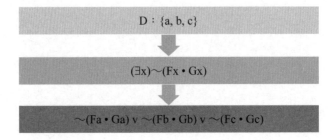

例 5：

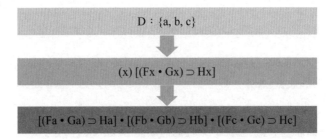

例 6：

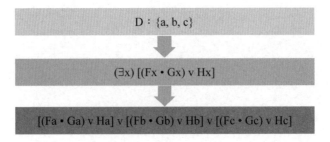

二、重疊量詞的展開式

接著，我們必須處理重疊量詞的展開式：假定我們討論的範圍中有兩個對象，也就是 D：{a, b}。如此一來，邏輯式 (x)(y)Fxy 斷言了什麼？(∃x)(∃y)Fxy 又斷言了什麼？

(x)(y)Fxy 斷言了，在論域範圍內，每個個體都會具有二元述詞 F 的關係性質，也就是說，在論域內，(x)(y)Fxy 得以展開為 (Faa・Fab)・(Fba・Fbb)。(∃x)(∃y)Fxy 斷言了，在論域範圍內，至少有一個體都會具有二元述詞 F 的關係性質，因此 (∃x)(∃y)Fxy 得以展開為 (Faa v Fab) v (Fba v Fbb)。

然而，重疊量詞如何展開呢？以 (x)(y)Fxy 為例，我們先假定 D：{a, b}，然後從最左邊的全稱量詞 x 開始展開，我們將 a 與 b 分別帶入 x，得到部分展開式為 (y)Fay・(y)Fby，接著我們展開 (y)，也就是將個體 a, b 帶入 y，得到〔(Faa・Fab)・(Fba・Fbb)〕。如此一來，我們就可以得到 (x)(y)Fxy 的完全展開式。以下我們來練習，如何對重疊量詞進行展開。

例 1：

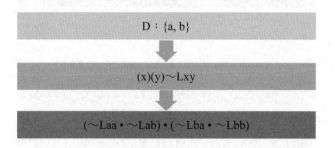

例 2：

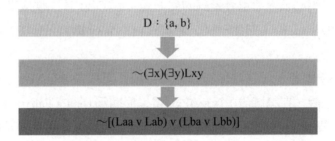

例 3：

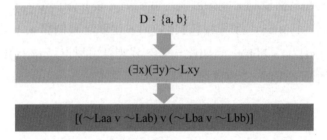

例 4：

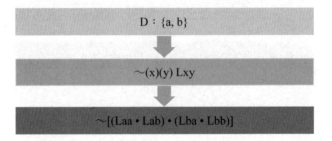

例 5：

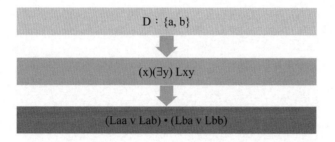

例 6：

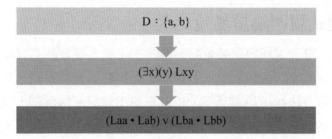

例 7：

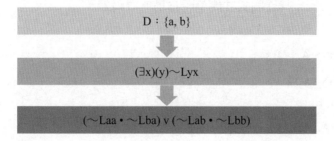

例8：

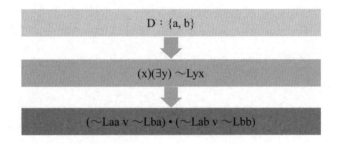

三、展開式證明論證無效

　　我們學會單一量詞與重疊量詞的展開式之後，接著我們要用展開式證明論證無效。在假定的論域之中，我們將前提與結論分別展開，然後利用簡易真值表的解釋方法找出論證反例，也就是找出一組邏輯解釋，使前提為真，結論為假。如果我們成功找到了，那麼就可以證明該論證為無效論證。值得注意的是，並不是所有的無效論證用兩個個體常元（a,b）就可以找出論證反例，有些無效論證需要的論域可能要假設到三個（a,b,c）或更多的個體（a,b,c,d……），其展開式才能證明它是無效論證。

(1)

1. ～(∃x)(～Ax • Bx)
2. (∃x)(Ax • Cx)　　　/ ∴～(x)(Cx ⊃ ～Bx)

　　D：{a, b}

1. ～[(～Aa • Ba) v (～Ab • Bb)]
　　T　　　　　　**F**
2. (Aa • Ca) v (Ab • Cb)
　　　　　T

　　/ ∴～[(Ca ⊃ ～Ba) • (Cb ⊃ ～Bb)]
　　　　F　　　　　**T**

答：當 Aa = T, Ab. = T, Ba = F, Bb = F, Ca = T, Cb = T 時，可以使前提為真，結
論為假。

(2)

1. (∃x) (y) Fxy   / ∴ (x) (y) Fxy

　　D：{a, b}

1. [(Faa • Fab) v (Fba • Fbb)]

　　　　　　　T

　 / ∴ [(Faa • Fab) • (Fba • Fbb)]

　　　　　　　　　F

答：Faa = T, Fab = T, Fba = F, Fbb = F 時，可以使前提為真，結論為假。

　　練習 9-2 請利用展開式證明以下論證為無效論證

(1)

　　1. (∃x)(Px • ～Qx)

　　2. (x)(Rx ⊃ Px) / ∴ (∃x)(Rx • ～Qx)

(2)

　　1. (∃x)(Px v ～Qx)

　　2. (x)[(Px • ～Qx) ⊃ Hx)] / ∴ (∃x)Hx

(3)

　　1. (x) (Jx ⊃ (∃y) Kxy) / ∴ (∃x) (Jx ⊃ (y) Kxy)

(4)

　　1. (x)(y)(∃z)Hxyz / ∴ (∃x)(y)(z)Hxyz

四、證明前提一致

在述詞邏輯系統中，我們若要證明一個論證前提一致，那麼就像我們證明論證無效一樣，透過邏輯解釋方法，無論是反例法（找出一論證反例）或者是透過展開式，找出使前提全部為真，結論為假的邏輯解釋。當我們證明論證無效時，所找出的前提全部為真的邏輯解釋，也就證明了前提是一致的。現在，我們要前提一致時，只需要使得前提全部為真就可以。不過，在述詞邏輯系統中，我們若要證明論證有效與前提的不一致，就只能使用自然演繹規則與量詞符號規則加以證明。以下我們就來介紹述詞邏輯的證明。

9.3 量詞規則與證明論證有效

在述詞邏輯系統中，自然演繹法十八條規則，以及 CP 或 IP 證明方法都可以持續使用，不過有關量詞規則的部分，則必須新增有四個蘊含規則，使我們能對邏輯式增加（UG / EG）或消去（UI / EI）量詞符號，以及一個等值規則（QN），能夠處理量詞的否定。以下，我們先來介紹量詞的等值規則：量詞否定規則（QN）。

一、量詞否定規則（QN）

量詞否定規則（Quantifier Negation：QN）是一種等值規則，有六種情況，它們彼此都可以雙向互推。例如：我們可以從 (x) (Ax) 推出～(∃x)～(Ax)，也可以從～(∃x)～(Ax) 逆推回去 (x) (Ax)。我們將量詞否定規則的六種情況整理如下：

1. $(x)(Ax) \equiv \sim(\exists x)\sim(Ax)$

2. (∃x) (Ax) ≡ ～(x)～(Ax)

3. (x)～(Ax) ≡ ～(∃x) (Ax)

4. (∃x)～(Ax) ≡ ～(x) (Ax)

5. ～(x) (Ax) ≡ (∃x)～(Ax)

6. ～(∃x) (Ax) ≡ (x)～(Ax)

那麼我們該如何使用 QN 規則呢？舉例來說：

例題 1：

1. (y)(Wy) ⊃ (∃x)(Hx)　　　　　　p

2. ～(∃y)～(Wy)　　　　　　　　p / ∴ (∃x)(Hx)

3. ～(∃y)～(Wy) ⊃ (∃x) (Hx)　　1 QN（QN 規則是等值規則可以部分使用）

4. (∃x) (Hx)　　　　　　　　　　2,3 MP

例題 2：

1. (∃x)Fx v (∃x) Gx　　　　　　p

2. (x)～Fx　　　　　　　　　　p / ∴ (∃x) Gx

3. ～(∃x) Fx　　　　　　　　　2 QN

4. (∃x) Gx　　　　　　　　　　1,3 DS

　　學會了量詞否定規則 QN，我們就能夠從全稱量詞變為存在量詞。反之亦然，也能輕易明瞭傳統邏輯四角對當關係中有關量詞的變化。

舉例來說：

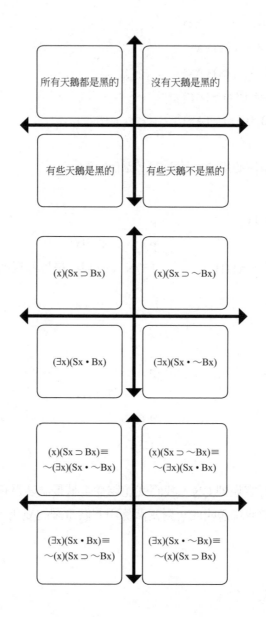

　　透過 QN 規則，我們可以推知，否定 A 命題等值於 O 命題，否定 O 命題等值於 A 命題；否定 E 命題等值於 I 命題，否定 I 命題等值於 E 命題。

練習 9-3 請檢視以下轉換是否有正確使用 QN

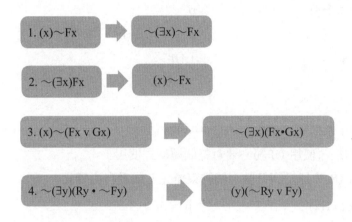

二、四個量詞規則

　　四個量詞規則分別是全稱個例化規則（Universal Instantiation：UI）；全稱通則化規則（Universal Generalization：UG）；存在個例化規則（Existential Instantiation：EI）；存在通則化規則（Existential Generalization：EG）。UI 與 EI 兩個規則，是個例化規則，可以讓我們消去量詞符號的規則，UG 與 EG 是普遍化或通則化規則，可以幫我們添加量詞符號的規則。以下我們逐一介紹這四個規則的正確使用方式：

1. 全稱個例化規則（Universal Instantiation：UI）

　　我們從一個全稱語句 $(x)\phi x$，可以推出個例 ϕx 或 ϕy，其中原本約束變元 x 可以成為任意選出的自由變元 y 或個體常元 a，並可以寫成如下形式：

$(x)\phi x$	$(x)\phi x$	$(x)\phi x$
$/ \therefore \phi x$	$/ \therefore \phi y$	$/ \therefore \phi a$

例 1：UI 直接個例化爲個體常元 a。

1. (y) (Wy ⊃ Hy)　　　　　　　p
2. Wa　　　　　　　　　　　p　　/ ∴ Ha
3. Wa ⊃ Ha　　　　　　　　1 UI
4. Ha　　　　　　　　　　　2,3 MP

　　運用 UI 規則將 (y) (Wy ⊃ Hy) 中的 (y) 去除，引出一個 Wa ⊃ Ha 的個例。值得注意的是，使用 UI 務必要對整個邏輯式使用。

例 2：使用 UI 去掉量詞符號，使約束變元 x 成爲自由變元。

1. (x) (Wx ⊃ Hx)　　　　　　　p
2. Wx　　　　　　　　　　　p　　/ ∴ Hx
3. Wx ⊃ Hx　　　　　　　　1 UI
4. Hx　　　　　　　　　　　2,3 MP

例 3：使約束變元 x 自由變元，但是不一定要是原來的變元。

1. (x) (Wx ⊃ Hx)　　　　　　　p
2. Wy　　　　　　　　　　　p　　/ ∴ Hy
3. Wy ⊃ Hy　　　　　　　　1 UI
4. Hy　　　　　　　　　　　2,3 MP

例 4：UI 必須整句使用。

1. (x) (Fx) ⊃ (∃x)(Gx)　　　p
2. Fa　　　　　　　　　　1 UI ← 錯誤（UI 不能部分使用）

　　因爲 (x) 量詞並沒有控制整個邏輯式。

例5：「～」是主要語句連接詞，UI 不能部分使用。

1. ～(x) (Wx ⊃ Hx)　　　　　p
2. ～(Wa ⊃ Ha)　　　　　　1 UI ← 錯誤（UI 不能部分使用）

　　因爲做主要語句連接詞是「～」符號，(x) 量詞並沒有控制整個邏輯式。

例6：UI 的正確使用方式。

1. (x) (Wx ⊃ Hx)　　　　　　　　p
2. Wx ⊃ Hx　　　　　　　　　　1 UI
3. Wa ⊃ Ha　　　　　　　　　　1 UI
4. Wy ⊃ Hy　　　　　　　　　　1 UI

例7：UI 的正確使用方式。

1. (x)[(Wx v Hx) ⊃ Ga]　　　　　　p
2. [(Wx v Hx) ⊃ Ga]　　　　　　1 UI
3. [(Wa v Ha) ⊃ Ga]　　　　　　1 UI
4. [(Wb v Hb) ⊃ Ga]　　　　　　1 UI
5. [(Wy v Hy) ⊃ Ga]　　　　　　1 UI

2.全稱通則化規則 （Universal Generalization：UG）

　　經過 UI 之後，已經變爲自由變元 y，我們可以利用 UG 規則加以通則化加回全稱量詞，也就是從 φx 通則化推出 (x)φx 或從 φy 通則化推出 (x)φx，並可寫成如下的形式：

φx　　　　　　　φy　　　　　　　φa
/ ∴ (x)φx　　　　/ ∴ (x)φx　　　　/ ∴ (x)φx（錯誤，個體常元不能使用 UG）

例 1：UI 消去的量詞，可由 UG 添加回來。

1. (x) (Wx ⊃ Hx)   p   / ∴ (y) (Wy ⊃ Hy)

2. Wy ⊃ Hy   1 UI

3. (y) (Wy ⊃ Hy)   2 UG

　　UG 規則就是為整句邏輯式添加全稱量詞，意思就是將可普遍化的個例加以普遍化。

例 2：

1. (x) (Wx ⊃ Hx)   p

2. Wx   p   / ∴ (x) Hx

3. Wx ⊃ Hx   1UI

4. Hx   2,3 MP

5. (x) Hx   4 UG

例 3：

1. (x) (Wx ⊃ Hx)   p

2. Wy   p   / ∴ (y) Hy

3. Wy ⊃ Hy   1, UI

4. Hy   2,3 MP

5. (y) Hy   4 UG

例 4：

1. (x) (Fx)   p

2. Fa   1, UI

3. (x) Fx   2 UG ←（錯誤：個體常元不能 UG）

切記：個體常元不能被普遍化，即便是從 UI 所獲得的亦然。

例 5：

1. (x) (Fx ⊃ Gx) ⊃ (x) (Hx ⊃ Fx)	p	
2. (x)∼Fx	p	/ ∴ (x)∼Hx
3. ∼Fx	2 UI	
4. ∼Fx v Gx	3 Add	
5. Fx ⊃ Gx	4 Impl	
6. (x) (Fx ⊃ Gx)	5 UG	
7. (x) (Hx ⊃ Fx)	1,6 MP	
8. Hx ⊃ Fx	7 UI	
9. ∼Hx	3,8 MT	
10. (x) ∼Hx	9 UG	

3. 存在個例化規則（Existential Instantiation：EI）

存在量詞的個例化，使我們從一個特稱語句 (∃x)ϕx，推出個例 ϕy。但是，原本約束變元 x，變成自由變元 y，並不是像使用 UI 規則時，讓 x 可以成為任意的個體變元或個體常元。我們在進行 EI 時，必須假定 x 變成特定某個個體變元具有 ϕ 的性質，但是我們不能明確指出是哪一個明確的個體常元。舉例來說，假設 (∃x)ϕx 宣稱至少有一個哲學家存在，經過 EI 之後，我們可以推出 ϕy，也就是，我們從「至少有一個哲學家存在」可以推出「有某個哲學家存在」，但不能推出「蘇格拉底是哲學家」，因為題幹指出某個哲學家存在，但是並沒有指明就是蘇格拉底。總之，EI 規則從 (∃x)ϕx 推出 ϕx 或 ϕy，可以寫成如下形式：

(∃x)ϕx	(∃x)ϕx	(∃x)ϕx
/ ∴ ϕx	/ ∴ ϕy	/ ∴ ϕa（錯誤）

1. (∃x) (Fx • Gx)　　　　　　　　p

2. Fx • Gx　　　　　　　　　　1 EI

　　運用 EI 規則可以將 (∃x) (Fx • Gx) 中的存在量詞 (∃x) 去除，引出一個 (Fx • Gx) 的個例。值得注意的是，使用 EI 不可以引出特定的個體常元。例如：Fa • Ga。因爲存在量詞 (∃x) 意指至少有某一個特定個體存在（某個特定的個體變元存在），但沒有說是特定的哪一個個體常元。

1. (∃x) (Fx • Gx)　　　　p

2. Fa • Ga　　　　　　1　EI（錯誤，因爲 EI 不能推出特定的個體常元 a）

4. 存在通則化規則（Existential Generalization：EG）

　　任意的個體自由變元或個體常元，都可以通則化，指稱至少有一個具有 φ 的性質。因此，我們可以透過 EG 規則將 φx 或 φa 通則化爲 (∃x)φx 或將 φy 通則化爲 (∃y)φy，並寫成如以下形式：

φx　　　　　　　　　　φx　　　　　　　　　　φa

/ ∴ (∃x)φx　　　　　　/ ∴ (∃y)φy　　　　　　/ ∴ (∃x)φx

例 1：

1. (∃x) (Fx • Gx)　　　　　　　　p / ∴ (∃x) Gx

2. Fx • Gx　　　　　　　　　　　1 EI

3. Gx　　　　　　　　　　　　　2 Simp

4. (∃x) Gx　　　　　　　　　　　3 EG

　　使用 EG 規則，就是將不知名個體變元 x 所具有的 G 性質加以一般化，意謂著至少有一個不知名的個體確實存在且具有 G 性質。具體的作法，就從將 3 加上 (∃x) 符號，就可以得到結論。

例 2：

1. (∃x) Fx　　　　　　　　　p
2. Fa　　　　　　　　　　　　1 EI ← 錯誤

　　切記：(∃x)Fx 是說至少有某個體存在且具有 F 性質，但並沒有指定是哪個個體。因此，若我們指定是 a，這是不正確的。

例 3：

1. Fa　　　　　　　　　　　　p
2. (∃x) Fx　　　　　　　　　1 EG

　　不過，在例題 3 中，從步驟 1 推到步驟 2 是對的。因為前提 1 宣稱有個體 a 具有 F 性質。因此，我們可以將此存在量詞一般化 (EG)，也就是變成 (∃x) Fx。

練習 9-4　證明以下論證有效

(1)

1. (x) Fx v (x)～Gx　　　　　p
2. ～(x) Fx　　　　　　　　　p
3. (x) (Dx ⊃ Gx)　　　　　　p / ∴ (x)～Dx

(2)

    1. Ab ⊃ Dc   p

    2. (x) (Ax ⊃ Dx)   p

    3. (x)[(Ax ⊃ Dx) ⊃ Ax]   p / ∴ Dc

(3)

    1. Ab v Bc   p

    2. (x)～Bx   p / ∴ (∃x) Ax

(4)

    1. (x)[(Rx • Ax) ⊃ Tx]   p

    2. Ab   p

    3. (x) Rx   p / ∴ Tb • Rb

(5)

    1. (y) (Ry ⊃ ～Gy)   p

    2. (z) (Bz v Gz)   p

    3. (y) Ry   p / ∴ (y) By

(6)

    1. (∃x) Ax v (∃x)~Cx   p

    2. (x) Cx   p / ∴ (∃x) (Ax v Bx)

三、量詞規則使用的五個主要限制

    四個量詞規則在使用上有些限制，理解這五個限制，是學好述詞邏輯的關鍵。因此，請各位務必精確掌握與瞭解這些限制，避免推論時產生錯誤。

1. 個體常元不可以被普遍化，不可以加上 UG。

    1. Ha   p

    2. (x) Hx   1 UG   （無效）

2. EI 規則不能引出一個特定的個體常元（個例）。

    1. (∃x) Hx   p

    2. Ha   1 EI   （無效）

3. EI 消去後，引入的自由變元不可以重複。也就是說，在前面的證明步驟中，已經出現過的自由變元，再次做 EI 時，不能再被使用。

    1. (∃x) Hx   p

    2. (∃x) Gx   p

    3. Hx   1 EI

    4. Gx   2 EI（無效，因為 Hx 的 x 已經是被使用過的自由變元）

當前提有全稱量詞與存在量詞時，要先處理存在量詞 (∃x)，然後處理全稱量詞 (x)。這樣就可以避免無效論證的產生。

    1. (x) Hx   p

    2. (∃x) Gx   p

    3. Hx   1 UI

    4. Gx   2 EI（無效）

第 4 步驟無效，因為 Gx 的 x 在第 3 步驟已經成為自由變元。

4. 由 EI 步驟變成自由變元之後，不可以使用 UG 加以通則化。

1. (∃x) Hx	p
2. Hx	1 EI
3. (x) Hx	2 UG（無效）

5. 附加前提（AP）是一自由變元時，被視爲表述至少某一個體的存在，故不能使用 UG 去通則化。

1. Hx	AP
2. (x) Hx	1 UG（無效）

練習 9-5　請找出以下推理過程的錯誤步驟：

(1)

1. (x)[(Hx • Kx) ⊃ Mx]	p
2. (∃x) (Hx • Kx)	p
3. (Hx • Kx) ⊃ Mx	1 UI
4. (Hx • Kx)	2 EI
5. Mx	3,4 MP
6. (x) Mx	5 UG

(2)

1. (x) (Mx ⊃ Gx) ⊃ Fa	p
2. (x) (∼Gx ⊃ ∼Mx)	p
3. (x) (∼Gx ⊃ ∼Mx) ⊃ Fa	1 Contra
4. Fa	2,3 MP
5. (x) Fx	4 UG

(3)

1. (x) (Fx ⊃ Gx)	p	
2. (∃y) (Fy • Hy)	p	
3. Fx ⊃ Gx	1 UI	
4. Fx • Hx	2 EI	
5. Fx	4 Simp	
6. Gx	3,5 MP	
7. (∃x) Gx	6 EG	

(4)

1. (∃x) (Fx • ～Mx)	p
2. (x)[(Gx v Hx) ⊃ Mx]	p
3. (Gy v Hy) ⊃ My	2 UI
4. Fy • ～My	1 EI
5. ～My	4 Simp
6. ～(Gy v Hy)	3,5 MT
7. (y)～(Gy v Hy)	6 UG
8. ～(∃y) (Gy v Hy)	7 QN

(5)

1. (x) (Fx ⊃ Gx)	p
2. Fa • Gb	p
3. Fy ⊃ Gz	1 UI
4. Fx ⊃ Gz	1 UI
5. (∃x) (Fx • Gx)	2 EG
6. (x) (Fx ⊃ Gx)	4 UG

(6)

1. (x) (Ax ⊃ Bx)	p
2. (∃x) Ax	p

3. Ax	2 EI
4. Ax ⊃ Bx	1 UI
5. Bx	3,4 MP
6. (x) Bx	5 UG

(7)

1. ～(x) (Fx) v (x)Hx	p
2. ～(x) (Hx ⊃ Gx)	p / ∴ (x) (Fx ⊃ Gx)
→ 3. Fx	ACP
4. (x) Fx	3 UG
5. ～～(x) Fx	4 DN
6. (x) Hx	1,5 DS
7. Hx	6 UI
8. Hx ⊃ Gx	2 UI
9. Gx	7,8 MP
10. Fx ⊃ Gx	3-9 CP
11. (x) (Fx ⊃ Gx)	10 UG

9.4 關係述詞邏輯的證明

在關係述詞邏輯中,當我們面對多重量詞的前提時,我們必須使用 UI 或 EI 規則,由外而內(由左而右)逐一消去量詞。但是請務必要整句邏輯語式一起處理。如果我們需要將語句通則化,則由內而外(由右而左)的使用 UG 或 EG 規則加回量詞。但是請務必要整句邏輯語式一起處理。例如:

1. (x) (∃y)[Axy v (Bx • ～Cx)]　　　　　　　　p

2. (∃y)[Axy v (Bx • ～Cx)]　　　　　　　　　1 UI

3. [Axy v (Bx • ～Cx)]　　　　　　　　　　　2 EI

4. (∃y)[Axy v (Bx • ～Cx)]　　　　　　　　　3 EG

5. (x) (∃y)[Axy v (Bx • Cx)]　　　　　　　　1 UG

以下我們舉幾個例子來進行實際的操作練習：

例 **1**：

1. (x) (y) (Fx ⊃ Gxy)　　　　　　　　　p

2. (x) (∃y)～Gxy　　　　　　　　　　　p　／∴ (∃x)～Fx

3. (∃y)～Gxy　　　　　　　　　　　　2 UI

4. ～Gxy　　　　　　　　　　　　　　3 EI

5. (y) (Fx ⊃ Gxy)　　　　　　　　　　1 UI

6. (Fx ⊃ Gxy)　　　　　　　　　　　　5 UI

7. ～Fx　　　　　　　　　　　　　　　4,6 MT

8. (∃x)～Fx　　　　　　　　　　　　　7 EG

例 **2**：

1. (∃x) (y) Fxy　　　　　　　　　　　p

2. (y) (x) (Fyx ⊃ Gxy)　　　　　　　p　／∴ (y) (∃x) Gyx

3. (y) Fwy　　　　　　　　　　　　　1 EI

4. Fwz　　　　　　　　　　　　　　　3 UI

5. (x) (Fwx ⊃ Gxw)　　　　　　　　　2 UI

6. Fwz ⊃ Gzw　　　　　　　　　　　　5 UI

7. Gzw　　　　　　　　　　　　　　　4,6MP

8. (∃x) Gzx　　　　　　　　　　　　　7 EG

9. (y) (∃x) Gyx　　　　　　　　　　　8 UG

例 3：（錯誤示範）

1. (x) (∃y) (Fx • Gy)   p ／∴ (x) Fx
2. (∃y) (Fx • Gy)   1 UI
3. (Fx • Gy)   2 EI
4. Fx   3 Simp
5. (x) Fx   4 UG（無效）

　　第 5 步驟爲何無效呢？因爲 Fx 是經過第 3 步驟 EI 得來的。因此，不能直接用 UG。

IP 證明

1. (x) (∃y) (Fx • Gy)   p ／∴ (x) Fx
2. ～(x) Fx   AIP
3. (∃x)～Fx   2 QN
4. ～Fx   3 EI
5. (∃y) (Fx • Gy)   1 UI
6. (Fx • Gy)   5 EI
7. Fx   6 Simp
8. Fx • ～Fx   4,7 Conj
9. (x) Fx   2-8 IP

9.5 多重量詞應用的限制

在關係述詞邏輯中，由於邏輯式含有多重的量詞符號，因此有可能會導致推演的過程變得相當複雜，容易產生混淆與錯誤，所以，有些規則必須小心使用，適當地限制它們的使用範圍。本節主要介紹多重量詞應用的限制，是為了使我們能夠妥當地對多重量詞的邏輯式進行演繹，確保推論的有效性。

1.使用UI或EI規則應該注意的規則

(1) UI規則：

$\quad$ (x) (……x……)　/ ∴ (……w……)

我們使用 UI 規則將 (x) 消去，並將邏輯句中所有包含 x 的變元，都變成自由的變元 w。

例題1：

1. (x) (Ox v Ex)　　　　p
2. (Ox v Ey)　　　　　1 UI（無效）

(2) EI規則：

$\quad$ (∃x) (……x……)　/ ∴ (……w……)

我們使用 EI 規則將 (∃x) 消去，並將邏輯句中所有包含 x 的變元，都變成**自由的變元 w**，但**不可以用個體常元取代 x**。例如：

1. (∃x) (Ox • Ex)　　　　　　　　　p
2. (Ox • Ey)　　　　　　　　　1 EI（無效）
3. (Oa • Ea)　　　　　　　　　1 EI（無效）

例題 **2**：

1. (x) (∃y) (Axy • Bx)   p
2. (∃y) (Axy • Bx)   1 UI
3. (Axy • Bx)   2 EI

無效狀況：

1. (x) (∃y) (Axy • Bx)   p
2. (∃y) (Ayy • By)   1 UI
3. (Ayy • By)   2 EI

例題 **3**：

1. (∃x) (y) (Axy • Bx)   p
2. (y) (Axy • Bx)   1 EI
3. (Axy • Bx)   2 UI

無效狀況：

1. (∃x) (y) (Axy • Bx)   p
2. (y) (Ayy • By)   1 EI
3. (Ayy • By)   2 UI

例題 **4**：

1. (∃x) (∃y)(Axy • Bx)   p
2. (∃y) (Axy • Bx)   1 EI
3. (Axy • Bx)   2 EI

無效狀況：

1. (∃x) (∃y) (Axy • Bx)   p
2. (∃y) (Ayy • By)   1 EI
3. (Ayy • By)   2 EI

例題 **5**：

1. (x) (∃y)[(Ax・Bx) ⊃ Cxy]	p
2. (∃y)[(A__・B__) ⊃ C__y]	1 UI
3. (∃y)[(Ax・Bx) ⊃ Cxy]	1 UI
4. (∃y)[(Aw・Bw) ⊃ Cwy]	1 UI
5. (∃y)[(Aa・Ba) ⊃ Cay]	1 UI
6. (∃y)[(Au・Bu) ⊃ Cxy]	1 UI（無效）
7. (∃y)[(Ay・By) ⊃ Cyy]	1 UI（無效）
8. [(Ax・Bx) ⊃ Cxx]	7 EI（無效）

第 5 題說明：

6. (∃y)[(Au・Bu) ⊃ Cxy]　　　1 UI（無效）

原因：使用 UI 規則消去 (x) 量詞符號時，變元 x 並未全部被替換成 u。

7. (∃y)[(Ay・By) ⊃ Cyy]　　　1 UI（無效）

原因：使用 UI 或 EI 規則主要是讓約束變元 x 成為自由，因此不能讓約束變元 x 預期成為自由，但卻因為使用變元符號 y，使其再度被其他量詞控制 (∃y)。

8. [(Ax・Bx) ⊃ Cxx]　　　7 EI（無效）

原因：使用 EI 規則消去 (∃y) 量詞符號時，不可使用已經自由的 x 變元。

2.使用UG或EG需要注意的規則。

(1) UG 規則：

　　(……w……)　/ ∴ (x) (……x……)

　　我們使用 UG 規則，是要以新引進的全稱量詞 (x) 來量限那些可以泛指所有種類的自由變元。若要用 x 取代 w，則 x 不能在（……w……）之中是不自由的，且變元 **w** 不能是由 **EI** 推導得出的。

例題 **6**：

1. (∃y)[(Ax • Bx) ⊃ Cxy]   p
2. [(Ax • Bx) ⊃ Cxy]   1 EI
3. (∃y)[(Ax • Bx) ⊃ Cxy]   2 EG
4. (y)[(Ax • Bx) ⊃ Cxy]   2 UG   （無效）

例題 **7**：

1. (∃y)[(Ax • Bx) ⊃ Cxy]   p
2. (x) (∃y)[(A__ • B__) ⊃ C__y]   1 UG
3. (x) (∃y)[(Ax • Bx) ⊃ Cxy]   1 UG
4. (w) (∃y)[(Aw • Bw) ⊃ Cwy]   1 UG
5. (x) (∃y)[(Aw • Bx) ⊃ Cxy]   1 UG（無效）
6. (w) (∃y)[(Aw • Bw) ⊃ Cxy]   1 UG（無效）
7. (y) (∃y)[(Ay • By) ⊃ Cyy]   1 UG（無效）

例題 **8**：

1. (Az • By) ⊃ (y) (Rxy ⊃ Cwz)   p
2. (x) (Az • By) ⊃ (y) (Rxy ⊃ Cwz)   1 UG（無效）
3. (y)[(Ay • By) ⊃ (y) (Rxy ⊃ Cwy)]   1 UG（無效）
4. (v)[(Av • By) ⊃ (y) (Rxy ⊃ Cwv)]   1 UG
5. (x)[(Ax • By) ⊃ (y) (Rxy ⊃ Cwx)]   1 UG（無效）
6. (z)[(Az • By) ⊃ (y) (Rxy ⊃ Cwz)]   1 UG
7. (w)[(Aw • By) ⊃ (y) (Rxy ⊃ Cww)]   1 UG（無效）

　　說明：第 2 步驟是錯誤的，主要原因是 UG 規則沒有被整句使用。第 3 步驟之所以錯誤，是因為在 By 與 Rxy 中，它們已經使用了 y，因此我們不能使

用 UG 規則，將 z 普遍化爲（y）。第 5 步驟與第 7 步驟不能變成（x）與（w），
因爲 x, w 它們已經在該行其他地方使用過了。

(2) EG 規則：

 （……w……）/ ∴ (∃x) (……x……)

 當我們使用 EG 時，將某一特定變元或常元 w，加上存在量詞符號 (∃x)，
使這個變元成爲受限變元來代替某些而未必全部的變元或常元。

例題 9：

1. Lhh	p
2. (∃x) Lxx	1 EG
3. (∃y) (∃x) Lxy	2 EG
4. (∃x) Lhx	1 EG

例題 10：

1. (∃x) (∃y) (Ax ⊃ By)	p
2. (∃y) (Ax ⊃ By)	1 EI
3. Ax ⊃ By	2 EI
4. Ax ⊃ Bx	2 EI （無效）
5. (∃x) Ax ⊃ Bx	4 EG （無效）
6. (∃x) (Ax ⊃ Bx)	3 EG （無效）
7. (z) (∃x) (Ax ⊃ Bz)	6 UG （無效）

 第 4 步驟錯，是因爲 Ax 的 x 已經是自由變元；第 5 步驟錯，是因爲沒有
整句使用；第 6 步驟錯，是因爲把 y 的變元改變成 x；第 7 步驟錯，是因爲 z
是由 EI 而來。

3.涉及偶然受限的變元各種情形。

(1)

    1. (x) (∃y) Lxy　　　　　　p

    2. (∃y) Lyy　　　　　　　1 UI　（無效）

    無效是因爲 UI 所引進的變元 y 並沒有成爲自由變元，偶然地又被 (∃y) 量詞限制住。

(2)

    1. (∃x) (y) Lxy　　　　　　p

    2. (y) Lyy　　　　　　　　1 EI　（無效）

    之所以無效是因爲 EI 所引進的變元 y 並沒有成爲自由變元，偶然地又被 (y) 量詞限制住。

(3)

    1. (∃y) Lxy　　　　　　　p

    2. (y) (∃y) Lyy　　　　　　1 UG　（無效）

    無效是因爲 UG 所要限量的變元 y 已經被存在量詞 (∃y) 給限制住。

(4)

    1. (y) Lxy　　　　　　　　p

    2. (∃y) (y) Lyy　　　　　　1 EG　（無效）

    之所以無效是因爲 EG 所要限量的變元 y 已經被全稱量詞 (y) 給限制住。

4.涉及一一對應的情況。

(1)

1. (x) Lxy　　　　　　　p
2. Lyy　　　　　　　　1 UI　（有效）

　UI 所引進的變元 y，可以容許 y 變元是已經存在的自由變元。

(2)

1. (x) Lxx　　　　　　　p
2. Lxy　　　　　　　　1 UI　（無效）

　UI 可使受限制變元成爲自由變元，但是不能換成兩種以上不同的自由變元。故無效。

(3)

1. (∃x) Lxx　　　　　　p
2. Lyx　　　　　　　　1 EI　（無效）

　EI 可使受限制變元成爲自由變元，但是不能換成兩種以上不同的自由變元。

(4)

1. (∃x) Lxy　　　　　　p
2. Lyy　　　　　　　　1 EI　（無效）

　EI 可使受限制變元 x 成爲自由變元 y，但是變元 y 不能是已經存在的自由變元。故無效。

(5)

　　1. Lxy　　　　　　　　　　p
　　2. (x) Lxx　　　　　　　　1 UG　　（無效）

　　我們不可以用 UG 去同時量限兩個不同的變元。故無效。

(6)

　　1. Lyy　　　　　　　　　　p
　　2. (x) Lxy　　　　　　　　1 UG　　（無效）

　　我們使用 UG 時，不可以讓相同符號的自由變元僅部分受到全稱量詞 (x) 的控制。

(7)

　　1. Lyy　　　　　　　　　　p
　　2. (∃x) Lxy　　　　　　　1 EG　　（有效）

　　我們使用 EG 時，可以讓相同符號的自由變元僅部分受到存在量詞 (∃x) 的控制。

(8)

　　1. Lxy　　　　　　　　　　　p
　　2. (∃x) Lxx　　　　　　　　1 EG　　（無效）

　　我們使用 EG 時，不可以讓不相同的符號的自由變元，同時受到存在量詞 (∃x) 的控制。

練習 9-6 證明以下論證為有效論證

(1)

  1. (x) (∃y) (～Fx v Gy)　　　　　　　　　/ ∴ (x) Fx ⊃ (∃y) Gy

(2)

  1. (∃x)Hx ⊃ (∃y)Ky

  2. (∃x)[Hx • (y) (Ky ⊃ Lxy)]　　　　　　/ ∴ (∃x) (∃y)Lxy

(3)

  1. (x) (∃y) Fxy ⊃ (x) (∃y) Gxy

  2. (∃x) (y)～Gxy　　　　　　　　　　　/ ∴ (∃x) (y)～Fxy

(4)

  1. ～(∃x) (Axa • ～Bxb)

  2. ～(∃x) (Cxc • Cbx)

  3. (x) (Bex ⊃ Cxf)　　　　　　　　　　/ ∴～(Aea • Cfc)

(5)

  1. (∃x) Fx ⊃ (x)[Px ⊃ (∃y)Qxy]

  2. (x) (y) (Qxy ⊃ Gx)　　　　　　　　/ ∴ (x)[(Fx • Px) ⊃ (∃y) Gy]

9.6 定理與前提不一致的證明

　　在述詞邏輯系統中，定理的證明與在語句邏輯系統中一樣，它們不需要前提即可得到證明。因此，要證明定理的第一步驟一定是 ACP 或 AIP，也就是採用 CP 或 IP 的證明方法來證明述詞邏輯的定理。證明前提不一致，也是跟語句邏輯系統一樣，由前提推出一組矛盾句，就可以證明該論證的前提不一致。舉例來說：

例 **1**：證明定理

/ ∴ (x) Gx ⊃ (∃x) Gx

►1. (x) Gx   ACP

2. Gx   1 UI

3. (∃x) Gx   2 EG

4. (x) Gx ⊃ (∃x) Gx   1-3CP

例 **2**：證明前提不一致

1. (∃x)∼(∼Px v Ex)   p

2. (x) (Px ⊃ Ex)   p / ∴ (∃x) EX

3. ∼(∼Px v Ex)   1 EI

4. Px • ∼Ex   3 DeM, DN

5. Px   4 Simp

6. Px ⊃ Ex   2 UI

7. Ex   5,6 MP

8. ∼Ex   4 Simp

9. Ex • ∼Ex   7,8 Conj

9.7 等同規則（ID）與反身規則（IR）的應用

在關係述詞邏輯中，邏輯學者引入「=」來處理等同關係，以「≠」或「∼(x = y)」表示不等同關係。據此，我們就衍生了等同規則（rule of identity; ID）：

$$(x)\phi x$$
$$x = a$$
$$/ \therefore \phi a$$

$$(x)\phi x$$
$$x = y$$
$$/ \therefore \phi y$$

在關係述詞邏輯中，為了使系統完備引進等同反身規則（rule of identity reflexivity; IR），讓我們隨時可以在證明中使用 (x) (x=x)。舉例來說：

(1)ID規則應用

1. Fa ⊃ Ga   p
2. Fa   p
3. a = b   p / ∴ Gb
4. Ga   1,2 MP
5. Gb   3,4 ID

(2)IR規則應用

1. (x)[(x = a) ⊃ Fx]   p / ∴ Fa
2. (a = a) ⊃ Fa   1 UI
3. (x) (x = x)   IR
4. a = a   3 UI
5. Fa   2,4 MP

練習 9-7   證明以下論證為有效論證

(1)
1. Fa • (x)[Fx ⊃ (x=a)]
2. (∃x) (Fx • Gx)   / ∴ Ga

(2)

    1. (∃x) {Px • (y) {[Py ⊃ (y=x)] • Qx} }

    2. (∃x)~(~Px v~Ex)   / ∴ (∃x) (Ex • Qx)

(3)

    1. (∃x) {Px • (y) {[Py ⊃ (y=x)] • Qx} }

    2. ~Qa   / ∴~Pa

(4)

    1. (x) (Gx ⊃ Fx)

    2. (x) (y)[(Fx v Fy) ⊃ (x=y)]

    3. Gb   / ∴ b=c

第 9 章習題

一、請證明以下論證是有效論證

(1)

　　1. (x) (Ax ⊃ Bx)

　　2. (x) Ax　／∴ Bb

(2)

　　1. (x) (Ax ⊃ ～Bx)

　　2. (x) (～Cx • Bx)　／∴～(Ab v Cb)

(3)

　　1. La ⊃ (Na ⊃ Ma)

　　2. (x)～Mx　／∴ (x)Lx ⊃ (∃x)～Nx

(4)

　　1. (∃y) Sy v (x)～Rx

　　2. (∃y) Sy ⊃ (x)～Rx　／∴～Ra • ～Rb

(5)

　　1. (x) (Hx • Kx)

　　2. ～(∃y) Hy v (y) Ly　／∴ (∃x) Lx

(6)

　　1. (x) (～Rx ≡ Sx)

　　2. (y) (～Sy v Ty)　／∴ (∃x) (～Rx ⊃ Tx)

(7)

　　1. (∃x) (Ax v Bx)

　　2. (∃x) Ax ⊃ (x) (Cx ⊃ Bx)

　　3. (x) (Bx ⊃ Ax)　／∴ (x) (Cx ⊃ Ax)

(8)

　　1. (x) (Ex ≡ Fx)

　　2. (x) (Gx ⊃ Ex)　／∴ (∃x) (Gx ⊃ Fx)

(9)

 1. (x) (Bx ⊃ Cx)v～(∃x) Ax

 2. Ab • Bb   / ∴ Cb

(10)

 1. (x) Wx

 2. (x) (Tx ⊃ Sx)

 3. (∃x) Wx ⊃ (x) Tx   / ∴～Tb v Sa

(11)

 1. (∃x) Ax ⊃ (x) (Bx ⊃ Cx)

 2. (∃x) Dx ⊃ (∃x)～Cx

 3. (∃x) (Ax • Dx)   / ∴ (∃x)～Bx

(12)

 1. (∃x) (Ax v Bx)

 2. (∃x) Ax ⊃ (x) (Cx ⊃ Bx)

 3. (∃x) Cx   / ∴ (∃x) Bx

(13)

 1. (x) Ax ≡ (∃x) (Bx • Cx)

 2. (x) (Cx ⊃ Bx)   / ∴ (x) Ax ≡ (∃x) Cx

(14)

 1. (x) (Ax ≡ Bx)

 2. (x)[Ax ⊃ (Bx ⊃ Cx)]

 3. (∃x) Ax v (∃x) Bx   / ∴ (∃x) Cx

(15)

 1. (x)[Bx ⊃ (Cx • Dx)]   / ∴ (x) (Ax ⊃ Bx) ⊃ (x) (Ax ⊃ Dx)

(16)

 1. (∃x) (Hx v Kx) ⊃ (x) Lx

 2. (∃x) Fx ⊃ (∃x)(Gx • Hx) / ∴ (x) (Fx ⊃ Lx)

(17)

　　1. (x) (Hx ⊃ Kx)

　　2. (∃x) Hx v (∃x) Kx　 / ∴ (∃x) Kx

(18)

　　1. (x)[(Ax v Bx) ⊃ (Cx • Dx)] / ∴ (∃x) (Ax v Cx) ⊃ (∃x) Cx

(19)

　　1. (x) (Tx ⊃ Rx)

　　2. (∃x) Rx ⊃ (∃x) Sx　 / ∴ (∃x) Tx ⊃ (∃x) Sx

(20)

　　1. ～(x) (Fx ⊃ Gx)

　　2. ～(∃x) (～Gx • Hx) / ∴ (∃x) ～Hx

二、關係邏輯證明

(1)

　　1. (∃y) (x) (Px ⊃ Qy)　 / ∴ (∃x) Px ⊃ (∃x) Qx

(2)

　　1. (∃x) Px ⊃ (∃x) Qx　 / ∴ (∃y) (x) (Px ⊃ Qy)

(3)

　　1. (∃x) Px ⊃ ～(∃y) Qy / ∴ (x)[(∃y) Py ⊃ ～Qx]

(4)

　　1. (∃x) {Px • (y)[Py ≡ (x=y)] • Rx}

　　/ ∴ (∃x) { Px • (y)[Py ⊃ (x=y)] • Rx}

(5)

　　1. (x) (y) (z)[(Rxy • Ryz) ⊃ Rxz]

　　2. (x) ～Rxx　 / ∴ (x) (y) (Rxy ⊃ ～Ryx)

(6)

    1. $(y)[(\sim Ky \lor Ly) \supset My]$

    2. $\sim(x)(Hx \lor Kx)$ / $\therefore$ $(\exists z)\ Mz$

(7)

    1. $(\exists x)(y)(Ax \equiv By)$ / $\therefore$ $(y)(\exists x)(Ax \equiv By)$

(8)

    1. $(\exists x)(y)\{[\sim Fxy \supset (x=y)] \bullet Gx\}$

    / $\therefore$ $(x)\{\sim Gx \supset (\exists y)[\sim(x=y) \bullet Fyx]\}$

(9) 102 學年度臺大哲學系轉學考試題

    1. $(\exists x)\ Fx \supset (\exists x)\ Gx$ / $\therefore$ $(\exists y)(x)(Fx \supset Gy)$

(10)

    1. $(\exists x)\ Fx \supset (x)\ Fx$ / $\therefore$ $(x)(\exists y)(Fx \equiv Fy)$

三、請判斷以下論證是有效或無效論證

(1)

    1. $(x)(y)(z)[(Rxy \bullet Ryz) \supset Rxz]$

    2. $(x)(y)(Rxy \supset Ryx)$

    3. $(x)(\exists y)\ Rxy$ / $\therefore$ $(x)\ Rxx$

(2)

    1. $(\exists x)[Fx \bullet (\exists y)(Gy \bullet Kxy)]$

    2. $(x)(Fx \supset \sim Gx)$ / $\therefore$ $(\exists x)(\exists y)[\sim(Gx \bullet Gy) \bullet Kxy]$

(3)

    1. $(x)[(\exists y)(Ay \bullet Bxy) \supset Cx]$

    2. $(\exists y)\{Dy \bullet (\exists x)[(Ex \bullet Fx) \bullet Byx]\}$

    3. $(x)(Fx \supset Ax)$ / $\therefore$ $(\exists x)(Cx \bullet Dx)$

(4)

    1. $(\exists x)[Sx \bullet (y)(Fy \supset Kxy)]$ / $\therefore$ $(\exists x)[Sx \bullet (\exists y)(Fy \bullet Kxy)]$

(5)

    1. (∃x) (y)[Gy ≡ (x=y)] / ∴ (∃x) {Gx • (y)[Gy ⊃ (x=y)]}

四、請判斷以下論證前提一致或不一致

(1)

    1. (x) (y) (Fxy ⊃ Gx)

    2. (∃x) (∃y) Fxy

(2)

    1. (∃x) (y) ～Qxy

    2. (x) (y) (∃z) (Qxz • Qzy)

(3)

    1. (x) (y) (z)[～(Rxy • Ryz) ⊃ Rxz]

    2. (x) (y) (Rxy ⊃ ～Ryx)

    3. (x) ～Rxx

(4)

    3. (x) (y) (Pxy ⊃ ～Pyx)

    4. (x) (y) Ixy

五、定理證明

(1)/ ∴ (∃x) (Fx v Gx) ≡ [(∃x) Fx v (∃x) Gx]

(2)/ ∴ (∃x) (y) Fxy ⊃ (y) (∃x) Fxy

(3)/ ∴ (x) (Fx • Gx) ≡ [(x) Fx • (x) Gx]

六、請說明以下那個步驟是錯誤的

1. (∃x) 〔Px • (y) (Py ⊃ Fxy)〕	p
2. Px • (y)(Py ⊃ Fxy)	1 EI
3. (y)(Py ⊃ Fxy)	2 Simp
4. Py ⊃ Fxy	3 UI
5. (y)(Py ⊃ Fxy)	4 UG

第10章　歸納推理及其難題

　　人類的思維推理，除了演繹法之外，就是歸納法了。前面幾章我們已經介紹了自然演繹的推理，本章主要介紹歸納法、歸納法種類以及歸納法會遇到的新、舊難題等。

10.1 歸納推論

　　歸納推理是我們獲得經驗知識的方法，儘管歸納推理是以求得普遍性原理／通則為目的，但是它的出發點又是源自不可靠的經驗，因此，哲學家一直從事於歸納推理方面的問題思考。通常歸納思維與推理是從觀察開始（例如：對白色天鵝的觀察），並由此推得一普遍性通則（例如：所有天鵝都是白色的），或者預測一隻你將看到的天鵝也會是白色的。換言之，在前提中，我們所觀察到的僅是事物的部分，但結論卻是用一種普遍化或全稱性的結論加以表述，這種從已知的部分概括成一全稱性的結論或通則，過程是一種歸納性跳躍（inductive leap）的過程，若不對這樣的跳躍加以規範，很容易陷入以偏蓋全的謬誤。

　　事實上，歸納概括的知識在日常生活中使用頻繁，對科學研究更是重要。歸納推理是否恰當，可由其可信度的強弱來判斷。一個具有說服力的歸納論證是一個強的論證，且前提全部為真的論證。然而，我們一般透過以下幾種推理方式來獲得歸納知識，即：枚舉歸納、統計歸納、類比推論、從已觀察者推到不可觀察者與最佳解釋推理等。

一、枚舉歸納

　　第一次觀察到個體 a_1 烏鴉是黑色。

第二次觀察到個體 a_2 烏鴉是黑色。

第三次觀察到個體 a_3 烏鴉是黑色。

$\vdots$

第 n 次觀察到個體 a_n 烏鴉是黑色。

／∴如果我們發現個體 a_{n+1} 是烏鴉，則牠是黑色的。

因此，我們可以通則化推出全稱的定言命題：所有的烏鴉都是黑色的，這個命題語句的意思就是說：如果我們發現的個體是烏鴉，那麼牠是黑色。由上可知，枚舉歸納就是：我們從枚舉的多個關於個別事物或某種已知事例的前提，推理到一個具有全稱性、關於所有已知或未知事物的普遍通則，枚舉歸納是最基本的歸納論證。

二、統計的歸納推理

當我們透過足夠數量的觀察結果，普遍化推理出一個具有統計形式的全稱命題或普遍通則時，這樣的歸納推理就是一種統計的歸納推理。例如：截至目前為止，生男與生女的機率都是各佔 50%。根據統計，一天一杯紅酒得肝癌的機率增加 20%，或者根據統計，每天如果抽超過 5 枝菸，75 歲死於肺癌機率為 25%。事實上，統計歸納推理在自然科學或社會科學知識中扮演非常重要的角色。例如：某人發現自己頸部長腫瘤，醫生可以根據甲狀腺結節惡性機率為 10 萬分之 7 來研判，怎樣的處置對病人是比較好的方式。又如，衛生福利部國民健康署根據過往大腸癌個案，約 87% 是發生在 50 歲以後，因此可以藉此制訂「免費提供 50 歲以上民眾進行糞便潛血檢查」的公共福利政策。

三、類比推論

當我們從一個或多個關於某種個別事例的前提（或所有已知的該種類的個別事例），推論到關於相同種類的個別事例的其他例子時，我們就是以類比的方式在進行推理。例如：當我們從「某位老師去年所開的某門課很精采的情況」，推出「這位老師今年開的相同課程也會很精采」。類比推論可以分為兩種：定言類比推論與統計類比推論。所謂定言類比就像是從「某集團董事每年年終都會捐 100 萬給喜憨兒基金會」，類比推出「今天年終這位集團董事也會捐 100 萬給喜憨兒基金會」。統計類比推論，則是含有百分比的描述命題，例如：我們從「根據某銀行理專過去三年投資獲利率維持在 20% 上下」推出「今年這位銀行理專的投資獲利率也會落在 20% 左右」。統計性的類比推論，在日常生活中，如果能夠提供我們可信度愈高的機率，那麼相對地也愈有可能提供我們可靠的相關知識，進而協助我們進行正確的理智判斷。

四、從已觀察的推論到不可觀察的

前面幾類的歸納推理都是從已經觀察到的事例推論到尚未觀察到的。接下來，我們要討論的是，從已觀察的事例推論到不可觀察的。這類的歸納推論總共有四種：

1. 諸如電子、質子與中子之類的物理粒子，許多科學家認為（甚至原則上也）是無法直接觀察到的，因而構成了一種必須透過推理，才能得知其存在。又如：自由落體、潮汐、行星運轉，推知萬有引力的存在。

2. 透過可觀察的現象，推知不可觀察的傾向性質（dispositional properties）存在。舉例來說，我們可以看到某物起火燃燒，但是卻看不到該物質的可燃性。我們可以看到某物被扭轉，卻無法看到該物的柔韌性。因此：

我們觀察到燃燒 ————→ 可燃性

我們觀察到破碎 ————→ 可碎性

我們觀察到彎曲 ————→ 可彎性

3. 透過可觀察的現象，推知不可觀察的「心靈事件」或「心靈經驗」。例如：我可以感受到自己的頭痛、牙痛或胃痛，但是我無法感受到他人身上的疼痛。

4. 透過可觀察的現象，推知不可觀察的物理對象、物質對象或物質實體（物自身）。許多哲學家（例如：表象論者或現象論者）主張，我們能直接經驗到的對象是感官與料（sense data），但不是物理對象真實實在本身。然而，我們透過感官與料推知，有物理對象的真實存在。

　　企圖通過可觀察的物理現象，推出不可觀察的心智狀態或意識實體的相關問題，當代認知與心靈哲學有進一步的發展與討論。舉例來說：1974 年，Thomas Nagel（湯瑪斯・內格爾）在〈蝙蝠像什麼？〉（Waht is it like to be bat？）一文中，提出「蝙蝠論證」以論證物理知識無法描述心智現象的有限性。他指出科學家可以將蝙蝠的聲納系統作非常嚴謹的觀察與分析，進而推出蝙蝠有一套精密的聲納系統，但是科學家永遠無法體會擁有跟蝙蝠同樣聲納系統的運作感受。因為，「心智狀態」無法化約為「物理現象」，我們透過物理現象僅能歸納推知，但也無法真實掌握心智狀態。

　　1980 年，John Searl（約翰・希爾勒）於〈心靈、大腦與程式〉（Minds, Brains, and Programs）一文中，提出「中文房間的實驗」，這個實驗與美國數學家圖林在 1950 年所設計的「圖林測驗」（Turing test）非常類似，兩者都是主張「人工智慧」還無法發展到讓電腦擁有感覺、情緒與思想。

　　中文房間的實驗內容大致如下：有一個英國人對中文一竅不通，被關閉在一間「中文房間」裡，為何稱之為中文房間呢？因為這間房間裡有一本用英文寫成，從形式上說明中文句法和文法組合規則的手冊，以及一大堆中文符號。

這間中文房間有一個對外窗口，在房間外的人，可以不斷向房間內遞進用中文書寫的各式各樣的問題。中文房間內的英國人能按照手冊的說明，回答相關問題，並將答案傳遞出中文房間。

Searl 認為，儘管在中文房間內的人可以讓房外的人誤以為他的母語是中文，但實際上，這位英國人壓根不懂中文。這個思想實驗所作出的類比，房外人扮演的角色相當於電腦程式設計師，中文房間內的人相當於電腦 CPU，而手冊則相當於電腦程式。正如中文房間內的人不可能透過手冊理解中文一樣，電腦也不可能透過程式來獲得理解力。Searl 據此強調，我們所觀察的物理現象，並不等同於心智狀態。除此之外，Searl 於 1992 年又曾透過「痛」的感覺，進一步詮釋與強調心智現象的不可化約性。

1980 年，Donald Davidson（唐納德・戴維森）同樣在〈心智事件〉（Mental Events）一文中提出「無規則的一元論」，強調沒有嚴謹的決定性法則可以事先預判心智事件的發生與解釋心智的狀態。換言之，他認為心智狀態是無法則的，無法像物理世界一樣嚴守於自然的因果關係，因為我們無法斷言，當人受到刺激 R 時，所產生行為 V，就必然代表著心智狀態 Z。例如：如人飲水，冷暖自知。由上各種實驗推知，第一人稱的觀點或說自我的主觀性心智狀態，是無法被物理學家、神經生物學家或神經學專家所輕易等同於物理現象，甚至進一步加以解消掉的。出上可知，由可觀察的現象推知到不可觀察的實體對象，引發了化約主義與非化約主義之爭。

另外，伴隨現象論（epiphenomenalism）是當代認知與心靈哲學的領域中的學說理論之一，有時又被翻譯成副現象論。其理論主張：身心交互作用不是雙向的，而是單向的因果關係。也就是說，我們的身體（物理事件）可以影響心靈事件或心智狀態，但心靈事件或心智狀態不能影響身體（物理事件）。因為，心靈事件或心智狀態僅是大腦（身體）與神經系統活動的副產品（伴隨現象）。

副現象論曾流行於 19 世紀末到 20 世紀中葉。其思想可溯源於英國哲學家 Thomas Hobbes（湯瑪斯・霍布斯），他在 17 世紀中期首先提出伴隨現象論／

副現象論。他完全否認非物質實體的存在，而認為一切「精神」均為人類臆想的產物，因為心靈事件／心智狀態只是身體（物理事件）與腦神經活動的非因果性產物。到 19 世紀末，這一思想發展為：意識過程由腦神經細胞活動過程所產生。

Thomas Henry Huxley（湯瑪斯・亨利・赫胥黎，1825-1895）系統地闡述副現象論，並使它流傳開來的。他在《方法與結果》（1898）一書中明確地闡述：「意識……似乎與身體的機制相聯繫，它僅作為身體活動的副產品，而且它完全沒有改變該活動的力量，正像伴隨發動機活動的聲音並不影響該機的機械作用一樣」。

20 世紀以來，西方心理學界仍不斷出現伴隨現象論者。新行為主義學家 Burrhus Frederic Skinner（伯爾赫斯・弗雷德里克・史金納，1904-1990）在 1974 年出版的總結性論著——《關於行為主義》一書中，再度強調了伴隨現象論。他指出，世界只有一個物理向度，因此，其因果性關聯是自然現象因果的封閉關係，也就是說，所有物理事件或物理現象，皆遵守著物理因果性封閉律則。

如果原因是物理的事件，則其結果是物理事件；如果結果是物理事件，則原因是物理的事件。在任何一條因果鏈上，任何一個事件或現象是物理的，則這條因果鏈上的所有事件或現象都是物理的。現代科學只要承認因果關係，都承認物理因果封閉性。那麼，對伴隨現象論者而言，意識只是這物理世界的副產品，不能參與物理世界的因果關係或因果鏈。伴隨現象論者主張，所有的身體運動都是自我包含的，也就是說，沒有心靈事件或狀態會造成物理上的運動。而身體的運動過程卻可以產生如附帶產品般的東西—心靈。

也就是說，身體可以影響心靈，但心靈無法作用於身體。但是，人類的心智活動與物理世界之間確實具有因果關聯，真如伴隨現象論學者所言嗎？你我真的認同人類的心智活動就是一種物理現象嗎？不過這類似的衝突點，就留待各位在心靈哲學或認知哲學的課堂上繼續深究。

五、最佳解釋的推論

最佳解釋推論的基本架構如下：出現一個現象有待解釋的。這個現象的存在使得我們可以用很多種方式來解釋該現象，最後我們合理地推論出最佳的解釋。當然，這種推論也是一種歸納的推論。例如：你弟弟全身溼透了，並急忙從屋外跑進屋內，加上你聽到外面的遮雨棚疑似有雨滴聲，因此你可以合理的推得，造成你弟弟全身溼透的最佳解釋來說明這個現象，即：「外面突然下起豪雨，他被雨淋溼了」。

不過，不是每個需要解釋的現象都可以直接確定那個解釋是最佳的，尤其是科學解釋、歷史解釋等，這些可能要藉助其他的標準來判定何謂最佳解釋。那麼，最佳解釋跟類比推論又有何不同呢？

1. 類比推論的結論不一定是一項用以解釋既有資訊的假設，但最佳解釋推論的結論一定是用以解釋既有資訊的假設。
2. 如果前提的資訊是第一次遇到的，則類比推論不適用，但仍可以使用最佳解釋推論來獲得結論。
3. 許多類比推論的前提是觀察到的現象，其結論因而只能是可被觀察到的現象。但是最佳解釋推論的前提，都是觀察到的現象，其結論所提出的假設卻未必是關涉到可觀察到的現象。例如：為了解釋某地區有許多植物大量枯萎，科學家提出水源遭到輻射汙染的假設。這個假設所提到的自然不是可觀察的事物。
4. 可用以解釋既有資訊的假設不只一項，因此對於最佳解釋的評估，不是只有看前提所提到的相似性而已，還要看其結論所提出的假設對於既有資訊的解釋是否夠好。換句話說，最佳解釋是指幾個相互競爭的假設當中最佳的那一個解釋。

根據上述，請問美國國家航太總署透過衛星拍回地球的火星照片，看到火星表面疑似具有水痕，進而研判火星上有水。請問科學家使用的是類比推論還是最佳解釋的推論呢？

10.2 Mill的歸納五法

歸納推理的方法，從 Aristotle（亞里斯多德）就已經開其端，唯尚未成為一種通用的思想方法，到了近代英國哲學家 Bacon（培根）才又積極提倡歸納法，認為歸納法是創造思想探求真理的唯一方法。Mill（彌爾）集前人之大成，建立歸納推論的五種方法，為歸納推論作出卓越的貢獻。

Mill 的歸納法奠基在「自然齊一律」與「因果原則」之上。他指出，所謂自然齊一律意指「在自然界中，過去曾經發生的，在相同的條件下將再次發生」。除此，對 Mill 而言，一切歸納推理的有效性依賴於一個假定，也就是每一事件必有某種原因使之發生。總之，歸納推理能夠依據已知的部分概括地推論出未知的部分，這樣的歸納性跳躍，所依據的原則有二：(1) 自然齊一律、(2) 因果原則。

(1) 自然齊一律

「自然齊一律」（uniform law of nature）是英國哲學家 Mill 在闡述因果五法時所提出的。他認為自然界現象，凡發生過一次，在相同的情形下，必然會再發生，而且會不斷齊一且規律地發生相同的結果，因為每一自然現象的進程是齊一的。因此，主張自然事件或物理事件在相同原因、相同情況下會產生相同、齊一的結果，這樣的原理就是「自然齊一律」。

(2) 因果原則

既然每個具有開端的事實都有一個原因，也就是說：每一事件的發生必定有其原因；事出有因，有因必有果，有果必有因。換言之，因果連結或因果關係就是描述一個原因對其效果之作用，在這過程中所產生的前後次序關係，此即因果連結或因果關係。因此，關於現象相繼次序之規律的真理，就是因果律或因果原則。

Mill's Methods 是 Mill 在 1853 年發表的《邏輯系統》一書中的討論內容，其是一套含有五種不同的證成原因的方法，可以同時用來發現並證成關於因果關聯的結論。

1.同一法

如果我們發現兩個或兩個以上事例中，都有現象 P 發生，並且在這些事例中，只有另外一個現象 Q，同時出現在諸事例當中，那麼，我們可以下結論：P 與 Q 是有因果關係的。換句話說，P 是 Q 的原因或 Q 是 P 的原因。舉例來說：

事例一：A、B、C、D、Q……P
事例二：E、B、Q、H、G……P
事例三：O、Q、C、S、T……P

所以，由上可以推知 Q 是引起 P 的原因或 P 是引起 Q 的原因。

利用同一法找出食物中毒的原因：吃蝦。			
學生甲	喝湯	吃青菜	吃蝦	食物中毒
學生乙	吃蝦	吃蛋	喝湯	食物中毒
學生丙	吃青菜	吃蝦	吃蛋	食物中毒

根據上面的表格，我們可以利用同一法找出食物中毒的原因：吃蝦。

2.差異法

如果因素 Q 出現在某個具有 P 的事例當中，但 Q 卻不出現在另一個不具 P 的事例裡，而且這兩事例除了上述的差異之外，其他條件或因素都一模一樣。那麼，P 就是 Q 的原因，或者 Q 就是 P 的原因。

利用差異法找出食物中毒的原因：喝玉米濃湯。			
學生甲	吃麵	喝玉米濃湯	吃牛排	食物中毒
學生乙	吃麵	吃蛋	吃牛排	未食物中毒
學生丙	吃麵	吃魚	吃牛排	未食物中毒

根據上面表格，我們利用差異法可以找出食物中毒的原因：喝玉米濃湯。

3.共變法

當某一現象 P 發生變動時，另一現象 Q 也跟著隨之變動，那麼 P 就是 Q 的原因或效果，或者 Q 是 P 的原因或效果。例如：潮汐升降隨著月球的運行，可知月球和潮汐具有因果關係。又如：抽煙和肺癌之間的關係：研究發現，抽煙和肺癌死亡有直接的關係，煙抽愈多的人，愈容易得到肺癌。因此，我們可以下結論說：抽煙與肺癌死亡之間具有因果關係。

4.同異併用法

若在某一現象發生的兩個或兩個以上的事例當中，只有一件情境相同。而在同一現象不發生的兩個或兩個以上的事例當中，除了缺少同一情境之外，其他的情境完全不相同。那麼，在這兩組的例子中，唯一不同的情境便是那現象的結果或其原因，或其原因不可缺少的一部分。

按照同一法：從甲乙兩例，我們可以推知吃某種藥物與病好具有因果關係。			
按照差異法，我們可以從甲丙兩例（或乙丁）兩例，我們可以推知吃某種藥與病好之間具有因果關係。			
甲	身體強健	看護不周	吃了某種藥	病好了
乙	身體不健	看護周到	吃了某種藥	病好了
丙	身體強健	看護不周	未吃某種藥	病沒好
丁	身體不健	看護周到	未吃某種藥	病沒好

按照同一法：從甲乙兩例，我們可以推知吃某種藥與病好具有因果關係。按照差異法，我們可以從甲丙兩例（或乙丁）兩例，我們可以推知吃某種藥與病好之間具有因果關係。

5.剩餘法

任何現象刪除已歸納為某結果的原因者，則剩下事件的部分就是剩餘原因所造成的結果。因為事件的發生一定有原因，所以在任何繁複的事件中，我們依舊能夠抽絲剝繭推論出某事件的原因與結果。

舉例來說：

1. ABC 事件是由 abc 原因所造成。

2. B 事件是由 b 原因所造成。

3. C 事件是由 c 原因所造成。

4. ∴那麼，A 事件就會是由 a 原因所造成的結果。

不過，Mill 的歸納方法，也遭到諸多的批評：有人認為，一個效果往往是 2 個或 2 個以上的原因共同產生，但同一法或差異法僅當只有一種共同因素時，才派的上用場。因此，Mill 的歸納方法，僅能適用於簡單的事件上面。其次，有些事例中的一些情況只是偶然共存，不是必然相關，即沒有因果必然相關的存在，但同一法或差異法卻極可能將這類不相關的因素視為原因。舉例來說：

高粱酒加冰塊——酒醉

伏特加加冰塊——酒醉

威士忌加冰塊——酒醉

如果我們使用同一法進行推論，就可能會推出冰塊是使人酒醉的原因。

再則，有人主張，當我們要闡釋 Mill 的同一法時，將使我們犯下樣本不足、草率一般化或普遍化的以偏蓋全的謬誤。因為，這種歸納方法只要求我們至少要研究兩個以上的樣本，而不是要求這些樣本是在研究問題中具有代表性的樣本。因此，很容易導致以偏蓋全的謬誤發生。最後，Mill 的歸納方法，無法構成一套發現因果關聯的完整體系，例如：共變法只能用於處理某一類型的問題，我們可以發現某個現象和這個現象的可能原因之間，具有數量或程度上的連續性變化。但除了這種類型之外，還有許多其他也許更普遍的統計類型存在。讓我們考慮一個典型的實驗。例如：將一群白老鼠暴露在可能致癌物質中，而將對照組中的白老鼠不暴露在同樣的物質裡。在這樣的實驗裡，典型的

結論是：兩組白老鼠將有不同的致癌率，但致癌率的高低，並不取決於致癌物質的數量多寡，而是取決於該組老鼠是否暴露於致癌物質之中。要決定這種類型事件中的因果關係，我們需要發展出其他不同的方法來涵蓋這種類型。因此，光靠 Mill 的歸納五法是不足夠的。

10.3 歸納的難題

　　所有的歸納推理，前提與結論之間存在著無法跨越的鴻溝。如此看來，歸納法似乎永遠無法提供足夠的理據證成其結論，那麼，我們是不是應該全面避免使用歸納法呢？還是，即便歸納法無法在邏輯上完全避免錯誤，但是當我們想要進行歸納性的跳躍時，就必須讓我們確定自己所使用的方法是好的。若是後者，我們又該如何才能夠證成自己所使用的是好的或是強的歸納論證呢？Stephen Cade Hetherington（史蒂芬 · 凱德 · 海瑟林頓）在《知識之謎》（*Knowledge Puzzles*）一書中，有作出淺顯易懂的說明：[1]

　　命題一：田野上那個東西具有羊的外顯特徵。
　　命題二：田野上那個東西是羊（根據命題一推論而來）。
　　命題三：田野上有一隻羊（從命題二推論而來）。

　　我們從命題二到命題三的推論是一種演繹推理；由命題一到命題二則是一種歸納法。因為命題一指出某物外觀像一隻羊，並不能在邏輯上保證牠就是一隻羊。因此，命題一不蘊涵命題二。

　　倘若有人說，你所看到在田野上具有羊的外顯特徵者，事實上是由一隻狗

---

[1]　請參照Stephen Cade Hetherington：《知識之謎》（*Knowledge Puzzles*），林逢祺譯，學富文化事業有限公司，頁126-129。

所巧裝的。因此命題三僅是恰巧正確。換句話說，我們雖然使用歸納法推理，最終信念你誤信爲眞，因此這具有合理性理由相信的眞信念依舊無法成爲知識。

那麼，我們看看以下從命題四推到命題五，是不是可以成爲一個強的或良好的歸納推理的例證呢？

> 命題四：在我豐富且多樣的人生經歷中，我遇見過許多我覺得像羊的東西，結果證實牠們都是羊。
>
> 命題五：每當我覺得某個東西看起來像是一隻羊，牠必定是一隻羊。

雖然，命題四並不蘊涵命題五，但是它似乎爲命題五提供強而有力的支持。那麼我們可以說命題四證成了命題五嗎？命題五事實上是由命題四所建立的通則，似乎具有一些證成效力，這至少爲我們提供歸納證成一個恰當的起點。歸納法建立的通則 GI（generalization from induction）文字化如下：

> 至少有若干信念可以透過歸納法來證成。以歸納法證成信念的方式是在確定：
> 1. 該信念的內容是一種普遍通則。例如：「所有 P 是 Q」。
> 2. 該信念的證成效力來自該通則的個例。例如：這個 P 是 Q，那個也是，另一個也一樣，事實上，所有目前已經觀察的 P 都是 Q。

但是 GI 正確嗎？事實上，歸納法有兩個哲學難題，目前並沒有獲得清楚的解決：Hume（休謨）難題（歸納法舊難題）與 Goodman（古德曼）的 Grue 悖論（歸納法新難題）：

歸納法所仰賴的因果律之必然性連結關係，在十八世紀遭到英國哲學家 Hume 的強烈質疑。對 Kant 而言，Hume 的質疑相當具有說服力，因此他將此挑戰視爲「哲學界的醜聞」，意指歸納推理是如此常用，是人類對之依賴甚重的思考方式之一，並藉此證明外在世界是存在的，但哲學家對於如何解決

Hume 的難題竟然無能爲力，對於證明外在世界是存在的，也無法提出合理性的證成理由，最後僅淪爲一種斷言模式，由此，Kant 宣稱，Hume 對於因果必然性的質疑，使他從獨斷論中驚醒。另一個，是在 1954 年由 Nelson Goodman （尼爾森‧古德曼）所提出著名的 Problem of Grue，又稱 Grue 悖論。

1. Hume的難題 ── 歸納的舊難題

Hume 指出，不論累積多少個案觀察的命題，如我們觀察到某一情況下 Q 現象伴隨 P 現象同時出現，都無法由其中合邏輯地導出一個完全普遍的命題，不論是基於兩次、兩百次或兩千次的觀察。當然，如果上例出現的次數夠多，我們確實會預期下一次 Q 還是伴隨著 P 出現，但是這種預期是心理事實，並不是邏輯上的保證。

也就是說，我們之所以接受歸納論證完全是來自於過去的經驗，但是這種接受方式本身就是歸納推理，並不是來自邏輯蘊涵的關係，因此它無法作爲支持歸納論證的理由。Hume 所提出的「歸納問題」等於是指出科學方法沒有足夠的理性基礎，也就是既沒有邏輯的，也沒有經驗的基礎。「歸納問題」使很多經驗科學家最後變成懷疑論者、無理性論者，甚至神祕論者，有的則企圖從宗教中去尋找解答。

當代科學哲學家 K.Popper（卡爾‧波普，1902-1994）在歸納問題上提出一個可以接受的解答，他指出檢證（verification）與否證（falisification）之間的邏輯不對稱，亦即歸納的通則化（全稱性的經驗命題）雖不可以實證，卻可以否證。例如：無論看到多少次的白天鵝，我們還是無法導出「所有天鵝都是白的」這個全稱命題。但是，只要看到了一次黑天鵝，邏輯上便可導出「並非所有天鵝都是白的」這個命題。在過往的思想中，對於思考模式或科學的看法，無可避免地帶來歸納問題，但就 Popper 的否證說而言，一個科學理論不論經歷多少嚴格和精密的檢驗，並沒有爲它提供一個歸納支持。相對地，我們應當將各種假設、命題或理論放在任何可能的否證中，找尋命題或理論更確切的基礎，以促進客觀知識的成長，逐漸接近眞理。

2. Goodman的Grue悖論 ── 歸納的新難題

Goodman 以枚舉歸納 100 顆祖母綠寶石推出概括結論：「所有祖母綠的寶石都是綠色的」（H-1）。他繼續追問，那麼這樣的概括結論可否被個別事例確證／印證／核驗（confirm）呢？他的答案是否定的。

假設我們觀察相同的 100 顆祖母綠寶石，透過觀察枚舉歸納得到普遍性假說結論 H-1，即：「所有祖母綠寶石都是綠色的」。

我們現在引入一個顏色概念綠藍色 Grue（Grue 是由 Green 的字首加上 Blue 的字尾所構成的字），意指在 t 時間之前，那些被檢驗出是綠色的東西，以及在 t 時間之後，那些被檢驗出是藍色的東西。如果祖母綠的顏色，在 t 時間之前，則稱之為綠色，或者在 t 時間與 t 時間之後是藍的話，那麼它們的顏色將是綠藍色（Grue）。如此一來，一顆在 t 時間之前發現的祖母綠，事實上也可以稱之為 Grue。

根據上述，我們在 t 時間之前所觀察的那 100 顆綠色的祖母綠，事實上同時也可以稱之為綠藍色 Grue。那麼，這 100 顆已經觀察到的綠藍色 Grue 的祖母綠也印證了的假說通則 H-2，即：「所有祖母綠寶石都是綠藍色」。然而，H-1 與 H-2 是兩個互相衝突的假說。

為何是相互衝突的呢？假設我們在 t 時間之後發現一顆祖母綠，那麼根據 H-1 在 t 時間之後發現的祖母綠是綠色的。但是根據 H-2，在 t 時間之後發現的祖母綠是藍色的。因為根據 H-2：「所有祖母綠都是綠藍色的」，而 Grue 顏色概念的定義是，在 t 時間之後，祖母綠應該被稱之為藍色。Goodman 的重點在於，我們透過歸納法所得到的事例得以同時印證兩個相互矛盾的假說通則，可見歸納法是有問題的。

不過，當 Goodman 陳述他的新歸納法之謎不久之後，關於這個問題的答案就被提出來。我們已經知道：

H-1：所有祖母綠都是綠色。
H-2：所有祖母綠都是綠藍色。

　　我們說 H-1 包含一個好的形容詞「綠色的」，H-2 包含一個不好的形容詞「綠藍色的」。但是前者爲何是好的呢？因爲所有綠色的東西都在顏色上具有共同相似的性質，也就是它們的顏色都是綠色，但是對所有綠藍色而言，卻不存在這種顏色上的相似性。形容詞「綠色的」的意義在於，要求所有用該形容詞形容的東西都分享同一種顏色，也就是綠色。但是「綠藍色」這個形容詞的意義，並不做這樣的要求，而是在 t 時間之前，那些被檢驗出是綠色的東西，以及在 t 時間之後，那些被檢驗出是藍色的東西。所以我們只要說「只有包含像綠色的」這類形容詞的概括語句，才能被它們相關的具體事例所印證，就可以解決 Goodman 的新歸納法之謎了。也就是說，「綠藍色」這類的語詞，所挑選出來的對象彼此之間，並不具有相似性，我們似乎可以拒絕所有包含「綠藍色」這個形容詞的概括語句，從而解決了 Goodman 的新歸納之謎。

　　歸納法背後的基本概念，終究是要找出彼此之間，在某些方面具有相似性，從而分享相同性質的東西。在 H-1：「所有祖母綠都是綠色」的例子中，我們發現一些由矽酸鹽構成的寶石，分享了一個共同的性質，顏色綠色；但是在 H-2：「所有的祖母綠都是 Grue 色」，雖然也分享了一共同的顏色的形容詞 Grue，但是這個性質並不具有相似性（所有綠藍色的東西，在相關方面，並不彼此相似）。

　　不過有學者認爲，這樣的解答，並沒有完全解決 Goodman 的難題。實際上，隱藏在 Goodman 背後這個關於綠藍色的問題的觀點，是 nominalism（唯名論）的立場，Goodman 的新歸納法之謎就是唯名論的極端版本。

　　透過奧砍剃刀的規則，Goodman 的極端版本的唯名論可以主張：「在可以用同一個名稱命名的事物之間，除了它們具有相同的名稱之外，沒有任何其他的共同點。」這也就是爲何 Goodman 說：「正如綠色的事物因爲其顏色爲綠色而彼此相似，所以綠藍色的事物也因爲其顏色爲綠藍色而同等地彼此也相似」的原因。不過，假如我們拒絕唯名論的主張，我們接受日常生活關於相似性的常識觀點，我們將不會把綠藍色 Grue 等同於事物共同性質。如此一來，Goodman 的問題似乎不會是一個問題。我們的科學哲學理論也會完整無瑕。

3. Hempel 的烏鴉悖論

接下來我們要來討論另一個難題，假設：

命題六：某物看起來不是羊，看起來不會像羊。

根據邏輯規則，命題五與命題六是邏輯上等值的。通常我們認為證成某主張的理由，必定也可以用於證成和該主張相同內容的任何主張，不是嗎？若是如此，假定命題六和命題五內容相同，那麼，任何證成命題五的理由，應該可以用以證成命題六。

JE（justified equivalently）等質證成：任何用於證成某命題的理由，也可以用於證成邏輯上和該命題意義相等的命題。也就是說：對於任何兩個邏輯等質的假設，如果有一組證據足以確證（印證／核驗）其中一個假設，那麼該組證據同樣足以確證另一假設。

一旦我們接受了 JE，我們將面臨難以結合 JE 與 GI 的困局。例如：Hempel（韓培爾）在 1965 年提出「烏鴉悖論」（the raven paradox），或稱「Confirmation 悖論／Hempel 悖論。

R1：所有不是黑的都不是烏鴉。

根據 Hempel 的個例確證（confirmation）理論，被我們觀察到的「紅色玫瑰花」，因為「不是黑色」，也「不是烏鴉」，因此，滿足 R1 命題的前件與後件，得以成為增加我們對「所有不是黑的都不是烏鴉」的可信度，因此可以成為使我確信 R1 的理由或證據。

R2：所有烏鴉都是黑的。

　　根據 JE，R1 邏輯等質於 R2。那麼，當我們同時接受 GI 與 JE 時，就會使「那朵紅色玫瑰花」也可以成為 R2 確證的理由或證據。也就是說，當我們同時接受 GI 與 JE 時，很明顯的會把「那朵紅色玫瑰花」（巧克力、書本、鞋子或汽車等等）當成印證「所有烏鴉都是黑的」的理由與證據，這將是一個令人難以置信，覺得非常荒謬的理論結果。

　　基於上述，難道我們真的要放棄歸納推理嗎？歸納推理真的無法帶給我們知識嗎？這些問題，可以留待在知識論相關領域或課程中，繼續深入探討下去。

習題解答

第 2 章　論證

練習 2-1　請根據表格中已給定的條件，完成以下空格處。

前提	結論	論證
F（false）	F	?
F	T（true）	?
F	F	valid
?	F	invalid
T	T	valid
T	?	invalid
T	F	invalid
T	T	?
?	T	valid
?	T	invalid
F	?	valid
F	?	invalid

第 2 章習題

1. 略（請自行參考內文）
2. 略（請自行參考內文）
3. 略（請自行參考內文）
4. 略（請自行參考內文）
5. 不一定。藉由前提眞假與結論眞假來斷定論證有效無效，僅有一種可能性可以確定，也就是當前提爲眞，結論爲假的時候，可以斷定一定是個無效論證，除此之外，我們無法透過前提眞假與結論眞假的組合斷定一個論證的有效性或無效性。

6. 不一定。同上題解說。

7. 是的。當一個論證是有效的，意謂著不可能發生前提為真，但結論為假的情況。本題已經說明該論證是有效論證，且結論為假，因此唯一的可能性：前提一定為假。

8. 可以的，且該論證的結論必為真。因為當一個論證是有效的，意謂著不可能發生前提為真，但結論為假的情況。本題已經說明該論證是有效論證，且前提為真，因此結論必為真。

9. 不一定。當一個無效論證，其結論為假時，前提可以為真，也可以為假。

10. 可以。當一個無效論證，其結論為真時，前提可以為真，也可以為假。

11. 不可能。一個健全論證不僅前提要為真，且是一個有效的演繹論證。既然是個有效論證，當其前提為真時，結論就不可能為假。

12. 不可能。一個具有說服力的論證，必須滿足兩個條件，也就是前提為真且是一個強的歸納性論證。

13. 不可以。歸納論證的區分是以強與弱來區分。邏輯上使用有效與無效來描述與區分演繹論證。

14. 不是。命題或述句的性質是真假，有效無效是演繹論證的性質。

15. P 稱之為前件，Q 為後件，P 是 Q 的充分條件，Q 是 P 的必要條件。

16. 不是。若 P 是 Q 的必要條件，意思就是說，沒有 P 就沒有 Q，P 若不成立，則 Q 就不成立。

17. 無法判定。因為「天下雨」是假的，意謂著前件是假，那麼後件可能是真的也可能是假的。也就是說，當天不下雨時，地面上有可能因為某人倒水使地上變溼。當然，也有可能地面上是保持乾燥的。

18. 本論證的結論為真，且本論證是個有效論證，但不是一個健全論證，因為前提並不是全部為真。「所有男人都是哲學家」這個前提為假。

19. 該論證前提全部為真，結論也為真，且是個健全的有效論證。因為本論證前提全部為真，且是有效，因此是個健全論證。

20. 這是一個歸納性弱的論證。

第 3 章　謬誤

第 3 章習題

1.B　　2.C　　3.C　　4.A　　5.E　　6.E　　7.D　　8.A　　9.D　　10.B

11.A　　12.B　　13.A　　14.C　　15.B　　16.A　　17.A　　18.B　　19.D　　20.A

第 4 章　傳統邏輯的基本概念：概念、命題與判斷

第 4 章習題

一、請將以下的日常語句改寫爲 **AEIO** 命題的標準形式

1. O 命題：有些立委不是會包工程的。

2. I 命題：有些發明家是天才。

3. E 命題：所有戰爭都不是正當的。

4. O 命題：有些政客是不道德的。

5. A 命題：所有的貓都是會抓老鼠的。

6. A 命題：所有會抓老鼠的都是好貓。

7. I 命題：有些女生是喜歡宅男。

8. E 命題：沒有鯨魚是魚。

9. A 命題：所有職場魯蛇都是阿 Q。

10. O 命題：有些輔大學生不是喜歡上課。

二、請判斷以下命題的主詞與謂詞是否周延

1. A 命題：主詞周延，謂詞不周延。

2. O 命題：主詞不周延，謂詞周延。

3. I 命題：主詞不周延，謂詞不周延。

4. E 命題：主詞周延，謂詞周延。

5. O 命題：主詞不周延，謂詞周延。

6. A 命題：主詞周延，謂詞不周延。

7. A 命題：主詞周延，謂詞不周延。

8. O 命題：主詞不周延，謂詞周延。

9. E 命題：主詞周延，謂詞周延。

10. I 命題：主詞不周延，謂詞不周延。

第 5 章　四角對當與三段論證明

練習 5-1 請完成以下表格（在空格處填入真、假或不一定）

	A	E	I	O
A真	真	假	真	假
E真	假	真	假	真
I真	不一定	假	真	不一定
O真	假	不一定	不一定	真
A假	假	不一定	不一定	真
E假	不一定	假	真	不一定
I假	假	真	假	真
O假	真	假	真	假

練習 5-2　請利用 AEIO 四角對當關係，判定以下語句的眞假值

(1) 假定「凡輔大學生都是聰明的」這句話是眞的

1. T（原命題爲 A 命題，此命題爲 I 命題，AI 是差等關係，故當 A 眞，I 爲眞）

2. F（原命題爲 A 命題，此命題爲 O 命題，A-O 是矛盾關係，故當 A 眞，O 爲假）

3. F（原命題爲 A 命題，此命題爲 E 命題，A-E 是相反關係，不可以同時爲眞，但可以同時爲假，故當 A 眞，E 爲假）

(2) 假定「有些輔大學生考試作弊」這句話爲假

1. T（原命題爲 I 命題，此命題爲 E 命題，E-I 是矛盾關係，故當 I 爲假時，E 爲眞）

2. T（原命題爲 I 命題，此命題爲 O 命題，I-O 是次相反關係，不可以同時爲假，但可以同時爲眞，故當 I 爲假時，O 爲眞）

3. F（原命題爲 I 命題，此命題爲 A 命題，A-I 是蘊含或差等關係，故當 I 爲假時，A 爲假）

練習 5-3　請完成以下表格

原命題	操作	新命題	眞假值
1. 沒有 A 是非 B（T）	換位	沒有非B是A	T
2. 有些 A 是 B（T）	換質位	有些非B是非A	?
3. 所有 A 是非 B（F）	換質	沒有A是B	F
4. 所有非 A 是 B（F）	換質位	所有非B是A	F
5. 有些非 A 不是 B（T）	換位	有些B不是非A	?
6. 有些非 A 是非 B（T）	換質	有些非A不是B	T
7. 沒有非 A 是非 B（F）	換質位	沒有B是A	?
8. 有些 A 不是非 B（T）	換質	有些A是B	T
9. 所有 A 是非 B（F）	換位	所有非B是A	?
10. 沒有非 A 是 B（F）	換質	所有非A是非B	F

練習 **5-4** 假定 A 命題「所有大學生都是聰明的」爲眞，那麼我們可以推得
以下命題的眞假值

1. T（換質）

2. T（換質位）

3. T（由第 2 句換質）

4. T（限量換位）

5. T（由第 4 句換位）

6. T（由第 4 句換質）

7. T（由第 5 句換質或可由第六句換質位）

練習 **5-5** 請標示出以下三段論證的標準論證形式

1. EAE-1

2. EEE-3

3. AII-2

4. AOO-3

5. IAI-4

練習 **5-6** 請標示出三段論的論證形式，以及根據三段論規則判斷以下三段論
是否有效

1. AAA-2。違反「中詞至少要周延一次」的規定。因此是無效論證。

2. AEE-1。違背「在結論周延的大詞 P 在前提並沒有周延」。因此，是無效論
證。

3. AIO-1。在結論周延的大詞 P 在前提沒有周延，前提都是肯定但結論卻是否
定。因此是無效論證。

4. AEE-3。結論周延的大詞，前提並沒有周延。

5. IOI-2。前提都是特稱。

練習 5-7 請用范恩圖解，解析以下日常語句

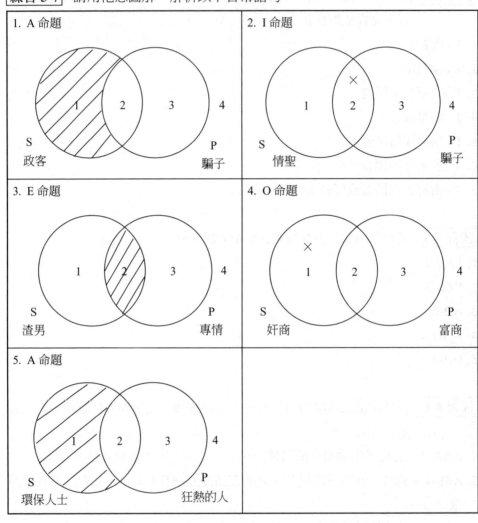

1. A 命題

S 政客　　　　　　P 騙子

2. I 命題

S 情聖　　　　　　P 騙子

3. E 命題

S 渣男　　　　　　P 專情

4. O 命題

S 奸商　　　　　　P 富商

5. A 命題

S 環保人士　　　P 狂熱的人

練習 5-8 請標示出三段論的論證形式，並用范恩圖解判斷以下論證是否有效

(1)

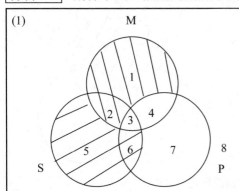

論證形式：AAA-1

　M A P

　S A M

/∴ S A P

結論 SAP 斷言區塊 2 與 5 是空類，前提已經斷言區塊 2 與 5 是空類，故此論證有效。

(2)

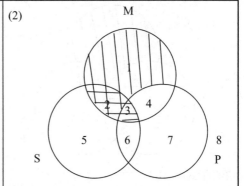

論證形式：AEE-3

　M A P

　M E S

/∴ S E P

結論 SEP 斷言區塊 3 與 6 是空類，前提只斷言區塊 3 為空類，故此論證為無效。

(3)

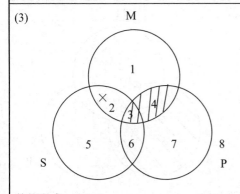

論證形式：EIO-4

　P E M

　M I S

/∴ S O P

結論 SOP 論斷區塊 2 或 5 至少有一區塊不是空類，前提已經斷言區塊 2 不是空類，故此論證有效。

(4)

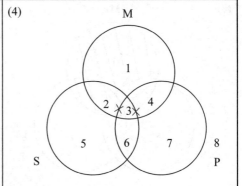

論證形式：III-2

　P I M

　S I M

/∴ S I P

結論 SIP 斷言區塊 3 或 6 至少有一區塊不是空類，但是前提並沒有斷言任何區塊不是空類，故此論證無效。

(5) 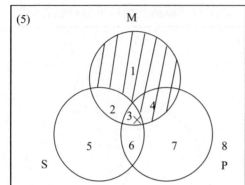 論證形式：IAI-3 　M I P 　M A S /∴　S I P 結論 SIP 斷言區塊 3 或 6 至少有一區塊不是空類，前提已經斷言區塊 3 不是空類，故此論證有效。	(6) 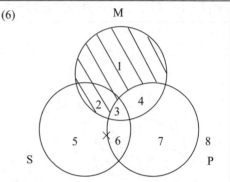 論證形式：AOI-1 　M A P 　S O M /∴　S I P 結論 SIP 斷言區塊 3 或 6 至少有一區塊不是空類，前提並沒有斷言區塊 3 或 6 任何一區塊不是空類，故此論證無效。
(7) 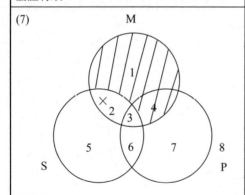 論證形式：OAO-3 　M O P 　M A S /∴　S O P 結論斷言區塊 2 或 5 至少有一區塊不是空類，前提已經斷言區塊 2 不是空類，故此論證有效。	(8) 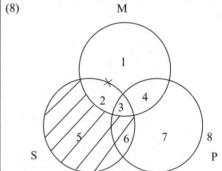 論證形式：OAI-1 　M O P 　S A M /∴　S I P 結論 SIP 斷言區塊 3 或 6 不是空類，前提並沒有斷言區塊 3 不是空類，故此論證無效。

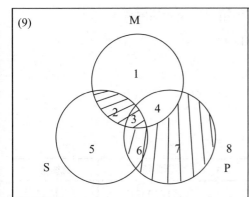

論證形式：AEE-4

　　P A M

　　M E S

/∴　S E P

結論 SEP 斷言區塊 3 與 6 是空類，前提已經斷言區塊 3 與 6 是空類，故此論證有效。

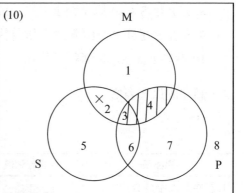

論證形式：EIO-3

　　M E P

　　M I S

/∴　S O P

結論 SOP 斷言區塊 2 或 5，至少有一區塊不是空類，前提已經斷言區塊 2 不是空類，故此論證有效。

第 5 章習題

一、假設「所有存在主義者都是有神論者」這個命題為真，請問以下各命題的真假值為何？

原命題：凡 S 是 P（A 命題）

1. 凡 S 不是 P：F（與原命題是對立關係）

2. 凡 P 不是 S：F（第 1 句換位）

3. 凡非 S 是非 P：不確定

4. 凡 S 不是非 P：T（原命題換質）

5. 凡非 P 是非 S：T（原命題換質位）

6. 凡 P 是 S：不確定

7. 有 S 是非 P：F（與原命題是矛盾關係）

8.有 P 是 S：T（原命題限量換位或與第二句是矛盾關係）

9.有非 S 是非 P：T（第 5 句限量換位）

10.有非 P 是 S：F（第 7 句換位）

二、請完成以下表格

(1)

原命題	操作關係	新命題	真假值
1. 有些非 A 不是 B（T）	矛盾	所有非A是B	F
2. 有些 A 是非 B（T）	換位	有些非B是A	T
3. 所有非 A 是 B（F）	換質	沒有非A是非B	F
4. 有些非 A 不是 B（T）	蘊含或差等	沒有非A是B	?
5. 所有 A 是非 B（F）	換位	所有非B是A	?
6. 有些非 A 是非 B（F）	矛盾	沒有非A是非B	T
7. 有些 A 不是非 B（T）	換質位	有些B不是非A	T
8. 沒有非 A 是 B（T）	蘊含或差等	有些非A不是B	T
9. 沒有 A 是非 B（F）	對立／相反	所有A是非B	?
10. 有些非 A 是 B（F）	次對立	有些非A不是B	T

(2)

原命題	操作關係	新命題	真假值
11. 有些非 A 不是 B（T）	換質位	有些非B不是A	T
12. 有些 A 是非 B（F）	換位	有些非B是A	F
13. 所有非 A 是 B（T）	換質位	所有非B是A	T
14. 有些 A 是非 B（F）	蘊涵或差等關係	所有A是非B	F
15. 沒有 A 是非 B（T）	換質	所有A是B	T
16. 有些非 A 不是 B（T）	次相反或次反對	有些非A是B	?

原命題	操作關係	新命題	真假值
17. 沒有 A 是非 B（F）	矛盾	有些**A**是非**B**	**T**
18. 沒有 A 是 B（T）	換質位	沒有非**B**是非**A**	**?**
19. 所有非 A 是 B（T）	相反或大反對	沒有非**A**是**B**	**F**
20. 有些非 A 是非 B（F）	小相反或次反對	有些非**A**不是非**B**	**T**

三、請用范恩圖圖解以下命題

1.

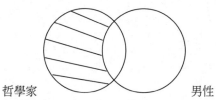

哲學家　　　　　　　　男性

2.

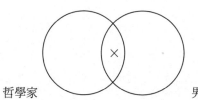

哲學家　　　　　　　　男性

3.

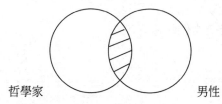

哲學家　　　　　　　　男性

4.

哲學家　　　　　　　　　　男性

5.

哲學家　　　　　　　　　　男性

6.

社會　　　　　　多元文化的

7.

社會　　　　　　多元文化的

或

社會　　　　　　多元文化的

8.

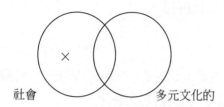

社會　　　　　　　　　多元文化的

9.

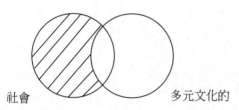

社會　　　　　　　　　多元文化的

10.

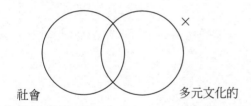

社會　　　　　　　　　多元文化的

四、請寫出三段論的論證形式，並用范恩圖解證明論證有效或無效

(1)

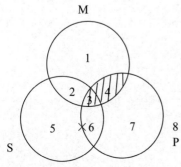

PEM （所有窮人不是可以出境的人）

SOM （有些記者不是可以出境的人）

/ ∴ SIP

論證形式 EOI-2

無效論證。因爲結論斷言區塊 3 或 6 至少有一區塊不是空類，前提並沒有斷言區塊 3 或區塊 6 不是空類，因此是無效論證。

(2)

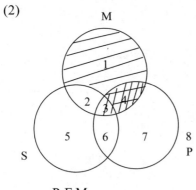

PEM

MAS

/ ∴ SOP

論證形式：EAO-4

無效論證。因爲結論斷言區塊 2 或 5 至少有一區塊不是空類，但是前提並沒有作出此斷言，因此是無效論證。

(3)

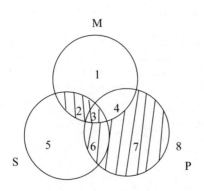

PAM

SEM

SOP

論證形式：AEO-2

無效論證。因為結論斷言區塊 2 或 5 至少有一區塊不是空類，但是前提

並沒有作出此斷言，因此是無效論證。

(4)

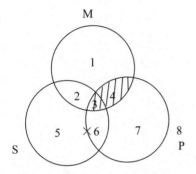

PEM　（所有理則學會被當的人都不是有做邏輯家庭作業的人）

SOM　（有些大一學生不是有做邏輯家庭作業）

SOP

論證形式：EOO-2

無效論證。因為結論斷言區塊 2 或 5 至少有一區塊不是空類，但結論並

沒有作出此斷言，因此是無效論證。

(5)

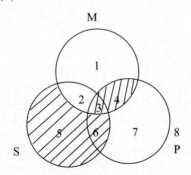

　　　PEM

　　　SAM

/ ∴ SIP

論證形式：EAI-2

無效論證。因為結論斷言區塊 3 或 6 至少有一區塊不是空類，但是前提並沒有作出此斷言，因此是無效論證。

(6)

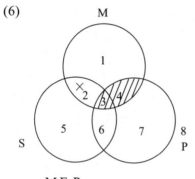

　　　MEP

　　　SIM

/ ∴ SEP

論證形式：EIE-1

無效論證。因為結論斷言區塊 3 與區塊 6 為空類，然前提僅斷言區塊 3 是空類，但並沒有斷言區塊 6 是空類，因此是無效論證。

(7)

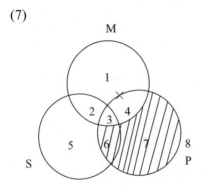

P A M
MO S
／∴ S O P

論證形式：AOO-4

無效論證。因為結論斷言區塊 2 或 5 至少有一區塊不是空類，但是前提並沒有作出此斷言，因此是無效論證。

(8)

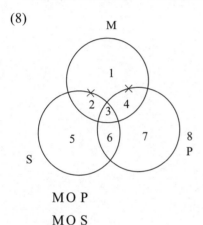

MO P
MO S
／∴ S O P

論證形式：OOO-3

無效論證。因為結論斷言區塊 2 或區塊 5，至少有一區塊不是空類，前提並沒有斷言區塊 2 或 5 不是空類，因此是無效論證。

(9)

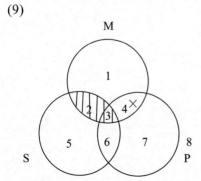

　　　　M I P
　　　　M E S
／∴ S O P
論證形式：IEO-3
無效論證。因爲結論斷言區塊 2 或 5 至少有一區塊不是空類，但是前提
並沒有作出此斷言，因此是無效論證。

(10)

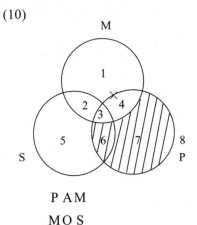

　　　　P A M
　　　　M O S
／∴ S E P
論證形式：AOE-4
無效論證。因爲結論斷言區塊 3 與區塊 6 爲空類，但前提僅斷言區塊 6
爲空類，並沒有斷言區塊 3 也是空類，因此是無效論證。

第 6 章　語句邏輯（一）：邏輯符號與眞值表

練習 6-1　請判斷以下語句是單句或複句

1. 單句	2. 複句	3. 複句	4. 複句	5. 單句
6. 單句	7. 單句	8. 複句	9. 複句	10. 複句

練習 6-2

1. ～A	2. A・B	3. A・B	4. A・B	5. ～(A・B)
6. A v B	7. ～A	8. ～A	9. A⊃B	10. A ≡ B

練習 6-3

1. Y⊃I　2. Y⊃I　3. I⊃Y　4. (～Y⊃～I) / (Y v ～I)　5. I⊃Y　　6. I ≡ Y

練習 6-4　假設：A、B 和 C 爲眞，D 與 E 爲假，請問以下複句「主要語句連接詞」爲何？其眞假值爲何？

1. 主要語句連接詞：⊃
　眞假值爲：T

2. 主要語句連接詞：≡
　眞假值爲：T

3. 主要語句連接詞：≡
　眞假值爲：F

4. 主要語句連接詞：≡
　眞假值爲：T

5. 主要語句連接詞：⊃
　眞假值爲：F

6. 主要語句連接詞：～
　眞假值爲：F

7. 主要語句連接詞：・
　眞假值爲：F

8. 主要語句連接詞：v
　眞假值爲：T

9. 主要語句連接詞：・
　眞假值爲：F

10. 主要語句連接詞：≡
　眞假值爲：T

練習 6-5　請判定以下複句是哪一種語句？

1. 適然句　　　　2. 套套句　　　　3. 套套句　　　　4. 矛盾句

練習 6-6　論證前提一致或不一致

(1) 答：前提一致。

P	Q	R	P ≡ Q	～(R ⊃ Q)	R
T	T	T	T	F	T
T	T	F	T	F	F
T	F	T	F	T	T
T	F	F	F	F	F
F	T	T	F	F	T
F	T	F	F	F	F
F	F	T	T	T	T
F	F	F	T	F	F

(2) 答：前提一致。

R	S	T	R ⊃ S	T ≡ R	～(T v S)
T	T	T	T	T	F
T	T	F	T	F	F
T	F	T	F	T	F
T	F	F	F	F	T
F	T	T	T	F	F
F	T	F	T	T	F
F	F	T	T	F	F
F	F	F	T	T	T

練習 6-7　判定論證有效或無效

(1) 答：有效論證。

A	B	C	A ≡ B	~(C v B)	~B ⊃ A	A • B
T	T	T	T	F	T	T
T	T	F	T	F	T	T
T	F	T	F	F	T	F
T	F	F	F	T	T	F
F	T	T	F	F	T	F
F	T	F	F	F	T	F
F	F	T	T	F	F	F
F	F	F	T	T	F	F

(2) 答：無效論證。

A	B	C	A ⊃ B	A v ~C	C • B	~B
T	T	T	T	T	T	F
T	T	F	T	T	F	F
T	F	T	F	T	F	T
T	F	F	F	T	F	T
F	T	T	T	F	T	F
F	T	F	T	T	F	F
F	F	T	T	F	F	T
F	F	F	T	T	F	T

練習 6-8 用簡易真值表證明前提一致

(1) 當 A=T；B=T；C=T 時，本論證前提一致。

(2) 當 F=T；H=F；G=F 時，本論證前提一致。

(3) 當 A=T；C=T；D=T；E=T 時，本論證前提一致。

(4) 當 F=T；H=F；G=T 時，本論證前提一致。

(5) 當 A=T；B=F；C=F 時，本論證前提一致。

練習 **6-9** 用簡易眞值表證明論證無效

(1) 當 L=F；K=F；H=T；G=F 時，會使前提爲眞，結論爲假，故爲無效論證。

(2) 當 K=T；H=T；L=T 時，會使前提爲眞，結論爲假，故爲無效論證。

(3) 當 A=T；B=F；C=F；D=F 時，會使前提爲眞，結論爲假，故爲無效論證。

(4) 當 H=F；L=F；K=T 時，會使前提爲眞，結論爲假，故爲無效論證。

(5) 當 N=T；R=T；L=F；K=T 時，會使前提爲眞，結論爲假，故爲無效論證。

練習 **6-10** 請使用間接眞值表法（歸謬法）證明以下論證是有效或無效

(1) 根據歸謬眞值表法，當我們假設 R 爲假，P 爲眞時，則 Q 會出現矛盾現象，故本論證爲有效論證。

(2) 根據歸謬眞值表法，當我們假設 A 爲眞，D 爲假時，則 B 會出現矛盾現象，故本論證爲有效論證。

(3) 根據歸謬眞值表法，當我們假設 N 爲眞，Y 爲假，K 爲眞，M 爲眞，S 爲眞，Q 爲眞，O 爲假，W 爲假時，則 R 會產生矛盾現象，因此本論證爲有效論證。

(4) 根據歸謬眞值表法，當我們假設 Q，R，P，J，S 皆爲眞時，可以使前提爲眞，結論爲假。因此，本論證爲無效論證。

(5) 根據歸謬眞值表法，我們假設 I 爲假，J 爲眞，可以使前提爲眞，結論爲假，因此本論證爲無效論證。

(6) 根據歸謬眞值表法，當我們假設 P 爲眞，Q 爲眞時，R 會產生矛盾現象，因此本論證爲有效論證。

練習 **6-11** 請決定以下語句是哪些語句形式的替代實例

1.　p　　　　　　　　　　　　　　（單句形式）

　　p・q　　　　　　　　　　　　（基本形式）（展開形式）

2.　p　　　　　　　　　　　　　　（單句形式）

　　p・q　　　　　　　　　　　　（基本形式）

　　～p・q　　　　　　　　　　　（展開形式）

3.　p　　　　　　　　　　　　　　　（單句形式）

　　p v q　　　　　　　　　　　　（基本形式）

　　p v (q • r)　　　　　　　　　 （展開形式）

4.　p　　　　　　　　　　　　　　　（單句形式）

　　p ≡ q　　　　　　　　　　　　（基本形式）

　　～p ≡ q

　　p ≡ ～q

　　～p ≡ ～q　　　　　　　　　　（展開形式）

5.　p　　　　　　　　　　　　　　　（單句形式）

　　p ⊃ q　　　　　　　　　　　　（基本形式）

　　p ⊃ (q ⊃ r)

　　(p ⊃ q) ⊃ r

　　(p ⊃ q) ⊃ (r ⊃ s)　　　　　　（展開形式）

6.　p　　　　　　　　　　　　　　　（單句形式）

　　p v q　　　　　　　　　　　　（基本形式）

　　p v ～q

　　p v ～[q v r]

　　p v ～[(q • r) v s]　　　　　　（展開形式）

7.　p　　　　　　　　　　　　　　　（單句形式）

　　p ⊃ q　　　　　　　　　　　　（基本形式）

　　p ⊃ ～q

　　p ⊃ ～(q ⊃ r)

　　～p ⊃ q

　　～p ⊃ ～q

　　～p ⊃ ～(q ⊃ r)　　　　　　（展開形式）

8.　p　　　　　　　　　　　　　（單句形式）

　　p ⊃ q　　　　　　　　　　（基本形式）

　　p ⊃ (q • r)

　　∼p ⊃ q

　　∼p ⊃ (q • r)

　　∼(p v q) ⊃ r

　　∼(p v q) ⊃ (r • s)　　　（展開形式）

9.　p　　　　　　　　　　　　　（單句形式）

　　p ≡ q　　　　　　　　　　（基本形式）

　　p ≡ ∼ q

　　(p • q) ≡ r

　　(p • q) ≡ ∼ r

　　(p • q) ≡ ∼ q　　　　　　（展開形式）

10.　p　　　　　　　　　　　　（單句形式）

　　p • q　　　　　　　　　　（基本形式）

　　∼p • q

　　∼(p ⊃ q) • r

　　∼[p ⊃ (q ≡ p)] • r

　　∼[p ⊃ (∼q ≡ p)] • r

　　∼[p ⊃ (q ≡ r)] • s

　　∼[p ⊃ (∼q ≡ r)] • s

　　∼[p ⊃ (∼q ≡ r)] • q

　　∼[p ⊃ (∼q ≡ p)] • q　　　（展開形式）

第 6 章習題

一、翻 E 與 7 兩張卡片。

二、請將以下日常語句邏輯符號化（**Y**：你去；**I**：我去）

1. Y

2. Y v I

3. Y • I

4. ～(Y • I)

5. ～Y • ～I

6. Y ⊃ I

7. Y ⊃ I

8. I ⊃ Y

9. ～Y ⊃ ～I / Y v ～I

10. Y ≡ I

三、請將以下日常語句邏輯符號化

1. M ≡ ～R

2. ～(M v L)

3. [～R v (G v E)] 或 [～(G v E) ⊃ ～R]

4. (A • B) • [～(C • D) ⊃ (～E • F)]

5. S ⊃ C

6. A • (C ⊃ B)

7. M • H • S

8. A ≡ R

9. E ⊃ [(G • A • ～S) v (G • ～A • S) v (～G • A • S)]

10. E ⊃ [(G • A • S) v (G • A • ～S) v (G • ～ A • S) v (～G • A • S)]

四、眞值表證明

1. 請用眞值表判斷以下三個複句分屬哪種類型的複句（套套句、矛盾句或適然句）？

(1) (S ≡ N) v ～S 爲適然句

S	N	(S ≡ N) v ～S
T	T	T
T	F	F
F	T	T
F	F	T

(2) ～（B・A）∨C 爲適然句

A	B	C	～（B・A）∨C
T	T	T	T
T	T	F	F
T	F	T	T
T	F	F	T
F	T	T	T
F	T	F	T
F	F	T	T
F	F	F	T

(3) ～（P∨Q）≡（～P⊃Q）爲矛盾句

P	Q	～（P∨Q）≡（～P⊃Q）
T	T	F
T	F	F
F	T	F
F	F	F

2. 請用簡易眞值表法證明以下論證爲無效論證。

(1) 當 P、Q 爲眞，R、S 爲假時，可以使前提爲眞，結論爲假。

(2) 當 P、S、T 爲眞，R、Q、W 爲假時，可以使前提爲眞，結論爲假。

3. 請問以下兩語句是否邏輯等值，彼此是否邏輯蘊涵？

(1)

P	Q	(P⊃Q) ≡ (～P⊃～Q)	〔(P・Q) ≡～P〕
T	T	T	F
T	F	F	T
F	T	F	F
F	F	T	F

答：(P⊃Q) ≡ (～P⊃～Q) 與〔(P・Q) ≡～P〕兩語句沒有邏輯等值，
彼此也沒有邏輯蘊涵。

(2)

A	B	C	(A∨B)・～C	(A ≡ B)⊃C
T	T	T	F	T
T	T	F	T	F
T	F	T	F	T
T	F	F	T	T
F	T	T	F	T
F	T	F	T	T
F	F	T	F	T
F	F	F	F	F

答：(A∨B)・～C 與 (A ≡ B)⊃C 兩語句沒有邏輯等值，彼此也沒有邏
輯蘊涵。

4. 請用眞值表證明以下論證是否前提一致？

(1) 前提一致。

P	Q	R	S	(P⊃Q)	(R⊃S)	(Q∨S)
T	T	T	T	**T**	**T**	**T**
T	T	T	F	T	F	T
T	T	F	T	**T**	**T**	**T**
T	T	F	F	**T**	**T**	**T**
T	F	T	T	F	T	T
T	F	T	F	F	F	F
T	F	F	T	F	T	T
T	F	F	F	F	T	F
F	T	T	T	T	T	T
F	T	T	F	T	F	T
F	T	F	T	**T**	**T**	**T**
F	T	F	F	**T**	**T**	**T**
F	F	T	T	**T**	**T**	**T**
F	F	T	F	T	F	F
F	F	F	T	**T**	**T**	**T**
F	F	F	F	T	T	F

(2) 前提一致

P	Q	R	S	T	(P⊃Q)	(R⊃S)	(Q∨S)⊃T
T	T	T	T	T	**T**	**T**	**T**
T	T	T	T	F	T	T	F
T	T	T	F	T	T	F	T
T	T	T	F	F	T	F	F
T	T	F	T	T	**T**	**T**	**T**
T	T	F	T	F	T	T	F

P	Q	R	S	T	(P ⊃ Q)	(R ⊃ S)	(Q v S) ⊃ T
T	T	F	F	T	T	T	T
T	T	F	F	F	T	T	F
T	F	T	T	T	F	T	T
T	F	T	T	F	F	T	F
T	F	T	F	T	F	F	T
T	F	T	F	F	F	F	T
T	F	F	T	T	F	T	T
T	F	F	T	F	F	T	F
T	F	F	F	T	F	T	T
T	F	F	F	F	F	T	T
F	T	T	T	T	T	T	T
F	T	T	T	F	T	T	F
F	T	T	F	T	T	F	T
F	T	T	F	F	T	F	F
F	T	F	T	T	T	T	T
F	T	F	T	F	T	T	F
F	T	F	F	T	T	T	T
F	T	F	F	F	T	T	F
F	F	T	T	T	**T**	**T**	**T**
F	F	T	T	F	T	T	F
F	F	T	F	T	T	F	T
F	F	T	F	F	T	F	T
F	F	F	T	T	**T**	**T**	**T**
F	F	F	T	F	T	T	F
F	F	F	F	T	**T**	**T**	**T**
F	F	F	F	F	**T**	**T**	**T**

5. 請用真值表法證明以下論證是有效或無效論證？

(1) 有效論證（沒有任何一列的邏輯解釋使前提為真，結論為假）

A	B	C	(~A v ~B)	C ⊃ (A・B)	~C
T	T	T	F	T	F
T	T	F	F	T	T
T	F	T	T	F	F
T	F	F	T	T	T
F	T	T	T	F	F
F	T	F	T	T	T
F	F	T	T	F	F
F	F	F	T	T	T

(2) 無效論證（至少有一列邏輯解釋使前提為真，結論為假的情況）

P	Q	R	S	(P ⊃ Q)	(Q・R) v S	P
T	T	T	T	T	T	T
T	T	T	F	T	T	T
T	T	F	T	T	T	T
T	T	F	F	T	F	T
T	F	T	T	F	T	T
T	F	T	F	F	F	T
T	F	F	T	F	T	T
T	F	F	F	F	F	T
F	T	T	T	**T**	**T**	**F**
F	T	T	F	**T**	**T**	**F**
F	T	F	T	**T**	**T**	**F**

P	Q	R	S	(P⊃Q)	(Q•R)∨S	P
F	T	F	F	T	F	F
F	F	T	T	**T**	**T**	**F**
F	F	T	F	T	F	F
F	F	F	T	**T**	**T**	**F**
F	F	F	F	T	F	F

五、請決定以下替代實例的語句形式

1. p，p•q

2. p，p⊃q，～p⊃q

3. p，～p，～(p∨q)

4. p，～p，～(p⊃q)，～(～p⊃q)

5. p，p⊃q，p⊃(q⊃r)，～p⊃q，～p⊃(q⊃r)，～p⊃(q⊃p)

6. p，p⊃q，p⊃(q∨r)，～p⊃q，～p⊃(q∨r)，～(p•q)⊃r，～(p•q)⊃(r∨s)

7. p，p⊃q，p⊃～q，～p⊃q，～p⊃～q，～(p≡q)⊃r，～(p≡q)⊃～r

8. p，p⊃q，p⊃～q，(p≡q)⊃r，(p≡q)⊃～r，(～p≡q)⊃r，(～p≡q)⊃～r

9. p，～p，～(p⊃q)，～(p⊃～q)，～(～p⊃q)，～(～p⊃～q)，～[～(p≡q)⊃r]，～[～(p≡q)⊃～r]

10. p，～p，～(p⊃q)，～(p⊃～q)，～[p⊃～(q∨r)]，～[(p•q)⊃r]，～[(p•q)⊃～r]，～[(p•q)⊃～(r∨s)]，～[(p•q)⊃～(q∨r)]

六、

我們將 P、Q、R 語句的八種邏輯解釋畫出，並根據題目將最後一列的眞值表依序填入，如下：

P	Q	R	(～P•Q•R)∨(～P•～Q•R)
T	T	T	F

P	Q	R	（∼P・Q・R）v（∼P・∼Q・R）
T	T	F	F
T	F	T	F
T	F	F	F
F	T	T	T
F	T	F	F
F	F	T	T
F	F	F	F

　　我們由以上眞值表推知，某複句斷言（∼P・Q・R）與（∼P・∼Q・R）這兩種邏輯解釋，該複句爲眞，我們以選言連接詞連結兩者，就是該複句，因此答案是（∼P・Q・R）v（∼P・∼Q・R）。

七、

p	q	p*q	p v q
T	T	F	T
T	F	F	T
F	T	F	T
F	F	T	F

1. p v q 由以上眞值表可以看出 p*q 與 p v q 互爲矛盾，故 p v q ≡∼（p*q）。

2. 我們從題幹已知∼p ≡ p*p，我們要用 * 的連結關係定義 p v q。因此，我們將 p 以 p*q 替代，因此得出∼（p*q）≡（p*q）*（p*q），所以 p v q ≡（p*q）*（p*q）。

八、茲定義二位邏輯運算子（**dyadic logical operator**）「◎」

p	q	p◎q
T	T	F
F	**T**	**T**
T	F	F
F	F	F

1. p◎q 的真值表斷言（～p・q）為真。

2. 根據上述，我們可以由（A◎B）推出（～A・B）。

3. 由（～A・B）◎A 推出～（～A・B）・A。

4. 因此，（A◎B）◎A 可以改寫成～（～A・B）・A。

第 7 章　語句邏輯（二）：自然演繹規則與證明

練習 **7-1**

(1)

1. A⊃B	p
2. A	p
3. B⊃～C	p /∴ ～C
4. B	<u>1,2 MP</u>
5. ～C	<u>3,4 MP</u>

(2)

1. R ⊃ S	p
2. ∼ S	p
3. ∼ R ⊃ T	p / ∴ ∼ T
4. ∼ R	1,2 MT
5. T	3,4 MP

(3)

1. (A ⊃ B) ⊃ (C ⊃ D)	p
2. (A ⊃ B)	p
3. ∼ D	p / ∴ ∼ T
4. C ⊃ D	1,2 MP
5. ∼ C	3,4 MT

(4)

1. T ⊃ K	p
2. ∼ K	p
3. ∼ T ⊃ (R v S)	p / ∴ ∼ T
4. ∼ T	1,2 MT
5. R v S	3,4 MP

練習 7-2

(1)

1. A ⊃ B	p
2. ∼ C	p
3. B ⊃ C	p / ∴ ∼ A
4. ∼ B	2,3 MT
5. ∼ A	1,4 MT

(2)

1. A ⊃ B	p
2. A	p
3. B ⊃ C	p / ∴ C
4. B	1,2 MP
5. C	3,4 MP

(3)

1. (H v K) ⊃ R	p
2. A ⊃ (M ⊃ Q)	p
3. ～ R	p
4. A v (H v K)	p
5. Q ⊃ S	p / ∴ M ⊃ S
6. ～ (H v K)	1,3 MT
7. A	4,6 DS
8. M ⊃ Q	2,7 MP
9. M ⊃ S	5,8 HS

(4)

1. ～ R	p
2. T ⊃ (A ≡ B)	p
3. (A ≡ B) ⊃ ～ S	p
4. ～ R ⊃ T	p / ∴ ～ R ⊃ ～ S
5. T ⊃ ～ S	2,3 HS
6. ～ R ⊃ ～ S	4,5 HS

(5)

1. A ⊃ ～ D	p
2. A v F	p
3. F ⊃ (R ⊃ S)	p

4. S ⊃ T	p
5. ∼∼ D	p / ∴ R ⊃ T
6. ∼ A	1,5 MT
7. F	2,6 DS
8. R ⊃ S	3,7 MP
9. R ⊃ T	4,8 HS

練習 7-3

(1)

1. (H v ∼ B) ⊃ R	p
2. P ⊃ (H v ∼ B)	p
3. ∼ R	p / ∴∼ P
4. ∼ (H v ∼ B)	1,3 MT
5. ∼ P	2,4 MT

(2)

1. (J ⊃ W) • (S ⊃ R)	p
2. (G v H) ⊃ (J v S)	p
3. G	p / ∴ R v W
4. G v H	3 Add
5. J v S	2,4 MP
6. J ⊃ W	1 Simp
7. S ⊃ R	1 Simp
8. R v W	5,6,7 CD

(3)

1. (P v Q) ⊃ (R v S)	p
2. S ⊃ ∼ (T ≡ V)	p
3. P • ∼ R	p

4. $\sim (T \equiv V) \supset \sim P$ p / $\therefore$ W

5. P   3 Simp

6. P v Q   5 Add

7. R v S   1,6 MP

8. $\sim$ R   3 Simp

9. S   7,8 DS

10. $\sim (T \equiv V)$ 2,9 MP

11. $\sim$ P   4,10 MP

12. P v W   5 Add

13. W   11,12 DS

(4)

1. $(\sim A \supset F)$ v D   p

2. $F \supset P$ p

3. $W \bullet \sim D$ p

4. $W \supset (K \supset \sim A)$ p / $\therefore$ K $\supset$ P

5. W   3 Simp

6. $\sim$ D   3 Simp

7. $\sim A \supset F$ 1,6 DS

8. $K \supset \sim A$ 4,5 MP

9. $K \supset F$ 7,8 HS

10. $K \supset P$ 2,9 HS

(5)

1. $(P \equiv Q) \supset (S$ v $T)$ p

2. $(P \equiv Q) \bullet \sim L$ p

3. $T \supset L$ p / $\therefore \sim L \bullet S$

4. $(P \equiv Q)$ 2 Simp

5. $\sim$ L   2 Simp

6. ～ T	3,5 MT
7.S v T	1,4 MP
8. S	6,7 DS
9. ～ L • S	5,8 Conj

(6)

1. K • ～ L	p
2. (K v O) ⊃ (T ⊃ S)	p
3. L v ～ S	p / ∴ ～ T • ～ L
4. K	1 Simp
5. ～ L	1 Simp
6. K v O	4 Add
7. T ⊃ S	2,6 MP
8. ～ S	3,5 DS
9. ～ T	7,8 MT
10. ～ T • ～ L	5,9 Conj

練習 7-4

(1)

1. (K v Q) ⊃ (R • ～ S)	p
2. ～ (R • ～ S)	p / ∴ ～ (K • L)
3. ～ (K v Q)	1,2 MT
4. ～ K • ～ Q	3 DeM
5. ～ K	4 Simp
6. ～ K v ～ L	5 Add
7. ～ (K • L)	6 DeM

(2)

1. (Q v K) v ～ B	p

2. ～K • (A v B)	p / ∴ ～ (～ Q • B)
3. ～K	2 Simp
4. (Q v ～B) v K	1 Comm
5. (Q v ～B)	3,4 DS
6. ～ (～ Q • B)	5 DeM

(3)

1. (～ R v L)	p
2. ～K • (F v ～R)	p / ∴ ～ R v (L • F)
3. (F v ～R)	2 Simp
4. (～ R v L) • (F v ～R)	1,3 Conj
5. (～ R v L) • (～ R v F)	4 Comm
6. ～ R v (L • F)	5 Dist

(4)

1. ～ A v ～ C	p
2. (A v B) • C	p
3. ～ D ⊃ ～ (B • C)	p / ∴ D
4. C	2 Simp
5. A v B	2 Simp
6. ～～ C	4 DN
7. ～ A	1,6 DS
8. B	5,7 DS
9. B • C	4,8 Conj
10. ～～ (B • C)	9 DN
11. D	3,10 MT, DN

(5)

1. (C v A) • (C v B)	p
2. ～ (～ D v C)	p

3. (～A v ～B) v F	p / ∴ D • F
4. D • ～C	2 DeM, DN
5. D	4 Simp
6. ～C	4 Simp
7. C v A	1 Simp
8. C v B	1 Simp
9. A	6,7 DS
10. B	6,8 DS
11. A • B	9,10 Conj
12. ～(A • B) v F	3 DeM
13. ～～(A • B)	11 DN
14. F	12,13 DS
15. D • F	5,14 Conj

(6)

1. ～C v ～B	p
2. A ⊃ (B • C)	p
3. A v ～S	p / ∴～S v T
4. ～B v ～C	1 Comm
5. ～(B • C)	4 DeM
6. ～A	2,5 MT
7. ～S	3,6 DS
8. ～S v T	7 Add

練習 **7-5**

(1)

1. (T • ～W) ⊃ G	p
2. ～W v ～R	p / ∴ (R • T) ⊃ G

3. ($\sim$ W • T) $\supset$ G   1 Comm

4. $\sim$ W $\supset$ (T $\supset$ G)   3 Exp

5. $\sim$ R v $\sim$ W   2 Comm

6. R $\supset$ $\sim$ W   5 Impl

7. R $\supset$ (T $\supset$ G)   4,6 HS

8. $\sim$ R v (T $\supset$ G)   7 Impl

9. $\sim$ R v ($\sim$ T v G)   8 Impl

10. ($\sim$ R v $\sim$ T) v G   9 Assoc

11. $\sim$ (R • T) v G   10 DeM

12. (R • T) $\supset$ G   11 Impl

(2)

1. R $\supset$ Q   p

2. S $\equiv$ T   p

3. $\sim$ S $\supset$ $\sim$ Q   p / $\therefore$ R $\supset$ T

4. Q $\supset$ S   3 Contra

5. R $\supset$ S   1,4 HS

6. (S $\supset$ T) • (T $\supset$ S)   2 Equiv

7. S $\supset$ T   6 Simp

8. R $\supset$ T   5,7 HS

(3)

1. $\sim$ (S v R)   p

2. ($\sim$ R • P) $\supset$ $\sim$ Q   p

3. P $\equiv$ Q   p / $\therefore$ $\sim$ P

4. $\sim$ S • $\sim$ R   1 DeM

5. $\sim$ R   4 Simp

6. $\sim$ R $\supset$ (P $\supset$ $\sim$ Q)   2 Exp

7. P $\supset$ $\sim$ Q   5,6 MP

8. (P ⊃ Q) • (Q ⊃ P)	3 Equiv
9. P ⊃ Q	8 Simp
10. ～ Q ⊃ ～ P	9 Contra
11. P ⊃ ～ P	7,10 HS
12. ～ P v ～ P	11 Impl
13. ～ P	12 Taut

(4)

1. Q ≡ K	p
2. ～ K v ～ Q	p / ∴ K ⊃ S
3. (Q ⊃ K) • (K ⊃ Q)	1 Equiv
4. K ⊃ Q	3 Simp
5. ～ Q v ～ K	2 Comm
6. Q ⊃ ～ K	5 Impl
7. K ⊃ ～ K	4,6 HS
8. ～ K v ～ K	7 Impl
9. ～ K	8 Taut
10. ～ K v S	9 Add
11. K ⊃ S	10 Impl

(5)

1. (P ≡ Q)	p
2. ～ P v ～ Q	p / ∴ ～ Q
3. (P • Q) v (～ P • ～ Q)	1 Equiv
4. ～ (P • Q)	2 DeM
5. ～ P • ～ Q	3,4 DS
6. ～ Q	5 Simp

(6)

1. (R v Q) ⊃ S	p

2. $\sim (P \cdot T) \equiv \sim S$ p / $\therefore \sim Q \vee P$

3. $[\sim (P \cdot T) \supset \sim S] \cdot [\sim S \supset \sim (P \cdot T)]$ 2 Equiv

4. $\sim (P \cdot T) \supset \sim S$ 3 Simp

5. $\sim S \supset \sim (R \vee Q)$ 1 Contra

6. $\sim (P \cdot T) \supset \sim (R \vee Q)$ 4,5 HS

7. $(P \cdot T) \vee \sim (R \vee Q)$ 6 Impl, DN

8. $(P \cdot T) \vee (\sim R \cdot \sim Q)$ 7 DeM

9. $[(P \cdot T) \vee \sim R] \cdot [(P \cdot T) \vee \sim Q]$ 8 Dist

10. $[(P \cdot T) \vee \sim Q]$ 9 Simp

11. $(\sim Q \vee P) \cdot (\sim Q \vee T)$ 10 Dist

12. $(\sim Q \vee P)$ 11 Simp

練習 7-6 使用 CP 證明方法證明以下論證有效

(1)

1. $P \supset Q$ p

2. $Q \supset (R \cdot S)$ p / $\therefore P \supset R$

→3. P ACP

4. Q 1,3 MP

5. $R \cdot S$ 2,4 MP

6. R 5 Simp

7. $P \supset R$ 3-6 CP

(2)

1. $P \supset (Q \vee R)$ p

2. $R \vee \sim Q$ p / $\therefore P \supset (P \cdot R)$

3. P	ACP
4. Q v R	1,3 MP
5. ～ Q ⊃ R	4 Impl
6. ～ R ⊃ ～ Q	2 Impl
7. ～ R ⊃ R	5,6 HS
8. R v R	7 Impl
9. R	8 Taut
10. P • R	3,9 Conj
11. P ⊃ (P • R)	3-10 CP

(3)

1. (T v R) ⊃ Q	p
2. R ⊃ (D • T)	p / ∴ ～ Q ⊃ ～ R
3. ～ Q	ACP
4. ～ (T v R)	1,3 MT
5. ～ T • ～ R	4 DeM
6. ～ R	5 Simp
7. ～ Q ⊃ ～ R	3-6 CP

(4)

1. (P ⊃ Q) • (R ⊃ S)	p / ∴ (P v R) ⊃ (Q v S)
2. P v R	ACP
3. P ⊃ Q	1 Simp
4. R ⊃ S	1 Simp
5. Q v S	2,3,4 CD
6. (P v R) ⊃ (Q v S)	2-5 CP

(5)

1. (P • ～ R) ⊃ ～ Q	p
2. (P ⊃ R) ⊃ S	p / ∴ Q ⊃ (R ⊃ S)

3. Q	ACP
4. R	ACP
5. ∼∼ Q	3 DN
6. ∼ (P • ∼ R)	1,5 MT
7. ∼ P v R	6 DeM, DN
8. P ⊃ R	7 Impl
9. S	2,8 MP
10. R ⊃ S	4-9 CP
11. Q ⊃ (R ⊃ S)	3-10 CP

(6)

1. Q ⊃ (R • ∼ S)	p
2. ∼ (S • T) ⊃ P	p / ∴ P v ∼ Q
3. ∼ P	ACP
4. S • T	2,3 MT, DN
5. S	4 Simp
6. S v ∼ R	5 Add
7. ∼ R v S	6 Comm
8. ∼ (R • ∼ S)	7 DeM
9. ∼ Q	1,8 MT
10. ∼ P ⊃ ∼ Q	3-9 CP
11. P v ∼ Q	10 Impl, DN

(7)

1. ∼ W ⊃ (P • R)	p
2. S ⊃ ∼ (T v R)	p
3. S v Q	p / ∴ Q v W

▶4. ～ Q	ACP
5. S	3,4 DS
6. ～ (T v R)	2,5 MP
7. ～ T • ～ R	6 DeM
8. ～ R	7 Simp
9. ～ R v ～ P	8 Add
10. ～ P v ～ R	9 Comm
11. ～ (P • R)	10 DeM
12 ～～ W	1,11 MT
13. W	12 DN
14. ～ Q ⊃ W	4-13 CP
15. Q v W	14 Impl, DN

(8)

1. ～ P ≡ ～ Q	p
2. P ⊃ ～ S	p / ∴ ～ (Q • S)
▶3. Q	ACP
4. (～ P ⊃ ～ Q) • (～ Q ⊃ ～ P)	1 Equiv
5. ～ P ⊃ ～ Q	4 Simp
6. ～～ Q	3 DN
7. ～～ P	5,6 MT
8. P	7 DN
9. ～ S	2,8 MP
10. Q ⊃ ～ S	3-9 CP
11. ～ Q v ～ S	10 Impl
12. ～ (Q • S)	11 DeM

(9)

1. (P • Q) ≡ R		p
2. P ⊃ Q		p / ∴ P ≡ R
3. [(P • Q) ⊃ R] • [R ⊃ (P • Q)]		1 Equiv
➤4. P		ACP
5. Q		2,4 MP
6. (P • Q) ⊃ R		3 Simp
7. P • Q		4,5 Conj
8. R		6,7 MP
9. P ⊃ R		4-8 CP
➤10. R		ACP
11. R ⊃ (P • Q)		3 Simp
12. P • Q		10,11 MP
13. P		12 Simp
14. R ⊃ P		10-13 CP
15. (P ⊃ R) • (R ⊃ P)		9,14 Conj
16. P ≡ R		15 Equiv

(10)

1. ∼ R ⊃ ∼ S	p
2. (Q ⊃ R) ≡ Z	p
3. ∼ (Q • W)	p
4. W v S	p / ∴ Z

5. Q	ACP
6. ～ Q v ～ W	3 DeM
7. ～～ Q	5 DN
8. ～ W	6,7 DS
9. S	4,8 DS
10. ～～ S	9 DN
11. ～～ R	1,10 MT
12. R	11 DN
13. Q ⊃ R	5-12 CP
14. [(Q ⊃ R) ⊃ Z] • [Z ⊃ (Q ⊃ R)]	2 Equiv
15. (Q ⊃ R) ⊃ Z	14 Simp
16. Z	13,15 MP

練習 7-7 使用 IP 證明方法證明以下論證有效

(1)

1. (P v Q) • (P v R)	p
2. ～ R v ～ Q	p / ∴ P
3. ～ P	AIP
4. P v Q	1 Simp
5. P v R	1 Simp
6. Q	3,4 DS
7. R	3,5 DS
8. ～～ Q	6 DN
9. ～ R	2,8 DS
10. R • ～ R	7,9 Conj
11. P	3-10 IP

(2)

1. (P v Q) ⊃ (R ⊃ ～ S)	p	
2. (S v T) ⊃ (P • R)	p / ∴ ～ S	
→ 3. S	AIP	
4. S v T	3 Add	
5. P • R	2,4 MP	
6. P	5 Simp	
7. P v Q	6 Add	
8. R ⊃ ～ S	1,7 MP	
9. R	5 Simp	
10. ～ S	8,9 MP	
11. S • ～ S	3,10 Conj	
12. ～ S	3-11 IP	

(3)

1. (P ⊃ Q) • (R ⊃ S)	p
2. (Q v S) ⊃ F	p
3. ～ F	p / ∴ ～ (P v R)
→ 4. (P v R)	AIP
5. P ⊃ Q	1 Simp
6. R ⊃ S	1 Simp
7. Q v S	4,5,6 CD
8. F	2,7 MP
9. F • ～ F	3,8 Conj
10. ～ (P v R)	4-9 IP

(4)

1. ～ P v ～ S	p
2. (P v Q) ≡ (R v S)	p
3. Q ⊃ ～ S	p / ∴ ～ (R • S)

→4. R • S	AIP
5. [(P v Q) ⊃ (R v S)] • [(R v S) ⊃ (P v Q)]	2 Equiv
6. (R v S) ⊃ (P v Q)	5 Simp
7. S	4 Simp
8. R v S	7 Add
9. P v Q	6,8 MP
10. ～～ S	7 DN
11. ～ P	1,10 DS
12. Q	9,11 DS
13. ～ Q	3,10 MT
14. Q • ～ Q	12,13 Conj
15. ～ (R • S)	4-14 IP

(5)

1. ～ Q ⊃ P	p
2. R ≡ Q	p / ∴ (P v R)
→3. ～ (P v R)	AIP
4. ～ P • ～ R	3 DeM
5. ～ P	4 Simp
6. ～ R	4 Simp
7. (R ⊃ Q) • (Q ⊃ R)	2 Equiv
8. Q ⊃ R	7 Simp
9. ～ Q	6,8 MT
10. ～～ Q	1,5 MT
11. ～ Q • ～～ Q	9,10 Conj
12. (P v R)	3-11 IP

(6)

1. Q ⊃ (T • S)	p
2. (S • T) ⊃ P	p / ∴ P v ∼ Q
➤ 3. ∼ (P v ∼ Q)	AIP
4. ∼ P • Q	3DeM, DN
5. ∼ P	4 Simp
6. Q	4 Simp
7. T • S	1,6 MP
8. ∼ (S • T)	2,5 MT
9. ∼ (T • S)	8 Comm
10. (T • S) • ∼ (T • S)	7,9 Conj
11. P v ∼ Q	3-10 IP

練習 7-8

(1)

/ ∴ (P • Q) ⊃ P

➤ 1. P • Q	ACP
2. P	1 Simp
3. (P • Q) ⊃ P	1-2 CP

(2)

/ ∴ P ⊃ (∼ P ⊃ Q)

➤ 1. P	ACP
2. P v Q	1 Add
3. ∼ P ⊃ Q	2 Impl
4. P ⊃ (∼ P ⊃ Q)	1-3 CP

(3)

/∴ (P ⊃ Q) ∨ (Q ⊃ P)

→ 1. ～ (P ⊃ Q)	ACP
2. ～ (～ P ∨ Q)	1 Impl
3. P • ～ Q	2 DeM, DN
4. ～ Q	3 Simp
5. ～ Q ∨ P	4 Add
6. Q ⊃ P	5 Impl
7. ～ (P ⊃ Q) ⊃ (Q ⊃ P)	1-6 CP
8. (P ⊃ Q) ∨ (Q ⊃ P)	7 Impl

(4)

/∴ ～ [(P ⊃ ～ P) • (～ P ⊃ P)]

→ 1. [(P ⊃ ～ P) • (～ P ⊃ P)]	AIP
2. (～ P ∨ ～ P) • (P ∨ P)	1 Implx2
3. ～ P • P	2 Tautx2
4. ～ [(P ⊃ ～ P) • (～ P ⊃ P)]	1-3 IP

第 7 章習題

一、蘊涵規則證明

(1)

1. (D ∨ E) ⊃ (G • H)	p
2. G ⊃ ～ D	p
3. D • F	p /∴ M
4. D	3 Simp

5. D v E	4 Add
6. G • H	1,5 MP
7. G	6 Simp
8. ～ D	2,7 MP
9. D v M	4 Add
10. M	8,9 DS

(2)

1. (W v ～ E) • (W ⊃ T)	p
2. ～ E ⊃ D	p
3. B • T	p / ∴ B • (D v T)
4. W v ～ E	1 Simp
5. W ⊃ T	1 Simp
6. D v T	2,4,5 CD
7. B	3 Simp
8. B • (D v T)	6,7 Conj

(3)

1. E ⊃ A	p
2. A ⊃ ～ D	p
3. (E ⊃ ～ D) ⊃ (F • R)	p / ∴ R v ～ E
4. E ⊃ ～ D	1,2 HS
5. F • R	3,4 MP
6. R	5 Simp
7. R v ～ E	6 Add

(4)

1. P • T	p
2. (P v S) ⊃ (Q • R)	p

3. (Q v R) ⊃ S   p / ∴ S

4. P   1 Simp

5. P v S   4 Add

6. Q • R   2,5 MP

7. Q   6 Simp

8. Q v R   7 Add

9. S   3,8 MP

(5)

1. ～S • ～Q   p

2. R ⊃ Q   p

3. P v R   p

4.〔P ⊃ (Q ⊃ R)〕v S   p / ∴ Q ⊃ R

5. ～S   1 Simp

6. P ⊃ (Q ⊃ R)   4,5 DS

7. Q v (Q ⊃ R)   2,3,6 CD

8. ～Q   1 Simp

9. Q ⊃ R   7,8 DS

(6)

1. T v Q   p

2. Q ⊃ (P • F)   p

3. T ⊃ (M ⊃ Q)   p

4. ～Q • M   p / ∴ P v F

5. ～Q   4 Simp

6. T   1,5 DS

7. M ⊃ Q   3,6 MP

8. M   4 Simp

9. Q   7,8 MP
10. P • F   2,9 MP
11. P   10 Simp
12. P v F   11 Add

(7)

1. ～ B   p
2. (Q v T) v (～ B • ～ A)   p
3. (～ B v A) ⊃ (R • S)   p
4. (R • S) ⊃ ～ (Q v T)   p
5. (～ B • ～ A) ⊃ (R v S)   p / ∴ R v S
6. (～ B v A) ⊃ ～ (Q v T)   3,4 HS
7. ～ B v A   1 Add
8. R • S   3,7 MP
9. ～ (Q v T)   4,8 MP
10. ～ B • ～ A   2,9 DS
11. R v S   5,10 MP

(8)

1. E ⊃ F   p
2. ～ (D • E) • ～ R   p
3. ～ A v (D • E)   p
4. (～ A • ～ R) ⊃ (B ⊃ ～ D)   p
5. [～ (D • E) v Q] ⊃ (B v E)   p / ∴ ～ D v F
6. ～ (D • E)   2 Simp
7. ～ A   3,6 DS
8. ～ R   2 Simp
9. ～ A • ～ R   7,8 Conj

10. B ⊃ ～ D	4,9 MP
11. ～ (D • E) ∨ Q	6 Add
12. B ∨ E	5,11 MP
13. ～ D ∨ F	1,10,12 CD

二、等值規則證明

(1)

1. (P ≡ ～ Q) ⊃ ～ P	p
2. ～ P ∨ ～ Q	p / ∴ ～ P
3. [(P ⊃ ～ Q) • (～ Q ⊃ P)] ⊃ ～ P	1 Equiv
4. [(～ P ∨ ～ Q) • (Q ∨ P)] ⊃ ～ P	3 Implx2
5. ～ [(～ P ∨ ～ Q) • (Q ∨ P)] ∨ ～ P	4 Impl
6. [～ (～ P ∨ ～ Q) ∨ ～ (Q ∨ P)] ∨ ～ P	5 DeM
7. ～ (～ P ∨ ～ Q) ∨ [～ (Q ∨ P) ∨ ～ P]	6 Assoc
8. ～～ (～ P ∨ ～ Q)	2 DN
9. ～ (Q ∨ P) ∨ ～ P	7,8 DS
10. (～ Q • ～ P) ∨ ～ P	9 DeM
11. ～ P ∨ (～ Q • ～ P)	10 Comm
12. (～ P ∨ ～ Q) • (～ P ∨ ～ P)	11 Dist
13. ～ P ∨ ～ P	12 Simp
14. ～ P	13 Taut

(2)

1. (A ≡ A) ≡ (～ A ≡ ～ A)	p / ∴ A ⊃ A
2. [(A ⊃ A) • (A ⊃ A)] ≡ [(～ A ⊃ ～ A) • (～ A ⊃ ～ A)]	1 Equivx2
3. (A ⊃ A) ≡ (～ A ⊃ ～ A)	2 Tautx2
4. [(A ⊃ A) ⊃ (～ A ⊃ ～ A)] • [(～ A ⊃ ～ A) ⊃ (A ⊃ A)]	3 Equiv

5. (A ⊃ A) ⊃ (∼ A ⊃ ∼ A)   4 Simp

6. (∼ A v A) ⊃ (A v ∼ A)   5 Implx2, DN

7. ∼ (∼ A v A) v (A v ∼ A)   6 Impl

8. (A • ∼ A) v (A v ∼ A)   7 DeM, DN

9. [(A v ∼ A) v A] • [(A v ∼ A) v ∼ A]   8 Dist

10. (A v ∼ A) v A   9 Simp

11. (∼ A v A) v A   10 Comm

12. ∼ A v (A v A)   11 Assoc

13. ∼ A v A   12 Taut

14. A ⊃ A   13 Impl

(3)

1. ∼ (A • B) ≡ ∼ C   p

2. (D v E) ⊃ C   p / ∴ E ⊃ A

3. [∼ (A • B) ⊃ ∼ C] • [∼ C ⊃ ∼ (A • B)]   1 Equiv

4. ∼ (A • B) ⊃ ∼ C   3 Simp

5. C ⊃ (A • B)   4 Contra

6. (D v E) ⊃ (A • B)   2,5 HS

7. ∼ (D v E) v (A • B)   6 Impl

8. (∼ D • ∼ E) v (A • B)   7 DeM

9. [(∼ D • ∼ E) v A] • [(∼ D • ∼ E) v B]   8 Dist

10. (∼ D • ∼ E) v A   9 Simp

11. A v (∼ D • ∼ E)   10 Comm

12. (A v ∼ D) • (A v ∼ E)   11 Dist

13. (A v ∼ E)   12 Simp

14. ∼ E v A   13 Comm

15. E ⊃ A   14 Impl

(4)

1. $\sim$ P $\supset$ $\sim$ Q	p
2. (T v $\sim$ P) v S	p / $\therefore$ $\sim$ S $\supset$ (Q $\supset$ T)
3. (T v S) v $\sim$ P	2 Comm
4. $\sim$ (T v S) $\supset$ $\sim$ P	3 Impl
5. $\sim$ (T v S) $\supset$ $\sim$ Q	1,4 HS
6. ($\sim$ T • $\sim$ S) $\supset$ $\sim$ Q	5 DeM
7. ($\sim$ S • $\sim$ T) $\supset$ $\sim$ Q	6 Comm
8. $\sim$ S $\supset$ ($\sim$ T $\supset$ $\sim$ Q)	7 Exp
9. $\sim$ S $\supset$ (Q $\supset$ T)	8 Contra

(5)

1. H $\supset$ K	p
2. C $\equiv$ D	p
3. $\sim$ C $\supset$ $\sim$ K	p / $\therefore$ H $\supset$ D
4. (C $\supset$ D) • (D $\supset$ C)	2 Equiv
5. K $\supset$ C	3 Contra
6. C $\supset$ D	4 Simp
7. K $\supset$ D	5,6 HS
8. H $\supset$ D	1,7 HS

(6)

1. (D $\supset$ E) $\supset$ (E $\supset$ D)	p
2. (D $\equiv$ E) $\supset$ $\sim$ (G • $\sim$ H)	p
3. G • E	p / $\therefore$ G • H
4. [(D $\supset$ E) • (E $\supset$ D)] $\supset$ $\sim$ (G • $\sim$ H)	2 Equiv
5. [(E $\supset$ D) • (D $\supset$ E)] $\supset$ $\sim$ (G • $\sim$ H)	4 Comm
6. (E $\supset$ D) $\supset$ [(D $\supset$ E) $\supset$ $\sim$ (G • $\sim$ H)]	5 Exp
7. (D $\supset$ E) $\supset$ [(D $\supset$ E) $\supset$ $\sim$ (G • $\sim$ H)]	1,6 HS

8. $[(D \supset E) \cdot (D \supset E)] \supset \sim (G \cdot \sim H)$ 7 Exp

9. $(D \supset E) \supset \sim (G \cdot \sim H)$ 8 Taut

10. E   3 Simp

11. $\sim D v E$ 10 Add

12. $D \supset E$ 11 Impl

13. $\sim (G \cdot \sim H)$ 9,12 MP

14. $\sim G v H$ 13 DeM, DN

15. G   3 Simp

16. H   14,15 DS

17. $G \cdot H$ 15,16 Conj

(7)

1. $A \equiv B$ p

2. $\sim (A \cdot \sim R) \supset (A \cdot S)$ p / $\therefore \sim (B \cdot S) \supset \sim (A \cdot R)$

3. $(A \supset B) \cdot (B \supset A)$ 1 Equiv

4. $(A \supset B)$ 3 Simp

5. $(A \supset B) v \sim R$ 4 Add

6. $(\sim A v B) v \sim R$ 5 Impl

7. $(\sim A v \sim R) v B$ 6 Comm

8. $(A \cdot \sim R) v (A \cdot S)$ 2 Impl, DN

9. $A \cdot (\sim R v S)$ 8 Dist

10. $\sim R v S$ 9 Simp

11. $(\sim R v S) v \sim A$ 10 Add

12. $(\sim A v \sim R) v S$ 11 Comm

13. $[(\sim A v \sim R) v B] \cdot [(\sim A v \sim R) v S]$ 7,12 Conj

14. $(\sim A v \sim R) v (B \cdot S)$ 13 Dist

15. $\sim (A \cdot R) v (B \cdot S)$ 14 DeM

16. $(A \cdot R) \supset (B \cdot S)$ 15 Impl

17.～(B・S) ⊃ ～(A・R)　　　　　　　　16 Contra

(8)

1.～[D・～(E v B)]　　　　　　　　　　p

2.～(E v F)　　　　　　　　　　　　　p

3. C ⊃ (E v A)　　　　　　　　　p／∴～(～A・～B) v ～(C v D)

4.～E・～F　　　　　　　　　　　　　2 DeM

5.～E　　　　　　　　　　　　　　　4 Simp

6.～D v (E v B)　　　　　　　　　　　1 DeM, DN

7. (～D v B) v E　　　　　　　　　　　6 Comm

8.～D v B　　　　　　　　　　　　　5,7 DS

9.～C v (E v A)　　　　　　　　　　　3 Impl

10. (～C v A) v E　　　　　　　　　　9 Comm

11.～C v A　　　　　　　　　　　　　5,10 DS

12. (～C v A) v B　　　　　　　　　　11 Add

13. (～D v B) v A　　　　　　　　　　8 Add

14.～C v (A v B)　　　　　　　　　　12 Assoc

15.～D v (A v B)　　　　　　　　　　13 Assoc

16. [～C v (A v B)]・[～D v (A v B)]　　14,15 Conj

17. (A v B) v (～C・～D)　　　　　　　15 Dist

18.～(～A・～B) v ～(C v D)　　　　　17 DeMx2

三、請用 CP 證明以下論證是有效的

(1)

1. P ⊃ Q　　　　　　　　　　　　　p

2. (P・Q) ≡ (R・S)　　　　　　　　　p

3. R ⊃ S　　　　　　　　　　　p／∴ P ≡ R

4. [(P • Q) ⊃ (R • S)] • [(R • S) ⊃ (P • Q)]	2 Equiv
5. (P • Q) ⊃ (R • S)	4 Simp
6. P	ACP
7. Q	1,6 MP
8. P • Q	6,7 Conj
9. R • S	5,8 MP
10. R	9 Simp
11. P ⊃ R	6-10 CP
12. R	ACP
13. S	3,12 MP
14. R • S	12,13 Conj
15. (R • S) ⊃ (P • Q)	4 Simp
16. (P • Q)	14,15 MP
17. P	16 Simp
18. R ⊃ P	12-17 CP
19. (P ⊃ R) • (R ⊃ P)	11,18 Conj
20. P ≡ R	19 Equiv

(2)

1. (P ⊃ Q) ⊃ T	p
2. S ⊃ ～ P	p
3. (～ S v R) ⊃ Q	p / ∴ T
4. P	ACP
5. ～～ P	4 DN
6. ～ S	2,5 MT
7. ～ S v R	6 Add
8. Q	3,7 MP
9. P ⊃ Q	4-8 CP
10. T	1,9 MP

(3)

1. P ⊃ (Q ⊃ R)	p
2. R ⊃ S	p / ∴ P ⊃ (Q ⊃ S)
3. P	ACP
4. Q ⊃ R	1,3 MP
5. Q ⊃ S	2,4 HS
6. P ⊃ (Q ⊃ S)	3-5 CP

(4)

1. (W v T) ⊃ Q	p
2. (∼ Q v ∼ P) ⊃ (∼ Q • T)	p / ∴ W ⊃ P
3. W	ACP
4. W v T	3 Add
5. Q	1,4 MP
6. Q v ∼ T	5 Add
7. ∼ (∼ Q • T)	6 DeM
8. ∼ (∼ Q v ∼ P)	2,7 MT
9. Q • P	8 DeM,DN×2
10. P	9 Simp
11. W ⊃ P	3-10 CP

(5)

1. Q ≡ R	p
2. Q ⊃ P	p / ∴ (P • Q) ≡ R
3. (Q ⊃ R) • (R ⊃ Q)	1 Equiv
4. Q ⊃ R	3 Simp

5. P • Q	ACP
6. Q	5 Simp
7. R	4,6 MP
8. (P • Q) ⊃ R	5-7 CP
9. R	ACP
10. R ⊃ Q	3 Simp
11. Q	9,10 MP
12. P	2,11 MP
13. P • Q	11,12 Conj
14. R ⊃ (P • Q)	9-13 CP
15. [(P • Q) ⊃ R] • [R ⊃ (P • Q)]	8,14 Conj
16. (P • Q) ≡ R	15 Equiv

(6)

1. P ≡ Q	p / ∴ (P ⊃ R) ≡ (Q ⊃ R)
2. (P ⊃ Q) • (Q ⊃ P)	1 Equiv
3. P ⊃ R	ACP
4. Q ⊃ P	2 Simp
5. Q ⊃ R	3,4 HS
6. (P ⊃ R) ⊃ (Q ⊃ R)	3-5 CP
7. Q ⊃ R	ACP
8. P ⊃ Q	2 Simp
9. P ⊃ R	7,8 HS
10. (Q ⊃ R) ⊃ (P ⊃ R)	7-9 CP
11. [(P ⊃ R) ⊃ (Q ⊃ R)] • [(Q ⊃ R) ⊃ (P ⊃ R)]	6,10 Conj
12. (P ⊃ R) ≡ (Q ⊃ R)	11 Equiv

(7)

1. ～ S ⊃ Q	p
2. ～ (P ⊃ Q)	p
3. (S v N) ⊃ ～ R	p
4. (P ⊃ ～ R) ≡ ～ N	p / ∴ ～ N
5. P	ACP
6. ～ (～ P v Q)	2 Impl
7. P • ～ Q	6 DeM
8. ～ Q	7 Simp
9. ～～ S	1,8 MT
10. S	9 DN
11. S v N	10 Add
12. ～ R	3,11 MP
13. P ⊃ ～ R	5-12 CP
14. [(P ⊃ ～ R) ⊃ ～ N] • [～ N ⊃ (P ⊃ ～ R)]	4 Equiv
15. (P ⊃ ～ R) ⊃ ～ N	14 Simp
16. ～ N	13,15 MP

(8)

1. R ⊃ (Q v S)	p
2. K ⊃ (T v R)	p
3. ～ (～ S ⊃ T)	p / ∴ (Q v R) v (～ K • ～ R)

4. ∼ (Q v R)	ACP
5. ∼ Q • ∼ R	4 DeM
6. ∼ (S v T)	3 Impl
7. ∼ S • ∼ T	6 DeM
8. ∼ Q	5 Simp
9. ∼ R	5 Simp
10. ∼ S	7 Simp
11. ∼ T	7 Simp
12. ∼ Q • ∼ S	8,10 Conj
13. ∼ (Q v S)	12 DeM
14. ∼ R	1,13 MT
15. ∼ T • ∼ R	9,11 Conj
16. ∼ (T v R)	15 DeM
17. ∼ K	2,16 MT
18. ∼ K • ∼ R	14,17 Conj
19. ∼ (Q v R) ⊃ (∼ K • ∼ R)	4-18 CP
20. (Q v R) v (∼ K • ∼ R)	19 Impl

四、請用 **IP** 證明以下論證是有效的

(1)

| 1. B ⊃ (C • D) | p |
| 2. (D • B) ⊃ A | p / ∴ A v ∼ B |

3. $\sim$ (A v $\sim$ B)	AIP
4. $\sim$ A • B	3 DeM, DN
5. $\sim$ A	4 Simp
6. B	4 Simp
7. C • D	1,6 MP
8. $\sim$ (D • B)	2,5 MT
9. $\sim$ D v $\sim$ B	8 DeM
10. D	7 Simp
11. $\sim\sim$ D	10 DN
12. $\sim$ B	9,11 DS
13. B • $\sim$ B	6,12 Conj
14. A v $\sim$ B	3-13 IP

(2)

1. (A v $\sim$ B) $\supset$ (C $\supset$ $\sim$ D)	p
2. (D v E) $\supset$ (A • C)	p / $\therefore \sim$ D
3. D	AIP
4. D v E	3 Add
5. A • C	2,4 MP
6. A	5 Simp
7. C	5 Simp
8. A v $\sim$ B	6 Add
9. C $\supset$ $\sim$ D	1,8 MP
10. $\sim$ D	7,9 MP
11. D • $\sim$ D	3,10 Conj
12. $\sim$ D	3-11 IP

(3)

1. U ∨ D	p
2. P ⊃ ∼ M	p
3. D ⊃ M	p
4. (∼ P ⊃ ∼ Q) • (∼ Q ⊃ ∼ D)	p / ∴ U
5. ∼ U	AIP
6. D	1,5 DS
7. M	3,6 MP
8. ∼∼ M	7 DN
9. ∼ P	2,8 MT
10. ∼ P ⊃ ∼ Q	4 Simp
11. ∼ Q	9,10 MP
12. ∼ Q ⊃ ∼ D	4 Simp
13. ∼ D	11,12 MP
14. D • ∼ D	6,13 Conj
15. U	5-14 IP

(4)

1. (E ⊃ L) • (∼ L ∨ E)	p
2. (E • L) ⊃ (D • P)	p
3. (∼ E • ∼ L) ⊃ I	p
4. (I ⊃ C) • (C ⊃ P)	p / ∴ P

5. ～ P	AIP
6. I ⊃ C	4 Simp
7. C ⊃ P	4 Simp
8. ～ C	5,7 MT
9. ～ I	6,8 MT
10. ～ (～ E • ～ L)	3,9 MT
11. E v L	10 DeM, DNx2
12. ～ E ⊃ L	11 Impl
13. ～ L v E	1 Simp
14. L ⊃ E	13 Impl
15. ～ E ⊃ E	12,14 HS
16. E v E	15 Impl, DN
17. E	16 Taut
18. E ⊃ L	1 Simp
19. L	17,18 MP
20. E • L	17,19 Conj
21. D • P	2,20 MP
22. P	21 Simp
23. P • ～ P	5,22 Conj
24. P	5-23 IP

(5)

1. P ⊃ Q	p
2. R ⊃ S	p
3. P v R	p / ∴ Q v S

4. $\sim$ (Q v S)	AIP
5. $\sim$ Q • $\sim$ S	4 DeM
6. $\sim$ Q	5 Simp
7. $\sim$ S	5 Simp
8. $\sim$ R	2,7 MT
9. P	3,8 DS
10. $\sim$ P	1,6 MT
11. P • $\sim$ P	9,10 Conj
12. Q v S	4-11 IP

(6)

1. A ⊃ (B v C)	p
2. B ⊃ $\sim$ A	p
3. D ⊃ $\sim$ C	p / ∴ A ⊃ $\sim$ D
4. $\sim$ (A ⊃ $\sim$ D)	AIP
5. $\sim$ ($\sim$ A v $\sim$ D)	4 Impl
6. A • D	5 DeM, DNx2
7. A	6 Simp
8. B v C	1,7 MP
9. $\sim\sim$ A	7 DN
10. $\sim$ B	2,9 MT
11. C	8,10 DS
12. $\sim\sim$ C	11 DN
13. $\sim$ D	3,12 MT
14. D	6 Simp
15. D • $\sim$ D	13,14 Conj
16. A ⊃ $\sim$ D	4-15 IP

(7)

1. ~ C • E		p
2. A ⊃ [~ B ⊃ (C • D)]		p / ∴ A ⊃ (B • E)
3. ~ [A ⊃ (B • E)]		AIP
4. ~ [~ A v (B • E)]		3 Impl
5. A • ~ (B • E)		4 DeM, DN
6. A		5 Simp
7. ~ (B • E)		5 Simp
8. ~ B v ~ E		7 DeM
9. E		1 Simp
10. ~ B		8,9 DS
11. ~ B ⊃ (C • D)		2,6 MP
12. C • D		10,11 MP
13. C		12 Simp
14. ~ C		1 Simp
15. C • ~ C		13,14 Conj
16. A ⊃ (B • E)		3-15 IP

(8)

1. (R ⊃ M) ⊃ L		p
2. (N v S) ⊃ (M • T)		p
3. ~ N ⊃ (~ R v S)		p / ∴ L

4. ～L		AIP
5. ～(R ⊃ M)		1,4 MT
6. ～(～R v M)		5 Impl
7. R • ～M		6 DeM, DN
8. ～M		7 Simp
9. ～M v ～T		8 Add
10. ～(M • T)		9 DeM
11. ～(N v S)		2,10 MT
12. ～N • ～S		11 DeM
13. ～N		12 Simp
14. ～R v S		3,13 MP
15. ～S		12 Simp
16. ～R		14,15 DS
17. R		7 Simp
18. R • ～R		16,17 Conj
19. L		4-18 IP

五、請用自然演繹法規則證明以下論證是有效的

(1)

1. P ⊃ (Q v ～ R)	p
2. Q ⊃ S	p
3. T ⊃ R	p
4. ～ S	p
5. T	p / ∴ ～ P
6. R	3,5 MP
7. ～ Q	2,4 MT
8. ～ Q • R	6,7 Conj
9. ～ (Q v ～ R)	8 DeM
10. ～ P	1,9 MT

(2)

1. P ≡ ～ Q	p / ∴ ～ (P ≡ Q)
2. P ≡ Q	AIP
3. (P ⊃ Q) • (Q ⊃ P)	2 Equiv
4. (P ⊃ ～ Q) • (～ Q ⊃ P)	1 Equiv
5. P ⊃ Q	3 Simp
6. ～ Q ⊃ P	4 Simp
7. ～ Q ⊃ Q	5,6 HS
8. Q v Q	7 Impl
9. Q	8 Taut
10. Q ⊃ P	3 Simp
11. P ⊃ ～ Q	4 Simp
12. Q ⊃ ～ Q	10,11 HS
13. ～ Q v ～ Q	12 Impl
14. ～ Q	13 Taut
15. Q • ～ Q	9,14 Conj
16. ～ (P ≡ Q)	2-15 IP

(3)

1. (A ⊃ B) • (C ⊃ D)	p / ∴ (A ⊃ D) v (C ⊃ B)
►2. ∼ (A ⊃ D)	ACP
3. ∼ (∼ A v D)	2 Impl
4. A • ∼ D	3 DeM, DN
5. C ⊃ D	1 Simp
6. ∼ D	4 Simp
7. ∼ C	5,6 MT
8. ∼ C v B	7 Add
9. C ⊃ B	8 Impl
10. ∼ (A ⊃ D) ⊃ (C ⊃ B)	2-9 CP
11. (A ⊃ D) v (C ⊃ B)	10 Impl

(4)

1. A ⊃ (∼ A • B)	p / ∴ ∼ A
►2. A	AIP
3. ∼ A • B	1,2 MP
4. ∼ A	3 Simp
5. A • ∼ A	2,4 Conj
6. ∼ A	2-5 IP

(5)

1. $(P \supset Q) \supset Q$		p
2. $(T \supset P) \supset R$		p
3. $(R \supset S) \supset \sim (S \supset Q)$		p / $\therefore$ R
4. $\sim R$		AIP
5. $\sim (T \supset P)$		2,4 MT
6. $\sim (\sim T \lor P)$		5 Impl
7. $T \cdot \sim P$		6 DeM, DN
8. $\sim P$		7 Simp
9. $\sim P \lor Q$		8 Add
10. $P \supset Q$		9 Impl
11. Q		1,10 MP
12. $\sim R \lor S$		4 Add
13. $R \supset S$		12 Impl
14. $\sim (S \supset Q)$		3,13 MP
15. $\sim (\sim S \lor Q)$		14 Impl
16. $S \cdot \sim Q$		15 DeM, DN
17. $\sim Q$		16 Simp
18. $Q \cdot \sim Q$		11,17 Conj
19. R		4-18 IP

(6a)

/ ∴ [P v (Q ⊃ R)] ≡ [(P v Q) ⊃ (P v R)]

1. P v (Q ⊃ R)	ACP / ∴ (P v Q) ⊃ (P v R)
2. P v Q	ACP
3. P v (∼ Q v R)	1 Impl
4. P v (R v ∼ Q)	3 Comm
5. (P v R) v ∼ Q	4 Assoc
6. Q v P	2 Comm
7. ∼ Q ⊃ P	6 Impl
8. ∼ (P v R) ⊃ ∼ Q	5 Impl
9. ∼ (P v R) ⊃ P	7,8 HS
10. (P v R) v P	9 Impl
11. (P v P) v R	10 Comm
12. P v R	11 Taut
13. (P v Q) ⊃ (P v R)	2-12 CP
14. [P v (Q ⊃ R)] ⊃ [(P v Q) ⊃ (P v R)]	1-13 CP
15. (P v Q) ⊃ (P v R)	ACP / ∴ P v (Q ⊃ R)
16. ∼ P	ACP
17. ∼ (P v Q) v (P v R)	15 Impl
18. (∼ P • ∼ Q) v (P v R)	17 DeM
19. [∼ P v (P v R)] • [∼ Q v (P v R)]	18 Dist
20. ∼ Q v (P v R)	19 Simp
21. P v (∼ Q v R)	20 Comm
22. ∼ Q v R	16,21 DS
23. Q ⊃ R	22 Impl
24. ∼ P ⊃ (Q ⊃ R)	16-23 CP
25. P v (Q ⊃ R)	24 Impl, DN
26. [(P v Q) ⊃ (P v R)] ⊃ [P v (Q ⊃ R)]	15-25 CP
27. {line 14} • {line 26}	14,26 Conj
28. [P v (Q ⊃ R)] ≡ [(P v Q) ⊃ (P v R)]	27 Equiv

(6b)/ ∴ (P ≡ Q) ≡ [(P • Q) ≡ (P v Q)]

1. P ≡ Q	ACP / ∴ [(P • Q) ≡ (P v Q)]
2. (P • Q) v (∼ P • ∼ Q)	1 Equiv
3. ∼ [(P • Q) ≡ (P v Q)]	AIP
4. ∼ {[(P • Q)•(P v Q)] v [∼(P • Q)•∼(P v Q)]}	3 Equiv
5. ∼ [(P • Q)•(P v Q)]•∼[∼(P • Q)•∼(P v Q)]	4 DeM
6. ∼ [(P • Q) • (P v Q)]	5 Simp
7. ∼ (P • Q) v ∼ (P v Q)	6 DeM
8. (∼ P v ∼ Q) v (∼ P • ∼ Q)	7 DeMx2
9. [(∼ P v ∼ Q) v ∼ P] • [(∼ P v ∼ Q) v ∼ Q]	8 Dist
10. [(∼ P v ∼ P) v ∼ Q] • [∼ P v (∼ Q v ∼ Q)]	9 Commx2
11. [(∼ P v ∼ Q)] • [(∼ P v ∼ Q)]	10 Tautx2
12. ∼ P v ∼ Q	11 Taut
13. ∼ (P • Q)	12 DeM
14. ∼ P • ∼ Q	2,13 DS
15. ∼ [∼ (P • Q) • ∼ (P v Q)]	5 Simp
16. (P • Q) v (P v Q)	15 DeM, DNx2
17. [(P v Q) v P] • [(P v Q) v Q]	16 Dist
18. [(P v P) v Q] • [P v (Q v Q)]	17 Commx2
19. [(P v Q)] • [(P v Q)]	18 Tautx2
20. P v Q	19 Taut
21. ∼ (∼ P • ∼ Q)	20 DeM
22. (∼ P • ∼ Q) • ∼ (∼ P • ∼ Q)	14,21 Conj
23. [(P • Q) ≡ (P v Q)]	3-22 IP
24. (P ≡ Q) ⊃ [(P • Q) ≡ (P v Q)]	1-23 CP
25. (P • Q) ≡ (P v Q)	ACP
26. ∼ (P ≡ Q)	AIP
27. ∼ [(P • Q) v (∼ P • ∼ Q)]	26 Equiv
28. ∼ (P • Q) • ∼ (∼ P • ∼ Q)	27 DeM
29. ∼ (P • Q) • (P v Q)	28 DeM
30. ∼ (P • Q)	29 Simp
31. P v Q	29 Simp
32. [(P • Q) ⊃ (P v Q)] • [(P v Q) ⊃ (P • Q)]	25 Equiv
33. [(P v Q) ⊃ (P • Q)]	32 Simp
34. P • Q	31,33 MP
35. (P • Q) • ∼ (P • Q)	30,34 Conj
36. P ≡ Q	26-35 IP
37. [(P • Q) ≡ (P v Q)] ⊃ (P ≡ Q)	25-36 CP
38. {line 24} • {line 37}	24,37 Conj
39. (P ≡ Q) ≡ [(P • Q) ≡ (P v Q)]	38 Equiv

六、請判斷以下論證是有效或無效論證

(1)

1. K ⊃〔(L v M) ⊃ R〕	p	
2. (R v S) ⊃ T	p / ∴ K ⊃ (M ⊃ T)	
3. K	ACP	
4. (L v M) ⊃ R	1,3 MP	
5. M	ACP	
6. L v M	5 Add	
7. R	4,6 MP	
8. R v S	7 Add	
9. T	2,8 MP	
10. M ⊃ T	5-9 CP	
11. K ⊃ (M ⊃ T)	3-10 CP	

(2)

1. K ⊃ [(L v M) ⊃ R]	p
2. (R • S) ⊃ T	p / ∴ K ⊃ (M ⊃ T)

當 K，M，L，R 為眞，T，S 為假時，使前提為眞結論為假，無效論證。

(3)

1. (P ≡ Q) ⊃ R	p
2. ～ (P ⊃ R)	p / ∴～ Q
3. Q	AIP
4. ～ (～ P v R)	2 Impl
5. P • ～ R	4 DeM, DN
6. ～ R	5 Simp
7. ～ (P ≡ Q)	1,6 MT
8. ～ [(P • Q) v (～ P • ～ Q)]	7 Equiv
9. ～ (P • Q) • ～ (～ P • ～ Q)	8 DeM
10. ～ (P • Q)	9 Simp
11. ～ P v ～ Q	10 DeM
12. P	5 Simp
13. ～～ P	12 DN
14. ～ Q	11,13 DS
15. Q • ～ Q	3,14 Conj
16. ～ Q	3-15 IP

(4)

1. $(P \equiv Q) \supset R$ p

2. $\sim (P \equiv R)$ p / ∴ $\sim Q$

當 Q，R 為眞，P 為假時，使前提為眞結論為假，無效論證。

(5)

1. $P \equiv Q$ p / ∴ $(P \cdot R) \equiv (Q \cdot R)$

2. $(P \supset Q) \cdot (Q \supset P)$ 1 Equiv

3. $P \supset Q$ 2 Simp

4. $Q \supset P$ 2 Simp

5. $P \cdot R$ ACP

6. P 5 Simp

7. R 5 Simp

8. Q 3,6 MP

9. $Q \cdot R$ 7,8 Conj

10. $(P \cdot R) \supset (Q \cdot R)$ 5-9 CP

11. $Q \cdot R$ ACP

12. Q 11 Simp

13. R 11 Simp

14. P 4,12 MP

15. $P \cdot R$ 13,14 Conj

16. $(Q \cdot R) \supset (P \cdot R)$ 11-15 CP

17. {line 10} $\cdot$ {line 16}   10,16 Conj

18. $(P \cdot R) \equiv (Q \cdot R)$ 17 Equiv

(6)

1. ～ A		p / ∴ ～ (A ≡ B) ≡ B
2. ～ (A ≡ B)		ACP
3. ～ [(A • B) v (～ A • ～ B)]		2 Equiv
4. ～ (A • B) • ～ (～ A • ～ B)		3 DeM
5. ～ (～ A • ～ B)		4 Simp
6. A v B		5 DeM, DNx2
7. B		1,6 DS
8. ～ (A ≡ B) ⊃ B		2-7 CP
9. B		ACP
10. ～ A v ～ B		1 Add
11. ～ (A • B)		10 DeM
12. B v A		9 Add
13. A v B		12 Comm
14. ～ (～ A • ～ B)		13 DeM
15. ～ (A • B) • ～ (～ A • ～ B)		11,14 Conj
16. ～ [(A • B) v (～ A • ～ B)]		15 DeM
17. ～ (A ≡ B)		16 Equiv
18. B ⊃ ～ (A ≡ B)		9-17 CP
19. {line 8} • {line 18}		8,18 Conj
19. ～ (A ≡ B) ≡ B		19 Equiv

(7)

1. ～ A	p
2. A ≡ (B v C)	p
3. B ≡ (C v A)	p
4. C ≡ (A v B)	p / ∴ B v C

當 A，B，C 都為假時，使前提為真，結論為假，無效論證。

(8)

1. P ⊃ (Q ⊃ R)   p

2. Q ⊃ (R ⊃ S)   p / ∴ P ⊃ (Q ⊃ S)

→ 3. P   ACP

→ 4. Q   ACP

5. Q ⊃ R   1,3 MP

6. R ⊃ S   2,4 MP

7. Q ⊃ S   5,6 HS

8. S   4,7 MP

9. Q ⊃ S   4-8 CP

10. P ⊃ (Q ⊃ S)   3-9 CP

七、請判斷以下論證前提一致或不一致

(1)

1. ～(P ≡ Q)   p

2. (P・R) ≡ (Q・R)   p / ∴ P ⊃ R

當 P 爲眞，Q，R 爲假時，前提一致。

(2)

1. P ≡ Q   p

2. ～[(P・R) ≡ (Q・R)]   p / ∴ P ⊃ Q

3. ～{[(P・R)・(Q・R)] v [～(P・R)・～(Q・R)]}   2 Equiv

4. ～{[(P・Q)・(R・R)] v [～(P・R)・～(Q・R)]}   3 Comm

5. ～{[(P・Q)・R] v [～(P・R)・～(Q・R)]}   4 Taut

6. ～[(P・Q)・R]・～[～(P・R)・～(Q・R)]   5 DeM

7. ～[(P・Q)・R]   6 Simp

8. ～(P・Q) v ～R   7 DeM

9. ～ [～ (P • R) • ～ (Q • R)]	6 Simp
10. ～ [(～ P v ～ R) • (～ Q v ～ R)]	9 DeMx2
11. ～ [～ R v (～ P • ～ Q)]	10 Dist
12. R • ～ (～ P • ～ Q)	11 DeM, DN
13. R	12 Simp
14. ～～ R	13 DN
15. ～ (P • Q)	8,14 DS
16. ～ (～ P • ～ Q)	12 Simp
17. (P • Q) v (～ P • ～ Q)	1 Equiv
18. P • Q	16,17 DS
19. (P • Q) • ～ (P • Q)	15,18 Conj

由前提可以推導出一矛盾句，可見前提不一致。

(3)

1. R ⊃ (～ P v ～ M)	p
2. ～ R ⊃ (～ M v ～ N)	p
3. ～ (～ P v ～ M)	p / ∴ (～ M • ～ N)

當 P，M 為眞，R，N 為假時，前提一致。

(4)

1. P ⊃ Q	p
2. Q ≡ R	p
4. (R v S) ≡ ～ Q	p / ∴ R v Q

當 P，R，Q 為假，S 為眞時，前提一致。

八、請證明以下論證是有效或無效論證（若是有效論證請用 **CP** 或 **IP** 證明；若是無效論證請舉反例解釋）

(1)

1. ～ P		p
2. (～ P・Q) ⊃ ～ R		p / ∴ R ⊃ ～ Q
→ 3. R		ACP
4. ～～ R		3 DN
5. ～ (～ P・Q)		2,4 MT
6. P v ～ Q		5 DeM, DN
7. ～ Q		1,6 DS
8 R ⊃ ～ Q		3-7 CP

(2)

1. P ⊃ Q		p
2. R ⊃ ～ S		p
3. Q ⊃ R		p / ∴ P ⊃ ～ S
→ 4. P		ACP
5. P ⊃ R		1,3 HS
6. R		4,5 MP
7. ～ S		2,6 MP
8. P ⊃ ～ S		4-7 CP

(3)

1. (P ≡ Q) ⊃ R		p
2. ～ R		p / ∴ ～ (P ⊃ Q)

當 P = F；R = F；Q = T 時，可以使前提為真結論為假，故此論證為無效論

(4)

1. ～(P・～Q) ⊃ (P・R)	p	
2. ～Q ⊃ ～P	p / ∴ R	
3. ～R	AIP	
4. ～R v ～P	3 Add	
5. ～(P・R)	4 DeM, Comm	
6. P・～Q	1,5 MT, DN	
7. P	6 Simp	
8. ～Q	6 Simp	
9. ～P	2,8 MP	
10. P・～P	7,9 Conj	
11. R	3-10 IP	

(5)

1. G ⊃ P	p
2. G ⊃ S	p
3. G ⊃ L	p
4. C ⊃ [(K・～T) ⊃ ～L]	p
5. P ⊃ C	p
6. S ⊃ (E ⊃ K)	p
7. T ⊃ ～E	p
8. E	p / ∴ ～G

→9. G	AIP / ∴ ～ G
10. ～～ E	8 DN
11 ～ T	7,10 MT
12. (S・E) ⊃ K	6 Exp
13. S	2,9 MP
14. S・E	8,13 Conj
15. K	12,14 MP
16. K・～ T	11,15 Conj
17. P	1, 9 MP
18. C	5,17 MP
19. (K・～ T) ⊃ ～ L	4,18 MP
20. ～ L	16,19 MP
21. L	3,9 MP
22. L・～ L	20,21 Conj
23. ～ G	9-22 IP

第 8 章　述詞邏輯（一）：述詞邏輯的語句符號化

練習 8-1　以下各題的論域：人

1. (x)(Ex ⊃ Cx)　2. (x)(Ex ⊃ Cx)　3. (x)(~Cx ⊃ ~Ex)/(x)(Ex ⊃ Cx)/(x)(Cx v ~E

4. (x)(Yx ⊃ Gx)　5. (x)(Yx ⊃ Gx)　6. (x)(~Gx ⊃ ~Yx)/(x)(Yx ⊃ Gx)/(x)(Gx v ~

練習 8-2 針對以下個別的邏輯式，請分別指出 (1) 哪些字母是個體常元、哪些是個體變元？(2) 哪些個體變元是自由變元、哪些是約束變元？(3) 哪些邏輯表達式是語句、哪些是語句形式？

1. 個體變元：x 　　　 ；個體常元：a
　 自由變元：無 　　　 ；約束變元：x
　 語句或語句形式：語句

2. 個體變元：x 　　　 ；個體常元：a
　 自由變元：無 　　　 ；約束變元：x
　 語句或語句形式：語句

3. 個體變元：x 　　　 ；個體常元：a
　 自由變元：無 　　　 ；約束變元：x
　 語句或語句形式：語句

4. 個體變元：x, y 　　 ；個體常元：無
　 自由變元：y 　　　 ；約束變元：x
　 語句或語句形式：語句形式

5. 個體變元：x, y 　　 ；個體常元：無
　 自由變元：Gy 的 y ；約束變元：x
　 語句或語句形式：語句形式

6. 個體變元：x,y 　　 ；個體常元：a, b
　 自由變元：無 　　　 ；約束變元：x,y
　 語句或語句形式：語句

7. 個體變元：無 　　 ；個體常元：a, b
　 自由變元：無 　　　 ；約束變元：無
　 語句或語句形式：語句

8. 個體變元：x,y 　　 ；個體常元：無
　 自由變元：Hx 的 x ；約束變元：Gx 與 Dx 的 x，以及 Ky 的 y
　 語句或語句形式：語句形式

練習 8-3 假設 Fx：x 是大一學生；Sx：x 是大二學生；Kxy：x 認識 y 。請
將以下語句符號化為邏輯式：

1. (x)[Fx ⊃ (y) (Fy ⊃ Kxy)]

2. (x)[Sx ⊃ (y) (Fy ⊃ Kxy)]

3. (x)[Fx ⊃ (y) (Sy ⊃ 〜 Kxy)]

4. (∃x)[Fx • (y) (Sy ⊃ Kxy)]

5. (∃x)[Fx • (∃y) (Sy • 〜 Kyx)]

6. (∃x)[Fx • (y) (Kyx ⊃ Sy)]

7. (∃x)[Fx • (∃y) (Kxy • Sy)]

8. (∃x)[Fx • (∃y) (Kyx • Sy)]

9. (∃x)[Fx • (y) (Kxy ⊃ Fy)]

10. (x)[Fx ⊃ (∃y) (Sy • 〜 Kxy)]

練習 8-4

1. 非對稱關係，非傳遞關係，非反身關係。

2. 不對稱關係，傳遞關係，不反身關係。

3. 不對稱關係，傳遞關係，不反身關係。

4. 不對稱關係，不傳遞關係，不反身關係。

5. 不對稱關係，傳遞關係，不反身關係。

6. 對稱關係，非傳遞關係，非反身關係。

7. 非對稱關係，非傳遞關係，非反身關係。

第 8 章習題

一、請將以下日常語句符號化為述詞邏輯的邏輯式

　　1. (x) [(Dx • Bx) ⊃ 〜 Ix]

　　2. (∃x) [(Dx • Bx) • Rx]

3. $(\exists x)(Cx \cdot \sim Gx) \cdot (\exists x)(Dx \cdot \sim Gx)$

4. $(\exists x)(Sx \cdot \sim Px)$

5. $(\exists x)[Sx \cdot (Ix \cdot Hx)]$

6. $(x)[(Wx \vee Cx) \supset \sim Ex]$ 或 $(x)(Wx \supset \sim Ex) \cdot (x)(Cx \supset \sim Ex)$

7. $(x)[(Fx \vee Vx) \supset (Nx \cdot Dx)]$

8. $(x)(Px \supset Tx)$

9. $(x)(Tx \supset Px)$

10. $(x)(Sx \supset Rx)$

11. $(x)(Rx \supset Sx)$

12. $(x)[(\sim Ix \cdot Ux) \supset (Px \vee Fx)]$

13. $(x)[\sim Sx \supset (Cx \supset \sim Wx)]$ 或 $(x)[(\sim Sx \cdot Cx) \supset \sim Wx]$

14. $(x)[(\sim Sx \cdot Px) \supset \sim Dx]$

15. $\sim (x)(Ax \supset Bx) \supset (x)(Ax \supset Dx)$

16. $\sim (\exists x)(Px \cdot Sx) \supset (x)(Px \supset \sim Wx)$

17. $(\exists x)[Mx \cdot (Dx \supset Ex)]$

18. $\sim(x)(Cx \supset Fx)$

19. $(Ie \cdot Pe) \cdot (x)\{[Px \cdot (x \neq e)] \supset \sim Ix\}$

20. $(Er \cdot Rr) \cdot (x)\{[Rx \cdot (x \neq r)] \supset \sim Ex\}$

二、請將以下日常語句符號化爲述詞邏輯的邏輯式

1. $Na \cdot (x)(Nx \supset Gxa)$

2. $(\exists x)\{Hx \cdot (y)[Hy \supset (x=y)]\}$

3. $(x)[Ix \supset (\exists y)(Iy \cdot Gyx)]$

4. $(\exists x)[Nx \cdot (y)(Ny \supset Eyx)]$

5. $(\exists x)\{[Px \cdot (y)(Py \supset x=y)] \cdot Rx\}$

6. $(\exists x)\{[Fxa \cdot (y)(Fya \supset x=y)] \cdot Hxa\}$

7. $(\exists x)\{[Px \cdot (y)(Py \supset x=y)] \cdot \sim Bx\}$

8. (∃x) {Wx • (y)[Wy ⊃ (x=y)] • (x=d) }

9. (x)(y)(z)(w){(Px • Py • Pz • Pw) ⊃ [(x=y) v (x=z) v (x=w) v (y=z) v (y=w) v (z=w)]}

10. (～ Pa • Sa) • (x)[(Sx • ～ Px) ⊃ (x=a)]

11. (～ Pa • Sa) • (x)[(Sx • ～ Px) ⊃ (x=a)]

12. (x) (Lx ⊃ Jx)

13. (x) [Px ⊃ (Ax v Bx v Cx)]

14. (x) (Px ⊃ Kax)

15. (x)(Px ⊃ Kxa)

16. (∃x) [(Px • ～ Lx) • Kax]

17. (∃x) [Bx • (y)(Sy ⊃ Ryx)] • (∃x)[Bx • (∃y)(Sy • Ryx) • (∃z)(Sz • ～ Rzx)]

18. (∃x) [Sx • (y)(By ⊃ Rxy)] • (∃x)[Sx • (∃y)(By • Rxy) • (∃z)(Bz • ～ Rxz)]

19. (∃x)[Tx • (y)(Ryx ⊃ Sy)]

20. (∃x){Fxa • (y)[Fya ⊃ (x=y)] • Bbx}

21. (∃x){{Mxa • (y)[Mya ⊃ (x=y)]} • (∃z) {Szx • (w)[Swx ⊃ (w=z)] • Hbz}}

22. (∃x){Bxa • (y)[Bya ⊃ (x=y)]} • (∃x) (∃y) {[(Sxa • Sya) • (x ≠ y)] • (z)[Sza ⊃ (z=x) v (z=y)]}

23. (∃x) { Fxa • (y)[(Fya ⊃ (x=y)] • Rx}

24. (x)(y) {[Rx • Ry • (x ≠ y)] ⊃ (∃z)[Rz • (x<z<y) v (y<z<x)]}

25. (∃x) {(Px • Cxx) • (y)[(Py • ～ (x=y) ⊃ ～ Cxy]}

26. (x) { Px • (y)[(Py • (x ≠ y) ⊃ ～ Cxy] ⊃ (z)(Pz ⊃ ～ Fzx)}

27. (∃x){(y)[～ (x=y) ⊃ Gxy] • (z) Azx}

28. (∃x){(y)[～ (x=y) ⊃ Ixy] • (z) (Axz ⊃ Sz)}

29. (x) [(Bx • ～ Sxx) ⊃ (∃y) (By • Syx)]

30. (x) [Bx ⊃ (y) (Sxy ≡ By)]

第 9 章　述詞邏輯（二）：述詞邏輯規則與證明

練習 9-1　請用解釋方法證明以下論證為無效論證

1. 假設論域為整數，Fx: x 大於 6；Gx: x 大於 1；Hx: x 大於 10，這個解釋會使論證的前提為眞，結論為假的情況產生。

2. 假設論域為數，Ax：x 為大於 10；Bx：x 為小於 20；Cx：x 為小於 5。

3. 假設論域為正整數，Ax：x 是正偶數，Bx: x 大於 0，Cx：x 是小於 0。

4. 假設論域為正奇數，Ax：x 大於等於 1，Bx：x 是大於 0，Cx：x 是偶數

5. 假設論域為正整數，Fx：x 小於 1，Gx：x 大於 10，Hx：x 大於 6。

練習 9-2　請利用展開式證明以下論證為無效論證

(1) D: {a, b}

　　1. (Pa • ～ Qa) v (Pb • ～ Qb)

　　2. (Ra ⊃ Pa) • (Rb ⊃ Pb)

　　/∴ (Ra • ～ Qa) v (Rb • ～ Qb)

　　當 Ra, Rb, Qa, Qb 為假，Pa,Pb 為眞時，前提為眞結論為假。

(2) D: {a, b}

　　1. (Pa v ～ Qa) v (Pb v ～ Qb)

　　2. [(Pa • ～ Qa) ⊃ Ha] • [(Pb • ～ Qb) ⊃ Hb]

　　/∴ Ha v Hb

　　當 Ha, Hb , Qa, Qb, Pa, Pb 均為假時，前提為眞結論為假。

(3) D: {a, b}

　　1. [Ja ⊃ (Kaa v Kab)] • [Jb ⊃ (Kba v Kbb)]/∴ [Ja ⊃ (Kaa • Kab)] v [Jb ⊃ (Kba • Kbb)]

　　當 Ja, Jb, Kaa, Kba 為眞，Kab, Kbb 為假時，前提為眞，結論為假。

(4) D: {a, b}

[(Haaa ∨ Haab) • (Haba ∨ Habb)] • [(Hbaa ∨ Hbab) • (Hbba ∨ Hbbb)]/ ∴ [(Haaa • Haab) • (Haba • Habb)] ∨ [(Hbaa • Hbab) • (Hbba • Hbbb)] 當 Haaa, Haba, Hbaa , Hbba 為眞，Haab, Habb, Hbab, Hbbb 為假時，前提爲眞結論爲假。

練習 9-3 請檢視以下轉換是否有正確使用 QN

1. ∼ (∃x) Fx   2. 正確   3. ∼ (∃x)(Fx ∨ Gx)   4. 正確

練習 9-4 證明以下論證有效

(1)

1. (x)Fx ∨ (x) ∼ Gx	p
2. ∼ (x) Fx	p
3. (x) (Dx ⊃ Gx)	p / ∴ (x) ∼ Dx
4. (x) ∼ Gx	1,2 DS
5. Dx ⊃ Gx	3 UI
6. ∼ Gx	4 UI
7. ∼ Dx	5,6MT
8. (x) ∼ Dx	7 UG

(2)

1. Ab ⊃ Dc	p
2. (x)(Ax ⊃ Dx)	p
3. (x) [(Ax ⊃ Dx) ⊃ Ax]	p / ∴ Dc
4. Ab ⊃ Db	2 UI
5. (Ab ⊃ Db) ⊃ Ab	3 UI
6. Ab	4,5 MP
7. Dc	1,6 MP

(3)

1. Ab v Bc	p
2. (x) ∼ Bx	p / ∴ (∃x) Ax
3. ∼ Bc	2 UI
4. Ab	1,3 DS
5. (∃x) Ax	4 EG

(4)

1. (x)[(Rx • Ax) ⊃ Tx]	p
2. Ab	p
3. (x)Rx	p / ∴ Tb • Rb
4. Rb	3 UI
5. Rb • Ab	2,4 Conj
6. (Rb • Ab) ⊃ Tb	1UI
7. Tb	5,6 MP
8. Tb • Rb	4,7 Conj

(5)

1. (y)(Ry ⊃ ∼ Gy)	p
2. (z) (Bz v Gz)	p
3. (y) Ry	p / ∴ (y) By
4. Rz	3 UI
5. Rz ⊃ ∼ Gz	1 UI
6. ∼ Gz	4,5 MP
7. Bz v Gz	2 UI
8. Bz	6,7 DS
9. (y) By	8 UG

(6)

1. (∃x)Ax v (∃x) ～ Cx	p
2. (x) Cx	p / ∴ (∃x) (Ax v Bx)
3. (∃x)Ax v ～ (x)Cx	1 QN
4. ～～ (x) Cx	2 DN
5. (∃x)Ax	3,4 DS
6. Ax	5 EI
7. Ax v Bx	6 Add
8. (∃x) (Ax v Bx)	7 EG

練習 9-5 請找出以下推理過程的錯誤步驟：

1. 第 5 步驟 UG 錯誤，因爲經過 EI 變成的自由變元 Mx 不能使用 UG。

2. 第 5 步驟錯誤，個體常元 Fa 不能使用 UG。

3. 第 4 步驟，使用 EI 的變元，不能已經是自由的變元。

4. 第 4 步驟，使用 EI 的變元，不能已經是自由的變元。此外還有，第 7 步驟錯誤，因爲經過 EI 變成的自由變元不能使用 UG。

5. 第 3 步驟錯誤，經過 UI 變換的個體變元要一致。第 4 步驟錯誤，原因同第 3 步驟。第 5 步驟錯誤，因爲不同個體常元經過 EG 必須由不同的量詞符號控制，不能由相同存在量詞 (∃x) 約束。第 6 步驟錯誤，因爲不同的自由變元不能使用同一個的全稱變元加以普遍化。

6. 第 6 步驟錯誤，因爲經過 EI 變成的自由變元不能使用 UG。

7. 第 4 步驟錯誤，因爲附加前提不能使用 UG。第 8 步驟錯誤，因爲使用 UI 要整句使用，步驟 2 的主要語句連接詞是～，因此不能夠部分使用。

練習 9-6　證明以下論證爲有效論證

(1)

1. (x) (∃y)(~Fx v Gy)	p／∴ (x)Fx ⊃ (∃y) Gy
→ 2. (x) Fx	ACP
3. Fx	2 UI
4. (∃y) (~ Fx ∨ Gy)	1 UI
5. ~ Fx ∨ Gy	4 EI
6. ~ ~ Fx	3 DN
7. Gy	5,6 DS
8. (∃y) Gy	7 EG
9. (x) Fx ⊃ (∃y) Gy	2-8 CP

(2)

1. (∃x)Hx ⊃ (∃y)Ky	p
2. (∃x)[Hx • (y)(Ky ⊃ Lxy)]	p／∴ (∃x)(∃y)Lxy
3. Hx • (y) (Ky ⊃ Lxy)	2 EI
4. Hx	3 Simp
5. (∃x) Hx	4 EG
6. (∃y) Ky	1,5 MP
7. Ky	6 EI
8. (y) (Ky ⊃ Lxy)	3 Simp
9. Ky ⊃ Lxy	8 UI
10. Lxy	7,9 MP
11. (∃y) Lxy	10 EG
12. (∃x) (∃y) Lxy	11EG

(3)

1. (x)(∃y)Fxy ⊃ (x) (∃y)Gxy	p
2. (∃x)(y) ~ Gxy	p／∴ (∃x)(y) ~ Fxy

3. $\sim (\exists x)(y) \sim Fxy$ AIP

4. $(x) \sim (y) \sim Fxy$ 3 QN

5. $(x)(\exists y)Fxy$ 4 QN, DN

6. $(x)(\exists y)Gxy$ 1,5 MP

7. $(y) \sim Gxy$ 2 EI

8. $(\exists y)Gxy$ 6 UI

9. Gxy 8 EI

10. $\sim Gxy$ 7 UI

11. $Gxy \cdot \sim Gxy$ 9,10 Conj

12. $(\exists x)(y) \sim Fxy$ 3-11 IP

(4)

1. $\sim (\exists x)(Axa \cdot \sim Bxb)$ p

2. $\sim (\exists x)(Cxc \cdot Cbx)$ p

3. $(x)(Bex \supset Cxf)$ p / $\therefore \sim (Aea \cdot Cfc)$

4. $(x) \sim (Axa \cdot \sim Bxb)$ 1 QN

5. $(x) \sim (Cxc \cdot Cbx)$ 2 QN

6. $\sim (Aea \cdot \sim Beb)$ 4 UI

7. $\sim Aea \lor \sim \sim Beb$ 6 DeM

8. $\sim Aea \lor Beb$ 7 DN

9. $Aea \supset Beb$ 8 Impl

10. $Beb \supset Cbf$ 3 UI

11. $\sim (Cfc \cdot Cbf)$ 5 UI

12. $\sim Cfc \lor \sim Cbf$ 11 DeM

13. $\sim Cbf \lor \sim Cfc$ 12 Comm

14. $Cbf \supset \sim Cfc$ 13 Impl

15. $Aea \supset Cbf$ 9,10 HS

16. $Aea \supset \sim Cfc$ 14,15 HS

17. ~ Aea ∨ ~ Cfc   16 Impl

18. ~ (Aea • Cfc)   17 DeM

(5)

1. (∃x)Fx ⊃ (x)[Px ⊃ (∃y)Qxy] p

2. (x)(y)(Qxy ⊃ Gx)   p / ∴ (x)[(Fx • Px) ⊃ (∃y)Gy]

→ 3. ~ (x) [(Fx • Px) ⊃ (∃y) Gy] AIP

4. (∃x) ~ [(Fx • Px) ⊃ (∃y) Gy] 3 QN

5. ~ [(Fx • Px) ⊃ (∃y) Gy] 4 EI

6. ~ [~ (Fx • Px) ∨ (∃y) Gy] 5 Impl

7. ~ ~ (Fx • Px) • ~ (∃y) Gy 6 DeM

8. ~ ~ (Fx • Px)   7 Simp

9. Fx • Px   8 DN

10. Fx   9 Simp

11. (∃x)Fx   10 EG

12. (x) [Px ⊃ (∃y) Qxy] 1,11 MP

13. Px ⊃ (∃y) Qxy   12 UI

14. Px   9 Simp

15. (∃y) Qxy   13,14 MP

16. Qxy   15 EI

17. (y) (Qxy ⊃ Gx)   2 UI

18. Qxy ⊃ Gx   17 UI

19. Gx   16,18 MP

20. ~ (∃y) Gy   7 Simp

21. (y) ~ Gy   20 QN

22. ~ Gx   21 UI

23. Gx • ~ Gx   19,22 Conj

24. (x) [(Fx • Px) ⊃ (∃y) Gy] 3-23 IP

| 練習 9-7 | 證明以下論證為有效論證 |

(1)

1. Fa • (x)〔Fx ⊃ (x=a)〕	p
2. (∃x)(Fx • Gx)	p / ∴ Ga
3. Fx • Gx	2 EI
4. Fx	3 Simp
5. (x)〔Fx ⊃ (x=a)〕	1 Simp
6. Fx ⊃ (x=a)	5 UI
7. x=a	4,6 MP
8. Gx	3 Simp
9. Ga	7,8 ID

(2)

1. (∃x){Px • (y) {[Py ⊃ (y=x)] • Qx}}	p
2. (∃x) ∼ (∼ Px v ∼ Ex)	p / ∴ (∃x) (Ex • Qx)
3. ∼ (∼ Py ∨ ∼ Ey)	2 EI
4. ∼ ∼ Py • ∼ ∼ Ey	3 DeM
5. Py • Ey	4 DNx2
6. Px • (y) { [Py ⊃ (y = x)] • Qx}	1 EI
7. (y) [Py ⊃ (y = x)] • Qx	6 Simp
8. (y) [Py ⊃ (y = x)]	7 Simp
9. Py ⊃ (y = x)	8 UI
10. Py	5 Simp
11. y = x	9,10 MP
12. Ey	5 Simp
13. Ex	11,12 ID
14. Qx	7 Simp
15. Ex • Qx	13,14 Conj
16. (∃x) (Ex • Qx)	15 EG

(3)

1. (∃x){Px • (y) {[Py ⊃ (y=x)] • Qx} }	p	
2. ∼ Qa	p / ∴ ∼ Pa	
3. Pa	AIP	
4. Px • (y) {[Py ⊃ (y=x)] • Qx}	1EI	
5. Qx	4 Simp	
6. (y) [Py ⊃ (y=x)]	4 Simp	
7. Pa ⊃ a=x	6 UI	
8. a=x	3,7 MP	
9. Qa	5,8 ID	
10. Qa • ∼ Qa	2,9 Conj	
11. ∼ Pa	3-10 IP	

(4)

1. (x)(Gx ⊃ Fx)	p
2. (x)(y)[(Fx v Fy) ⊃ (x=y)]	p
3. Gb	p / ∴ b=c
4. Gb ⊃ Fb	1 UI
5. (y)[(Fb v Fy) ⊃ (b = y)]	2 UI
6. (Fb v Fc) ⊃ (b = c)	5UI
7. Fb	3,4 MP
8. Fb v Fc	7 Add
9. b = c	6,8 MP

第 9 章習題

一、請證明以下論證是有效論證

(1)

1. (x)(Ax ⊃ Bx)	p
2. (x) Ax	/ ∴ Bb
3. Ab ⊃ Bb	1 UI
4. Ab	2 UI
5. Bb	3,4MP

(2)

1. (x)(Ax ⊃ ～ Bx)	p
2. (x)(～ Cx • Bx)	p / ∴ ～ (Ab v Cb)
3. Ab ⊃ ～ B b	1 UI
4. ～ C b • B b	2 UI
5. B b	4 Simp
6. ～～ B b	5 DN
7. ～ A b	3,6 MT
8. ～ C b	4 Simp
9. ～ A b • ～ C b	7,8 Conj
10. ～ (Ab v Cb)	9 DeM

(3)

1. La ⊃ (Na ⊃ Ma)	p
2. (x) ～ Mx	p / ∴ (x)Lx ⊃ (∃ x) ～ Nx
→ 3. (x)Lx	ACP
4. La	3 UI
5. Na ⊃ Ma	1,4 MP
6. ～ M a	2 UI
7. ～ Na	5,6 MT
8. (∃ x) ～ Nx	7 EG
9. (x)Lx ⊃ (∃ x) ～ Nx	3-8 CP

(4)

1. (∃y)Sy v (x) ～ Rx	p
2. (∃y)Sy ⊃ (x) ～ Rx	p / ∴ ～ Ra • ～ Rb
3. (x) ～ Rx v (∃y)Sy	1 Comm
4. ～ (x) ～ Rx ⊃ (∃y)Sy	3 Impl
5. ～ (x) ～ Rx ⊃ (x) ～ Rx	2,4 HS
6. (x) ～ Rx v (x) ～ Rx	5 Impl
7. (x) ～ Rx	6 Taut
8. ～ Ra	7 UI
9. ～ Rb	7 UI
10. ～ Ra • ～ Rb	8,9 Conj

(5)

1. (x) (Hx • Kx)	p
2. ～ (∃y) Hy v (y) Ly	p / ∴ (∃x)Lx
3. Hy • K y	1 UI
4. Hy	3 Simp
5. (∃y) Hy	4 EG
6. ～～ (∃y) Hy	5 DN
7. (y) Ly	2,6 DS
8. Lx	7 UI
9. (∃x)Lx	8 EG

(6)

1. (x) (～ Rx ≡ Sx)   p
2. (y) (～ Sy v Ty)   p / ∴ (∃ x)(～ Rx ⊃ Tx)
3. ～ Rx ≡ Sx   1 UI
4. (～ Rx ⊃ Sx) • (S x ⊃ ～ R x)   3 Equiv
5. ～ Rx ⊃ Sx   4 Simp
6. ～ Sx v Tx   2 UI
7. Sx ⊃ Tx   6 Impl
8. ～ Rx ⊃ Tx   5,7 HS
9. (∃ x)(～ Rx ⊃ Tx)   8 EG

(7)

1. (∃x) (Ax v Bx)   p
2. (∃x)Ax ⊃ (x)(Cx ⊃ Bx)   p
3. (x)(Bx ⊃ Ax)   p / ∴ (x) (Cx ⊃ Ax)
4. Ax v Bx   1 EI
5. ～ Ax ⊃ Bx   4 Impl
6. Bx ⊃ Ax   3 UI
7. ～ Ax ⊃ Ax   5,6 HS
8. Ax v Ax   7 Impl
9. Ax   8 Taut
10. (∃x)Ax   9 EG
11. (x)(Cx ⊃ Bx)   2,10MP
12. Cx ⊃ Bx   11 UI
13. Cx ⊃ Ax   6,12 HS
14. (x) (Cx ⊃ Ax)   13 UG

(8)

1. (x) (Ex ≡ Fx)	p	
2. (x) (Gx ⊃ Ex)	p / ∴ (∃ x)(Gx ⊃ Fx)	
→ 3. Gx	ACP	
4. Ex ≡ Fx	1 UI	
5. (Ex ⊃ Fx) • (Fx ⊃ E x)	4 Equiv	
6. Ex ⊃ F x	5 Simp	
7. Gx ⊃ E x	2 UI	
8. Gx ⊃ F x	6,7 HS	
9. Fx	3,8 MP	
10. Gx ⊃ F x	3-9CP	
11. (∃ x)(Gx ⊃ Fx)	10 EG	

(9)

1. (x)(Bx ⊃ Cx) v ∼ (∃x)Ax	p
2. Ab • Bb	p / ∴ Cb
3. Ab	2 Simp
4. (∃x)Ax	3 EG
5. ∼∼ (∃x)Ax	4 DN
6. (x)(Bx ⊃ Cx)	1,5 DS
7. Bb	2 Simp
8. Bb ⊃ Cb	6 UI
9. Cb	7,8 MP

(10)

1. (x) Wx	p
2. (x) (Tx ⊃ Sx)	p
3. (∃x)Wx ⊃ (x)Tx	p / ∴ ～ Tb v Sa
4. Wx	1 UI
5. (∃x)Wx	4 EG
6. (x)Tx	3,5 MP
7. Ta	6 UI
8. Ta ⊃ Sa	2 UI
9. Sa	7,8 MP
10. Sa v ～ Tb	9 Add
11. ～ Tb v Sa	10 Comm

(11)

1. (∃x)Ax ⊃ (x)(Bx ⊃ Cx)	p
2. (∃x)Dx ⊃ (∃x) ～ Cx	p
3. (∃x) (Ax • Dx)	p / ∴ (∃x) ～ Bx
4. Ax • Dx	3 EI
5. Ax	4 Simp
6. Dx	4 Simp
7. (∃x)Ax	5 EG
8. (∃x)Dx	6 EG
9. (x)(Bx ⊃ Cx)	1,7 MP
10. (∃x) ～ Cx	2,8 MP
11. ～ Cx	10 EI
12. Bx ⊃ Cx	9 UI
13. ～ Bx	11,12 MT
14. (∃x) ～ Bx	13 EG

(12)

1. (∃x)(Ax v Bx)	p
2. (∃x) Ax ⊃ (x)(Cx ⊃ Bx)	p
3. (∃x)Cx	p / ∴ (∃x)Bx
4. ～ (∃x)Bx	AIP
5. Ax v Bx	1 EI
6. (x) ～ Bx	4 QN
7. ～ Bx	6 UI
8. Ax	5,7 DS
9. (∃x) Ax	8 EG
10. Cx	3 EI
11. (x) (Cx ⊃ Bx)	2,9 MP
12. Cx ⊃ Bx	11 UI
13. Bx	10,12 MP
14. Bx • ～ Bx	7,13 Conj
15. (∃x)Bx	4-14 IP

(13)

1. (x)Ax ≡ (∃x) (Bx • Cx)	p
2. (x) (Cx ⊃ Bx)	p / ∴ (x) Ax ≡ (∃x)Cx
3. [(x)Ax ⊃ (∃x) (Bx • Cx)] • [(∃x) (Bx • Cx) ⊃ (x)Ax]	1 Equiv
4. (x) Ax	ACP
5. (x)Ax ⊃ (∃x) (Bx • Cx)	3 Simp
6. (∃x) (Bx • Cx)	4,5 MP
7. Bx • Cx	6 EI
8. Cx	7 Simp
9. (∃x)Cx	8 EG

10. (x) Ax ⊃ (∃x)Cx   4-9 CP
→ 11. (∃x)Cx   ACP
   12. Cx   11 EI
   13. Cx ⊃ Bx   2 UI
   14. Bx   12,13 MP
   15. Bx • Cx   12,14 Conj
   16. (∃x) (Bx • Cx)   15 EG
   17. (∃x) (Bx • Cx) ⊃ (x)Ax   3 Simp
   18. (x)Ax   16,17 MP
19. (∃x)Cx ⊃ (x)Ax   11-18 CP
20. {line 10} • {line 19}   10,19 Conj
21. (x) Ax ≡ (∃x)Cx   20 Equiv

(14)
1. (x)(Ax ≡ Bx)   p
2. (x)[Ax ⊃ (Bx ⊃ Cx)]   p
3. (∃x)Ax v (∃x)Bx   p / ∴ (∃x)Cx
→ 4. ∼ (∃x)Cx   AIP
   5. Ax ≡ Bx   1 UI
   6. (Ax • Bx) v (∼ Ax • ∼ Bx)   5 Equiv
   7. (x) ∼ Cx   4 QN
   8. ∼ Cx   7 UI
   9. Ax ⊃ (Bx ⊃ Cx)   2 UI
   10. (Ax • Bx) ⊃ Cx   9 Exp
   11. ∼ (Ax • Bx)   8,10MT
   12. ∼ Ax • ∼ Bx   6,11 DS
   13. ∼ Ax   12 Simp
   14. ∼ Bx   12 Simp
   15. (x) ∼ Ax   13 UG
   16. (x) ∼ Bx   14 UG
   17. ∼ (∃x)Ax   15 QN
   18. ∼ (∃x)Bx   16 QN
   19. (∃x)Bx   3,17 DS
   20. (∃x)Bx • ∼ (∃x)Bx   18,19 Conj
21. (∃x)Cx   4-20 IP

(15)

1. (x)〔Bx ⊃ (Cx • Dx)〕	p / ∴ (x) (Ax ⊃ Bx) ⊃ (x) (Ax ⊃ Dx)
2. (x) (Ax ⊃ Bx)	ACP
3. Bx ⊃ (Cx • Dx)	1 UI
4. ∼ Bx v (Cx • Dx)	3 Impl
5. (∼ Bx v Cx) • (∼ Bx v Dx)	4 Dist
6. ∼ Bx v Dx	5 Simp
7. Bx ⊃ Dx	6 Impl
8. Ax ⊃ Bx	2 UI
9. Ax ⊃ Dx	7,8 HS
10. (x)(Ax ⊃ Dx)	9 UG
11. (x) (Ax ⊃ Bx) ⊃ (x) (Ax ⊃ Dx)	2-10 CP

(16)

1. (∃x) (Hx v Kx) ⊃ (x)Lx	p
2. (∃x)Fx ⊃ (∃x)(Gx • Hx)	p / ∴ (x) (Fx ⊃ Lx)
3. Fx	ACP
4. (∃x)Fx	3 EG
5. (∃x)(Gx • Hx)	2,4 MP
6. Gx • Hx	5 EI
7. Hx	6 Simp
8. Hx v Kx	7 Add
9. (∃x) (Hx v Kx)	8 EG
10. (x)Lx	1,9 MP
11. Lx	10 UI
12. Fx ⊃ Lx	3-11 CP
13. (x) (Fx ⊃ Lx)	12 UG

(17)

1. (x) (Hx ⊃ Kx)	p	
2. (∃x)Hx v (∃x)Kx	p / ∴ (∃x) Kx	
→ 3. ～ (∃x) Kx	AIP	
4. (∃x)Hx	2,3 DS	
5. Hx	4 EI	
6. Hx ⊃ Kx	1 UI	
7. Kx	5,6 MP	
8. (∃x)Kx	7 EG	
9. (∃x)Kx • ～ (∃x) Kx	3,8 Conj	
10. (∃x) Kx	3-9 IP	

(18)

1. (x)〔(Ax v Bx) ⊃ (Cx • Dx)〕	p / ∴ (∃x)(Ax v Cx) ⊃ (∃x)Cx
→ 2. ～ (∃x)Cx	ACP
3. (x) ～ Cx	2 QN
4. ～ Cx	3 UI
5. ～ Cx v ～ Dx	4 Add
6. ～ (Cx • Dx)	5 DeM
7. (Ax v Bx) ⊃ (Cx • Dx)	1 UI
8. ～ (Ax v Bx)	6,7 MT
9. ～ Ax • ～ Bx	8 DeM
10. ～ Ax	9 Simp
11. ～ Ax • ～ Cx	4,10 Conj
12. ～ (Ax v Cx)	11 DeM
13. (x) ～ (Ax v Cx)	12 UG
14. ～ (∃x)(Ax v Cx)	13 QN
15. ～ (∃x)Cx ⊃ ～ (∃x)(Ax v Cx)	2-14 CP
16. (∃x)(Ax v Cx) ⊃ (∃x)Cx	15 Contra

(19)

1. (x) (Tx ⊃ Rx)	p
2. (∃x)Rx ⊃ (∃x)Sx	p / ∴ (∃x)Tx ⊃ (∃x)Sx
3. (∃x)Tx	ACP
4. Tx	3 EI
5. Tx ⊃ Rx	1 UI
6. Rx	4,5 MP
7. (∃x)Rx	6 EG
8. (∃x)Sx	2,7 MP
9. (∃x)Tx ⊃ (∃x)Sx	3-8 CP

(20)

1. ～ (x) (Fx ⊃ Gx)	p
2. ～ (∃x)(～ Gx • Hx)	p / ∴ (∃x) ～ Hx
3. (∃x) ～ (Fx ⊃ Gx)	1 QN
4. (x) ～ (～ Gx • Hx)	2 QN
5. ～ (Fx ⊃ Gx)	3 EI
6. ～ (～ Fx v Gx)	5 Impl
7. Fx • ～ Gx	6 DeM, DN
8. ～ (～ Gx • Hx)	4 UI
9. Gx v ～ Hx	8 DeM, DN
10. ～ Gx	7 Simp
11. ～ Hx	9,10 DS
12. (∃x) ～ Hx	11 EG

二、關係邏輯證明

(1)

1. $(\exists y)(x)(Px \supset Qy)$		p / $\therefore$ $(\exists x)Px \supset (\exists x)Qx$
2. $(\exists x)Px$		ACP
3. Px		2 EI
4. $(x)(Px \supset Qy)$		1 EI
5. $Px \supset Qy$		4 UI
6. Qy		3,5 MP
7. $(\exists x)Qx$		6 EG
8. $(\exists x)Px \supset (\exists x)Qx$		2-7 CP

(2)

1. $(\exists x)Px \supset (\exists x)Qx$	p / $\therefore$ $(\exists y)(x)(Px \supset Qy)$
2. $\sim (\exists y)(x)(Px \supset Qy)$	AIP
3. $(y)(\exists x) \sim (Px \supset Qy)$	2 QNx2
4. $(y)(\exists x) \sim (\sim Px \lor Qy)$	3 Impl
5. $(y)(\exists x)(Px \cdot \sim Qy)$	4 DeM, DN
6. $(\exists x)(Px \cdot \sim Qy)$	5 UI
7. $Px \cdot \sim Qy$	6 EI
8. Px	7 Simp
9. $(\exists x)Px$	8 EG
10. $(\exists x)Qx$	1,9 MP
11. $\sim Qy$	7 Simp
12. $(x) \sim Qx$	12 UG
13. $\sim (\exists x)Qx$	13 QN
14. $(\exists x)Qx \cdot \sim (\exists x)Qx$	10,13 Conj
15. $(\exists y)(x)(Px \supset Qy)$	2-14 IP

(3)

1. (∃x)Px ⊃ ∼ (∃y)Qy	p / ∴ (x)[(∃y)Py ⊃ ∼ Qx]
2. (∃y)Py	ACP
3. Px	2 EI
4. (∃x)Px	3 EG
5. ∼ (∃y)Qy	1,4 MP
6. (y) ∼ Qy	5 QN
7. ∼ Qx	6 UI
8. (∃y)Py ⊃ ∼ Qx	2-7 CP
9. (x)[(∃y)Py ⊃ ∼ Qx]	8 UG

(4)

1. (∃x){Px • (y)[Py ≡ (x=y)] • Rx}	p / ∴ (∃x){ Px • (y)[Py ⊃ (x=y)] • Rx}
2. ∼ (∃x){Px • (y)[Py ⊃ (x=y)] • Rx}	AIP
3. (x) ∼ {Px • (y)[Py ⊃ (x=y)] • Rx}	2 QN
4. Px • (y)[Py ≡ (x=y)] • Rx	1 EI
5. ∼ {Px • (y)[Py ⊃ (x=y)] • Rx}	3 UI
6. ∼ Px v ∼ (y)[Py ⊃ (x=y)] v ∼ Rx	5 DeM
7. Rx	4 Simp
8. ∼ Px v ∼ (y)[Py ⊃ (x=y)]	6,7 DS
9. (y)[Py ≡ (x=y)]	4 Simp
10. (y){[Py ⊃ (x=y)] • [(x=y) ⊃ Py]}	9 Equiv
11. Px	4 Simp
12. ∼∼Px	11 DN
13. ∼(y)[Py ⊃ (x=y)]	8,12 DS
14. (∃y) ∼ [Py ⊃ (x=y)]	13 QN
15. ∼[Py ⊃ (x=y)]	14 EI

16. ～[～Py v (x=y)]	15 Impl
17. Py • ～[(x=y)	16 DeM, DN
18. Py	17 Simp
19. ～(x=y)	17 Simp
20. [Py ⊃ (x=y)] • [(x=y) ⊃ Py]	10 UI
21. Py ⊃ (x=y)	20 Simp
22. x=y	18,21 MP
23. (x=y) • ～(x=y)	19,22 Conj
24. (∃x){Px • (y)[Py ⊃ (x=y)] • Rx}	2-23 IP

(5)

1. (x)(y)(z)[(Rxy • Ryz) ⊃ Rxz]	p
2. (x) ～ Rxx	p / ∴ (x)(y)(Rxy ⊃ ～ Ryx)
3. (y)(z)[(Rxy • Ryz) ⊃ Rxz]	1 UI
4. (z)[(Rxy • Ryz) ⊃ Rxz]	1 UI
5. (Rxy • Ryx) ⊃ Rxx	1 UI
6. ～ Rxx	2 UI
7. ～ (Rxy • Ryx)	5,6 MT
8. ～ Rxy v ～ Ryx	7 DeM
9. Rxy ⊃ ～ Ryx	8 Impl
10. (y)(Rxy ⊃ ～ Ryx)	9 UG
11. (x)(y)(Rxy ⊃ ～ Ryx)	10 UG

(6)

1. (y)[(～ Ky v Ly) ⊃ My]	p
2. ～ (x)(Hx v Kx)	p / ∴ (∃z) Mz
3. (∃x) ～ (Hx v Kx)	2 QN
4. ～ (Hy v Ky)	3 EI
5. ～ Hy • ～ Ky	4 DeM

6. $\sim$ Ky	5 Simp
7. $\sim$ ($\exists$z) Mz	AIP
8. (z) $\sim$ Mz	7 QN
9. $\sim$ My	8 UI
10. ($\sim$ Ky v Ly) $\supset$ My	1 UI
11. $\sim$ ($\sim$ Ky v Ly)	9,10 MT
12. Ky • $\sim$ Ly	11 DeM, DN
13. Ky	12 Simp
14. Ky • $\sim$ Ky	6,13 Conj
15. ($\exists$z) Mz	7-14 IP

(7)

1. ($\exists$x)(y) (Ax $\equiv$ By)	p / $\therefore$ (y)($\exists$x)(Ax $\equiv$ By)
2. $\sim$ (y)($\exists$x)(Ax $\equiv$ By)	AIP
3. (y) (Ax $\equiv$ By)	1 EI
4. ($\exists$y)(x) $\sim$ (Ax $\equiv$ By)	2 QN
5. (x) $\sim$ (Ax $\equiv$ By)	4 EI
6. (Ax $\equiv$ By)	3 UI
7. $\sim$ (Ax $\equiv$ By)	5 UI
8. (Ax $\equiv$ By) • $\sim$ (Ax $\equiv$ By)	6,7 Conj
9. (y)($\exists$x)(Ax $\equiv$ By)	2-8 IP

(8)

1. (∃x)(y){[∼Fxy ⊃ (x=y)] • Gx}　　　　　　p / ∴ (x){∼Gx ⊃ (∃y)[∼(x=y) • Fy

2. ∼(x){∼Gx ⊃ (∃y)[∼(x=y) • Fyx]}　　　　AIP

3. (∃x)∼{∼Gx ⊃ (∃y)[∼(x=y) • Fyx]}　　　2 QN

4. ∼{∼Gx ⊃ (∃y)[∼(x=y) • Fyx]}　　　　　3 EI

5. ∼{Gx v (∃y)[∼(x=y) • Fyx]}　　　　　　4 Impl, DN

6. ∼Gx • ∼(∃y)[∼(x=y) • Fyx]　　　　　　5 DeM

7. ∼(∃y)[∼(x=y) • Fyx]　　　　　　　　　6 Simp

8. (y)∼[∼(x=y) • Fyx]　　　　　　　　　　7 QN

9. (y){[∼Fzy ⊃ (z=y)] • Gz}　　　　　　　1 EI

10. [∼Fzx ⊃ (z=x)] • Gz　　　　　　　　　9 UI

11. ∼[∼(x=z) • Fzx]　　　　　　　　　　　8 UI

12. (x=z) v ∼Fzx　　　　　　　　　　　　11 DeM, DN

13. Gz　　　　　　　　　　　　　　　　　10 Simp

14. ∼Fzx ⊃ (z=x)　　　　　　　　　　　　10 Simp

15. ∼(x=z) ⊃ ∼Fzx　　　　　　　　　　　12 Impl

16. ∼(x=z) ⊃ (z=x)　　　　　　　　　　　14,15 HS

17. (z=x) v (z=x)　　　　　　　　　　　　16 Impl, DN

18. (z=x)　　　　　　　　　　　　　　　　17 Taut

19. Gx　　　　　　　　　　　　　　　　　13,18 ID

20. ∼Gx　　　　　　　　　　　　　　　　6 Simp

21. Gx • ∼Gx　　　　　　　　　　　　　　19,20 Conj

22. (x){∼Gx ⊃ (∃y)[∼(x=y) • Fyx]}　　　　2-21 IP

(9)

1. (∃x)Fx ⊃ (∃x)Gx	p / ∴ (∃y)(x)(Fx ⊃ Gy)
→2. ∼ (∃y)(x)(Fx ⊃ Gy)	AIP
3. (y)(∃x) ∼ (Fx ⊃ Gy)	2 QNx2
4. (∃x) ∼ (Fx ⊃ Gy)	3 UI
5. ∼ (Fx ⊃ Gy)	4 EI
6. ∼ (∼ Fx v Gy)	5 Impl
7. Fx • ∼ Gy	6 DeM
8. Fx	7 Simp
9. (∃x)Fx	8 EG
10. (∃x)Gx	1,9 MP
11. ∼ Gy	7 Simp
12. (x) ∼ Gx	11 UG
13. ∼ (∃x)Gx	12 QN
14. (∃x)Gx • ∼ (∃x)Gx	10,13 Conj
15. (∃y)(x)(Fx ⊃ Gy)	2-14 IP

(10)

1. (∃x)Fx ⊃ (x)Fx	p / ∴ (x)(∃y)(Fx ≡ Fy)
→2. Fx	ACP
3. (∃x)Fx	2 EG
4. (x)Fx	1, 3 MP
5. Fy	4 UI
6. Fx ⊃ Fy	2-5 CP
→7. Fy	ACP
8. (∃x)Fx	7 EG
9. (x)Fx	1,8 MP
10. Fx	9 UI
11. Fy ⊃ Fx	7-10 CP
12. (Fx ⊃ Fy) • (Fy ⊃ Fx)	6,11 Conj
13. Fx ≡ Fy	12 Equiv
14. (∃y)(Fx ≡ Fy)	13 EG
15. (x)(∃y)(Fx ≡ Fy)	14 UG

三、請判斷以下論證是有效或無效論證

(1)

1. (x)(y)(z)[(Rxy • Ryz) ⊃ Rxz]	p	
2. (x)(y)(Rxy ⊃ Ryx)	p	
3. (x)(∃y) Rxy	p / ∴ (x) Rxx	
4. ～ (x) Rxx	AIP	
5. (∃x) ～ Rxx	4 QN	
6. ～ Rxx	5 EI	
7. (∃y) Rxy	3 UI	
8. Rxy	7 EI	
9. Rxy ⊃ Ryx	2 UIx2	
10. Ryx	8,9 MP	
11. (Rxy • Ryx) ⊃ Rxx	1 UIx3；（z 由 x 取代）	
12. Rxy • Ryx	8,10 Conj	
13. Rxx	11,12 MP	
14. Rxx • ～ Rxx	6,13 Conj	
15. (x) Rxx	4-14 IP	

(2)

1. (∃x)[Fx • (∃y)(Gy • Kxy)]	p
2. (x) (Fx ⊃ ∼ Gx)	p / ∴ (∃x)(∃y)[∼ (Gx • Gy) • Kxy]
→ 3. ∼ (∃x)(∃y)[∼ (Gx • Gy) • Kxy]	AIP
4. Fx • (∃y)(Gy • Kxy)	1 EI
5. Fx	4 Simp
6. (∃y)(Gy • Kxy)	4 Simp
7. Gy • Kxy	6 EI
8. Fx ⊃ ∼ Gx	2 UI
9. (x)(y) ∼ [∼ (Gx • Gy) • Kxy]	3 QNx2
10. ∼ [∼ (Gx • Gy) • Kxy]	9 UIx2
11. (Gx • Gy) v ∼ Kxy	10 DeM, DN
12. ∼ Gx	5,8 MP
13. ∼ Gx v ∼ Gy	12 Add
14. ∼ (Gx • Gy)	13 DeM
15. ∼ Kxy	11,14 DS
16. Kxy	7 Simp
17. Kxy • ∼ Kxy	15,16 Conj
18. (∃x)(∃y)[∼ (Gx • Gy) • Kxy]	3-17 IP

(3)

D: {a,b}

1. {[(Aa • Baa) v (Ab • Bab)] ⊃ Ca} • {[(Aa • Bba) v (Ab • Bbb)] ⊃ Cb}

2. {Da • {[(Ea • Fa) • Baa] v [(Eb • Fb) • Bab]} } v {Db • {[(Ea • Fa) • Bba] v [(Eb • Fb) • Bbb]} }

3. (Fa ⊃ Aa) • (Fb ⊃ Ab) / ∴ (Ca • Da) v (Cb • Db)

當 Fa, Fb, Da, Db, Ea, Eb, Baa, Bba, Bab, Bbb 為眞，Aa, Ab, Ca, Cb 為假時，可以使前提爲眞，結論爲假，故本論證爲無效論證。

(4)

D: {a,b}

1. [Sa • (Fa ⊃ Kaa) • (Fb ⊃ Kab)] v [Sb • (Fa ⊃ Kba) • (Fb ⊃ Kbb)]

　/ ∴ {Sa • [(Fa • Kaa) v (Fb • Kab)]} v {Sb • [(Fa • Kba) v (Fb • Kbb)]}

　當 Sa, Sb,Kaa,Kab, Kba, Kbb 為眞，Fa, Fb 爲假，可以使前提爲眞結論爲假，故本論證爲無效論證。

(5)

D: {a,b}

1. [(Ga ≡ a=a) • (Gb ≡ a=b)] v [(Ga ≡ b=a) • (Gb ≡ b=b)]

　/ ∴ {Ga • [Ga ⊃ (a=a)] • [Gb ⊃ (a=b)]} v {Gb • [Ga ⊃ (b=a)] • [Gb ⊃ (b=b)]}

　當 Ga, Gb, a=a,a=b 爲假，可以使前提爲眞結論爲假，故本論證爲無效論證。

四、請判斷以下論證前提一致或不一致

(1)

D: {a,b}

1. [(Faa ⊃ Ga) • (Fab ⊃ Ga)] • [(Fba ⊃ Gb) • (Fbb ⊃ Gb)]

2. (Faa v Fab) v (Fba v Fbb)

　當 Faa, Fab, Fba, Fbb, Ga, Gb 爲眞時，前提一致。

(2) 前提不一致

1. (∃x)(y) ∼ Qxy　　　　　　　　p

2. (x)(y)(∃z)(Qxz • Qzy)　　　　　p

3. (y) ∼ Qxy　　　　　　　　　　1EI

4. (y)(∃z)(Qxz • Qzy)　　　　　　2 UI

5. (∃z)(Qxz • Qzw)	4 UI
6. Qxz • Qzw	5 EI
7. ～ Qxz	3UI
8. Qxz	6 Simp
9. Qxz • ～ Qxz	7,8 Conj

(3) 前提不一致

1. (x)(y)(z)[～ (Rxy • Ryz) ⊃ Rxz]	p
2. (x)(y)(Rxy ⊃ ～ Ryx)	p
3. (x) ～ Rxx	p
4. ～ (Rxy • Ryx) ⊃ Rxx	1 UI×3
5. ～ Rxx	3 UI
6. ～～ (Rxy • Ryx)	4,5 MT
7. Rxy ⊃ ～ Ryx	2 UI×2
8. ～ Rxy v ～ Ryx	7 Impl
9. ～ (Rxy • Ryx)	8 DeM
10. (Rxy • Ryx)	6 DN
11. (Rxy • Ryx) • ～ (Rxy • Ryx)	9,10 Conj

(4)

D: {a,b}

1. [(Paa ⊃ ～ Paa) • (Pab ⊃ ～ Pba)] • [(Pba ⊃ ～ Pab) • (Pbb ⊃ ～ Pbb)]

2. (Iaa • Iab) • (Iba • Ibb)

當 Iaa, Iab, Iba, Ibb 為真，Paa, Pab, Pba, Pbb 為假時，前提全部為真。

五、定理證明

(1)

/ ∴ (∃x) (Fx v Gx) ≡ [(∃x)Fx v (∃x) Gx]

1. (∃x) (Fx v Gx)		ACP / ∴ (∃x)Fx v (∃x) Gx
2. ∼ (∃x)Fx		ACP
3. Fx v Gx		1 EI
4. (x) ∼ Fx		2 QN
5. ∼ Fx		4 UI
6. Gx		3, 5 DS
7. (∃x) Gx		6 EG
8. ∼ (∃x)Fx ⊃ (∃x) Gx		2-7 CP
9. (∃x)Fx v (∃x) Gx		8 Impl, DN
10. (∃x) (Fx v Gx) ⊃ [(∃x)Fx v (∃x) Gx]		1-9 CP
11. (∃x)Fx v (∃x) Gx		ACP
12. ∼ (∃x) (Fx v Gx)		AIP
13. (x) ∼ (Fx v Gx)		12 QN
14. ∼ Fx • ∼ Gx		13 UI, DeM
15. ∼ Fx		14 Simp
16. ∼ Gx		14 Simp
17. (x) ∼ Fx		15 UG
18. ∼ (∃x) Fx		17 QN
19. (∃x) Gx		11,18 DS
20. (x) ∼ Gx		16 UG
21. ∼ (∃x) Gx		20 QN
22. (∃x) Gx • ∼ (∃x) Gx		19,21 Conj
23. (∃x) (Fx v Gx)		12-22 IP
24. [(∃x)Fx v (∃x) Gx] ⊃ (∃x) (Fx v Gx)		11-23 CP
25. {line10} • {line24}		10,24 Conj
26. (∃x) (Fx v Gx) ≡ [(∃x)Fx v (∃x) Gx]		25 Equiv

(2)

/ ∴ (∃x)(y) Fxy ⊃ (y)(∃x)Fxy

1. ～ [(∃x)(y) Fxy ⊃ (y)(∃x)Fxy]		AIP
2. ～ [～ (∃x)(y) Fxy v (y)(∃x)Fxy]		1 Impl
3. (∃x)(y) Fxy • ～ (y)(∃x)Fxy		2 DeM, DN
4. (∃x)(y) Fxy		3 Simp
5. ～ (y)(∃x)Fxy		3 Simp
6. (∃y)(x) ～ Fxy		5 QNx2
7. (x) ～ Fxy		6 EI
8. (y) Fxy		4 EI
9. ～ Fxy		7 UI
10. Fxy		8 UI
11. Fxy • ～ Fxy		9,10 Conj
12. [(∃x)(y) Fxy ⊃ (y)(∃x)Fxy]		1-11 IP

(3)

/ ∴ (x) (Fx • Gx) ≡ [(x)Fx • (x) Gx]

1. (x) (Fx • Gx)		ACP
2. Fx • Gx		1 UI
3. Fx		2 Simp
4. Gx		2 Simp
5. (x)Fx		3 UG
6. (x)Gx		4 UG
7. (x)Fx • (x)Gx		5, 6 Conj
8. (x) (Fx • Gx) ⊃ [(x)Fx • (x) Gx]		1-7 CP

9. (x)Fx • (x) Gx	ACP
10. ~(x) (Fx • Gx)	AIP
11. (∃x) ~ (Fx • Gx)	10 QN
12. ~(Fx • Gx)	11 EI
13. ~ Fx v ~ Gx	12 DeM
14. (x)Fx	9 Simp
15. Fx	14 UI
16. ~ Gx	13, 15 DS
17. (∃x)~Gx	16 EG
18. ~(x) Gx	17 QN
19. (x) Gx • ~ (∃x) Gx	9 Simp
20. (x) Gx • ~ (x) Gx	18, 19 Conj
21. (x) (Fx • Gx)	10-20 IP
22. [(x)Fx • (x) Gx] ⊃ (x) (Fx • Gx)	9-21 CP
23. {line8} • {line22}	8, 22 Conj
24. (x) (Fx • Gx) ≡ [(x)Fx • (x) Gx]	23 Equiv

六、請說明以下那個步驟是錯誤的

第 5 步驟是錯誤的。因爲經過 EI 的步驟，不能使用 UG。

國家圖書館出版品預行編目資料

基礎邏輯／周明泉著. -- 二版. -- 臺北市：
五南圖書出版股份有限公司，2023.11
　　面；　公分
　　ISBN 978-626-366-710-5（平裝）

1.CST：邏輯

150　　　　　　　　　112017081

1B1V

基礎邏輯

作　　　者：周明泉

發 行 人：楊榮川

總 經 理：楊士清

總 編 輯：楊秀麗

主　　　編：蔡宗沂

責任編輯：蔡宗沂

封面設計：王麗娟、陳亭瑋

出 版 者：五南圖書出版股份有限公司

地　　　址：106臺北市大安區和平東路二段339號4樓

電　　　話：(02)2705-5066　　傳　　真：(02)2706-6100

網　　　址：https://www.wunan.com.tw

電子郵件：wunan@wunan.com.tw

劃撥帳號：01068953

戶　　　名：五南圖書出版股份有限公司

法律顧問：林勝安律師

出版日期：2021年9月初版一刷
　　　　　2023年11月二版一刷

定　　　價：新臺幣600元

經典永恆・名著常在

五十週年的獻禮——經典名著文庫

五南，五十年了，半個世紀，人生旅程的一大半，走過來了。

思索著，邁向百年的未來歷程，能為知識界、文化學術界作些什麼？

在速食文化的生態下，有什麼值得讓人雋永品味的？

歷代經典・當今名著，經過時間的洗禮，千錘百鍊，流傳至今，光芒耀人；

不僅使我們能領悟前人的智慧，同時也增深加廣我們思考的深度與視野。

我們決心投入巨資，有計畫的系統梳選，成立「經典名著文庫」，

希望收入古今中外思想性的、充滿睿智與獨見的經典、名著。

這是一項理想性的、永續性的巨大出版工程。

不在意讀者的眾寡，只考慮它的學術價值，力求完整展現先哲思想的軌跡；

為知識界開啟一片智慧之窗，營造一座百花綻放的世界文明公園，

任君遨遊、取菁吸蜜、嘉惠學子！